中国农村家庭结构变迁与养老模式创新

杨桂宏 著

吉林大学出版社
·长春·

图书在版编目(CIP)数据

中国农村家庭结构变迁与养老模式创新 / 杨桂宏著. —
长春：吉林大学出版社，2023.10
ISBN 978-7-5768-2583-1

Ⅰ.①中… Ⅱ.①杨… Ⅲ.①农村－家庭结构－研究
－中国②农村－养老－社会服务－研究－中国 Ⅳ.
①D669.1②D669.6

中国国家版本馆 CIP 数据核字(2023)第 225549 号

书　　名：中国农村家庭结构变迁与养老模式创新
ZHONGGUO NONGCUN JIATING JIEGOU BIANQIAN YU YANGLAO MOSHI CHUANGXIN

作　　者：	杨桂宏
策划编辑：	黄国彬
责任编辑：	张　驰
责任校对：	周春梅
装帧设计：	姜　文
出版发行：	吉林大学出版社
社　　址：	长春市人民大街 4059 号
邮政编码：	130021
发行电话：	0431－89580028/29/21
网　　址：	http://www.jlup.com.cn
电子邮箱：	jldxcbs@sina.com
印　　刷：	天津鑫恒彩印刷有限公司
开　　本：	787mm×1092mm　1/16
印　　张：	16.5
字　　数：	250 千字
版　　次：	2024 年 3 月　第 1 版
印　　次：	2024 年 3 月　第 1 次
书　　号：	ISBN 978-7-5768-2583-1
定　　价：	88.00 元

版权所有　翻印必究

序　言

中国农村人口老龄化与城镇相比，具有程度高、速度快、地区差异大、老年人口绝对数多等特征。然而，长期存在的城乡经济发展和养老保障制度的二元结构、新型城镇化、少子化等多重因素，无疑都使农村养老任务更为艰巨。尤其是在新型城镇化背景下，农村社会结构和家庭结构的变迁对农村养老带来了巨大的挑战，如何建构适合中国的农村养老模式是一个非常现实的社会问题。因此，本书立足形塑新型城镇化进程中农村家庭结构与养老功能变迁的社会事实，运用家庭政策理论和社会福利理论来建构本土化农村养老模式，试图提出政策创新，建构符合中国社会现实的养老模式，以解决农村人口老龄化日益加剧、家庭结构变迁剧烈、养老资源有限、养老需求突出的现实问题。

研究利用全国性的权威调查数据，分析家庭结构变迁与家庭养老模式嬗变的规律，这是本书研究的一个鲜明特点。养老问题作为突出的社会问题，很多学者也对家庭结构和家庭养老模式嬗变进行了研究，但是大多以区域调查样本为依据，或是对利用全国数据对某一方面进行分析，较少有对二者关系进行全面系统深入的分析和研究。本书在权威数据定量研究和田野调查的定性研究的基础上，得出了比较扎实的研究结论。

本书没有单纯借鉴西方现代化理论家庭养老向社会养老的单向变迁模式，而是根据中国社会文化传统，在家庭政策范畴提出了一系列家庭福利政策支持家庭养老功能，在社会福利再家庭化理论创新上有一定的贡献。同时在社会化养老政策的创新性上，提出提高农村社会信任环境的建设；发展农村集体经济；利用乡村现有的社会组织资本，尤其是村委会的行政力量，大力推进农村基层的社会养老服务等，这对提出本土化的农村家庭养老与社会养老相结合的中国农村养老模式有着重要理论意义。

但是由于我国农村各地经济社会发展并不平衡，文化传统、家族观念、代际关系等并不相同，所以在新型城镇化背景下的家庭结构与家庭养老的现状也并不相同，而本书只从宏观上对整体进行研究，对不同地区和不同家庭结构的养老研究缺乏微观比较和深入细致的分析，尤其是不同地区的养老模式建构，还要从地区实际出发，而本书研究在这方面存在不足，有待其他研究者不断对此丰富完善。

在整合多元养老主体、创新养老模式的问题上，受各地农村社会结构、农村集体福利、社会组织发育等多种因素影响。研究主要从制度设计整合家庭养老资源、建构村域互助养老服务体系和完善制度化的养老保障体系等方面进行总体性分析，而对具体地区的农村养老多主体合作机制和模式的具体研究还有待进一步深化。

最后说明一点，本书是在国家社科基金"新型城镇化背景下中国农村家庭结构变迁与养老模式创新研究"[15BSH125]项目的基础上而撰写的，也得到"积极老龄化视域下北京市社区养老服务体系优化整合研究"[SZ202310005001]项目的支持。感谢参与课题研究的所有同学，他们分别是康晓曦、孙萍萍、杨永晓、杨昊、陆莹、刘思琪、刘思彤等。希望本书的出版能够为关心我国农村老人养老问题的学者、政策制定者，以及相关专业的学生提供有价值的参考。

是为序。

杨桂宏

2023 年 9 月 1 日

目 录

第1章 绪论 ……………………………………………………… (1)

1.1 研究背景 …………………………………………………… (1)
  1.1.1 新型城镇化加重农村老龄化现象 ………………………… (2)
  1.1.2 新型城镇化对传统家庭养老模式带来冲击 ……………… (3)
  1.1.3 社会化养老成为客观需求 ………………………………… (4)
1.2 相关研究的文献综述 ……………………………………… (6)
  1.2.1 农村家庭养老研究 ………………………………………… (7)
  1.2.2 农村社会养老研究 ………………………………………… (15)
  1.2.3 关于养老内容研究 ………………………………………… (17)
  1.2.3 文献述评 …………………………………………………… (20)
1.3 研究的相关理论与方案 …………………………………… (21)
  1.3.1 研究相关理论 ……………………………………………… (21)
  1.3.2 研究的主要内容 …………………………………………… (25)
  1.3.3 课题的研究方法与数据说明 ……………………………… (28)

第2章 新型城镇化背景下的农村家庭结构变迁 ……………… (32)

2.1 新型城镇化的内涵及其由来 ……………………………… (32)
2.2 新型城镇化背景下的农村家庭结构演变及其趋势分析 … (35)
  2.2.1 规模小型化，人口构成简单化 …………………………… (35)

· 1 ·

2.2.2 类型多样化，老年家庭比例上升 …………………… (37)
    2.2.3 代际关系平权化 ………………………………………… (42)
    2.2.4 家庭网络的社会支持减弱 …………………………… (44)
    2.2.5 农村家庭结构变迁趋势 ……………………………… (45)
  2.3 农村家庭结构变迁对家庭养老的影响 ……………………… (47)
    2.3.1 规模小型化丧失养老的结构性支持 ………………… (47)
    2.3.2 代际平权化削弱养老权利关系支撑 ………………… (48)
    2.3.3 代际分居解构了同居共爨的养老方式 ……………… (49)

第 3 章 农村老年人日常生活的家庭支持调查 ……………………… (53)
  3.1 山西省 B 村被调查对象的基本情况 ………………………… (53)
  3.2 家庭养老的经济供养支持变化 ……………………………… (57)
    3.2.1 代际间经济独立性增强 ………………………………… (57)
    3.2.2 子代对亲代的经济供养力度减小 …………………… (59)
  3.3 家庭养老的生活照料支持变化 ……………………………… (61)
    3.3.1 亲代日常生活照料多靠自助 ………………………… (61)
    3.3.2 女儿在生活照料功能显现 …………………………… (63)
    3.3.3 女儿生活照料的代际期望差异 ……………………… (64)
  3.4 家庭养老精神慰藉支持变化 ………………………………… (65)
    3.4.1 子代精神慰藉供给缺位 ……………………………… (65)
    3.4.2 亲代精神慰藉获取渠道改变 ………………………… (67)
  3.5 新型城镇化对家庭养老带来的冲击 ………………………… (68)
    3.5.1 传统农村家庭养老运行的基础被削弱 ……………… (68)
    3.5.2 新型城镇化对农村家庭养老带来的挑战 …………… (69)

第 4 章 农村老年人患病就医的家庭支持分析 ……………………… (75)
  4.1 农村老年群体就医问题凸显 ………………………………… (75)
  4.2 农村老年人就医的基本情况 ………………………………… (77)
    4.2.1 农村老年人体检情况 ………………………………… (77)

目 录

  4.2.2 农村患病老年人门诊情况 …………………………… (78)
  4.2.3 农村患病老年人住院情况 …………………………… (79)
  4.2.4 农村老年人就医行为的相关因素分析 ……………… (79)
 4.3 **就医行为影响因素分析** ………………………………………… (82)
  4.3.1 国外就医行为及影响因素研究 ……………………… (82)
  4.3.2 国内农村老年人养老就医行为研究 ………………… (84)
  4.3.3 从代际支持视角来研究农村老年人养老就医 ……… (86)
  4.3.4 关于代际支持对农村老年人就医行为影响研究 …… (87)
 4.4 **农村老年人就医行为的影响因素分析** ………………………… (90)
  4.4.1 研究设计与变量分布 ………………………………… (90)
  4.4.2 农村老年人体检行为的影响因素分析 ……………… (92)
  4.4.3 农村老年人门诊行为的影响因素分析 ……………… (96)
  4.4.4 农村老年人住院行为的影响因素分析 ……………… (98)
 4.5 **研究结论与反思** ………………………………………………… (99)
  4.5.1 农村老年人就医的社会医疗保障支持分析 ………… (99)
  4.5.2 农村老年人养老医疗的家庭支持分析 ……………… (100)

第 5 章 农村传统家庭养老模式的嬗变 ………………………………… (103)

 5.1 **传统家庭养老模式** ……………………………………………… (103)
 5.2 **儿子与女儿在家庭养老中的地位嬗变** ……………………… (104)
  5.2.1 在养老经济支持上的比较 …………………………… (106)
  5.2.2 在生活照料上的比较 ………………………………… (109)
  5.2.3 在精神慰藉上的比较 ………………………………… (110)
 5.3 **女儿养老社会事实形成的社会机制** ………………………… (111)
  5.3.1 多重社会结构失衡 …………………………………… (112)
  5.3.2 儿子养老的结构性困境 ……………………………… (112)
  5.3.3 市场经济工具理性 …………………………………… (114)
 5.4 **传统家庭养老模式的嬗变** …………………………………… (114)

第6章 农村社会养老保障政策与老年人生活满意度分析 …… (117)

6.1 农村老年人的社会养老保障政策 …… (118)
6.1.1 农村居民养老保险制度 …… (118)
6.1.2 农村居民医疗保险制度 …… (119)
6.1.3 农村基本养老服务政策 …… (120)
6.1.4 农村老年人福利获得的区域差异 …… (122)

6.2 农村老年人的生活满意度 …… (125)
6.2.1 生活满意度内涵与界定 …… (125)
6.2.2 农村老年人的生活满意度状况 …… (126)

6.3 农村老年人福利获得对生活满意度的影响 …… (128)
6.3.1 福利项目影响的差异分析 …… (128)
6.3.2 福利项目影响的区域差异分析 …… (132)
6.3.3 提升老年人生活满意度的福利发展建议 …… (133)

第7章 农村老年人的养老需求分析 …… (136)

7.1 养老需求的界定及其影响因素研究 …… (136)
7.1.1 养老需求的界定与内容 …… (136)
7.1.2 多元视角下的养老需求研究 …… (138)

7.2 农村老年人的养老需求分析 …… (140)
7.2.1 经济支持需求分析 …… (140)
7.2.2 生活照料需求分析 …… (143)
7.2.3 精神慰藉需求分析 …… (144)

7.3 健康维度下的养老需求分析 …… (146)
7.3.1 老年健康的界定及相关研究 …… (147)
7.3.2 我国农村老年健康状况 …… (149)

7.4 年龄分层视角下的养老需求分析 …… (157)
7.4.1 不同年龄层养老需求现状 …… (159)
7.4.2 不同年龄层老年人的养老需求比较分析 …… (164)

目 录

　　7.4.3 年龄分层视角下农村老年人养老需求分析 ……………(170)

第8章 农村老年人养老意识及其社会化养老意愿分析 …………(172)

　8.1 **农村老年人养老意识状况** ………………………………(173)
　　8.1.1 对经济支持的主观感受 ……………………………(173)
　　8.1.2 对生活照料的期待与评价 …………………………(176)
　　8.1.3 对社区居家养老的期待 ……………………………(179)
　　8.1.4 对养老方式的认知与期待 …………………………(180)
　　8.1.5 养老意识与担忧 ……………………………………(182)

　8.2 **农村居民社会化养老意愿分析** ………………………(185)
　　8.2.1 农村居民社会化养老意愿现状 ……………………(185)
　　8.2.2 影响农村居民社会化养老意愿的因素分析 ………(188)
　　8.2.3 影响社会化养老因素分析的思考 …………………(192)

　8.3 **农村居民社会态度对社会化养老意愿影响分析** ……(193)
　　8.3.1 研究设计与变量赋值 ………………………………(194)
　　8.3.2 自我生活状态评价的影响分析 ……………………(198)
　　8.3.3 政府治理评价的影响分析 …………………………(198)
　　8.3.4 社会态度对社会化养老意愿的影响分析 …………(199)

第9章 农村养老模式创新研究 ………………………………………(201)

　9.1 **构建以家庭为主位的中国特色养老模式** ……………(203)
　　9.1.1 重塑传统养老文化 …………………………………(204)
　　9.1.2 增强老年家庭的自养能力 …………………………(207)
　　9.1.3 建立健全家庭福利政策体系 ………………………(208)

　9.2 **建立以村落互助养老为辅助的养老模式** ……………(211)
　　9.2.1 建构家庭与社区的养老关联对接机制 ……………(211)
　　9.2.2 加强村域互助养老功能 ……………………………(212)
　　9.2.3 建立养老公共服务平台 ……………………………(215)
　　9.2.4 建构社会信任环境 …………………………………(217)

9.3　整合制度化养老保障，提高养老金保障水平 …………………… (218)
　　9.3.1　完善农村社会养老保障制度 …………………………… (218)
　　9.3.2　创新土地养老新机制 …………………………………… (219)
　　9.3.3　完善老年医疗保障制度 ………………………………… (220)

参考文献 ……………………………………………………………… (221)

附录 …………………………………………………………………… (228)

第 1 章 绪论

本章介绍了研究的背景：新型城镇化加速了我国农村人口老龄化，给农村家庭养老带来挑战，形成社会化养老需求强烈的现实。在这种背景下，学者们对农村家庭养老和社会养老进行大量的实证研究，并取得了一批优秀研究成果。关于农村养老研究，学者们分别从家庭养老和社会养老进行研究，较少从农村老年人养老的整体事实出发对其进行研究，养老不论是经济支持、生活照料服务以及精神慰藉等对老年人来讲都是一个整体的社会事件。为此，绪论提出本书研究的主要内容，研究运用的理论和研究数据，以及研究方案。

1.1 研究背景

随着中国人口老龄化的加快，加上新型城镇化的推进，农村人口老龄化进程急剧加速，农村养老问题成为事关国计民生的重大问题。一直以来，家庭养老作为传统养老模式，是农村老年人最主要的养老方式。然而，随着独生子女一代的父母即将步入老年，他们子代在新型城镇化大潮下，留城意愿增强，婚姻圈扩大，这些无不对农村家庭结构变迁和养老形势产生深远影响。长期以来，农民工城乡流动形成的留守家庭、隔代家庭、空巢家庭、联合家庭等不完全家庭类型，对家庭养老功能有所削弱，但家庭代际关系紧密的基础都还存在。然而，在新型城镇化战略指导下，农民工城镇化进程必然加快，履行家庭养老方式的基础将发生变化。与这种变化相对应的现实是农村社会养老保障制度不健全、老龄人口养老储蓄不足、养老消费能力弱，农村养老服务体系和老龄产业发展滞后。农村养老问题突出主要表现在以下几个方面。

1.1.1 新型城镇化加重农村老龄化现象

根据联合国传统标准，如果一个国家或地区60岁以上的老年人口占总人口的比重超过10%，或65岁以上的老年人口占总人口的比重超过7%以上，那么这个国家或地区就被称为人口老龄化的国家或者地区。我国在2000年60岁以上人口达1.3亿人，占总人口的10.2%，正式步入老龄化社会。并且我国老龄化呈现出老龄人口基数大、增速快的特点。进入21世纪以来，我国人口老龄化进程不断加快，截至2017年底，我国60岁及以上老年人口有2.41亿人，占总人口的17.3%。预计到2050年，老龄人口将超过4.7亿，老龄化程度达到34%，几乎占全球老龄人口的四分之一。相对于城市，农村地区的人口老龄化程度更为严峻。随着工业化、市场化和城镇化不断推进，农村大量的年轻劳动力进入城市，加快农村地区老龄化进程。2012年，农村65岁及以上老年人口占农村总人口的比重高达10.60%，超过全国1.21%和城镇2.46%。[①] 第七次人口普查数据显示：我国乡村60岁以上的老年人比重已经达到了23.81%，65岁及以上人口达到了17.72%，比城镇分别高出7.99、6.61个百分点。根据联合国的定义，当一个国家60岁以上的人口超过20%，则认为这个国家进入了中度老龄化社会。由此可见，相比于城市，我国农村地区老龄化更为严重，农村地区已进入了中度老龄化社会。中国农村人口老龄化与城镇相比，具有程度高、速度快、地区差异大、老年人口绝对数大等特征。然而，长期存在的城乡经济发展和养老保障制度的二元结构，新型城镇化，人口寿命的延长、人口红利的消失，老龄化问题不仅给我国经济社会的发展带来深远影响，也对我国的养老保障和公共服务事业提出了严峻的挑战。尤其是农村地区，在经济发展水平、基础服务设施建设、社会保障水平、市场服务资源提供等方面都远落后于城市，而人口老龄化程度却高于城市，

---

① 刘华军，刘传明. 城镇化与农村人口老龄化的双向反馈效应——基于中国省际面板数据联立方程组的经验估计[J]. 农业经济问题，2016，37(1)：45-52，110-111.

所以就更需要关注农村养老问题。

1.1.2 新型城镇化对传统家庭养老模式带来冲击

数千年来，中国作为农业社会，家庭养老始终是我国农村养老的传统模式。家庭作为一个基本的社会组织，具有稳定的家庭结构，并发挥着经济、抚育、教育、赡养等功能。亲代抚育子代，子代赡养亲代，家庭代际关系呈现为一种"反哺模式"。家庭承担赡养老年人的功能，不仅受自身结构和权力关系的影响，还受到来自政治、文化、道德方面的作用和约束，家庭养老成为基本的养老方式被延续下来，至今仍然是大部分老年群体特别是农村老年群体首要选择的养老方式。家庭养老作为我国传统养老模式，是我国多元化养老模式的重要组成部分，尤其是在我国广大偏远农村地区更是最主要的养老模式。在这些地区，由于农业经济社会较为封闭，家庭收入来源比较单一，且家庭成员长期受到传统观念及社会政策的双重约束，他们对于"养儿防老""长者为尊""父权制"的观念更是根深蒂固。

但是随着工业化、城市化和市场化的发展，以家庭养老为主导的养老模式受到严重的冲击，我国农村老年人的养老方式正在发生变革。由于我国城乡经济发展不均衡，城市较多的就业机会和发展前景吸引着农村的青壮年，农村劳动人口外流严重。在城乡流动人口中，大部分是农村的青壮年，老年父母留守在农村，农村空巢老年家庭和独居老年家庭的比例逐渐在上升，家庭养老的照料功能在逐渐下降，难以应对快速发展的农村老龄化。与此同时，生育率下降以及市场冲击下的代际关系的改变，文化道德约束力的下降，人口寿命的延长以及老龄人口数量的不断增长，都对以家庭为本位的家庭养老方式产生了重大冲击。乡村人口在2000年时就已进入负增长阶段，全国人口第七次普查数据显示，2010—2020年间，乡村人口又减少了1.64亿，而城镇人口增加了2.36亿。近年来，越来越多关于农村老年人自杀问题的报道，也让社会各界将关注的目光锁定到农村养老问题上。与城市相比，我国农村地区的确面临着更为严峻的养老难题，具体表现在以下几个方面。

第一，劳动力向城市迁移引发"逆反哺"现象，农村老年人养老负担加重。近年来，在新型城镇化以及城乡户籍分治制度的作用下，我国城乡之间的差距愈发扩大，数以亿计的农民工不断向城市转移，尤其是以小核心家庭为单位的定居式转移比例增加。人口的大规模流动不仅扩大了子代与亲代间的居住距离，也改变了农村人口结构：农村三代及以上直系家庭数量所占比重由2000年的46.76%下降至2010年的37.11%，农村家庭2人户及以下家庭占比从2000年的21.77%上升到2015年的38.43%。[①] 农村传统的"大家庭"正在逐渐消失，父母一代不仅很难像过去一样享受到子女围绕膝边的养老生活，部分亲代还要承担起照顾第三代的责任。

第二，家庭代际关系变迁，农村家庭养老阻力重重。随着"独子化""少子化"家庭的数量不断增加，在这一过程中，农村亲代对于每个子代的教育投资增多：他们鼓励子女多读书，推迟他们务农的年龄，甚至支持子女走出农村，到城市工作、生活。2015年国家卫计委发布的《中国家庭发展报告（2015年）》中的数据显示，当前我国农村地区留守儿童占农村全部儿童的35.1%，留守老年人占农村老年人的23.3%，流动家庭已成为我国家庭模式的重要形态。且在市场经济的作用下，子代的留城意愿、个体意识增强，婚姻圈扩大，原本心中根深蒂固的孝道意识不断弱化，代际居住距离拉大成为普遍现象，"反哺式"养老难以为继，传统家庭养老模式受到严重的威胁。

第三，农村养老资源相对匮乏，养老保障制度尚不健全。如上文所述，较城市而言，我国农村地区老龄化程度更高，养老压力更大，然而相应的养老、医疗配套服务资源却较为匮乏，甚至仍有相当一部分农村老年人的基本养老需求无法得到满足。引发上述情况的内因是农村老年人多以农耕收入为主，经济收入方式较为单一，养老金积累不足；外因则是国家对于农村的养老投入起步较晚，资金有限，农村养老保障水平较低。原本主要依靠子女供给养老资源的农村老年人为了减轻子女的负担，即使年纪很大也处于劳动自给状态，并不遗余力为子女提供经济帮助，农村老年人晚年生活保障资源不足，家庭养老形势较城市而言更为严峻。

1.1.3 社会化养老成为客观需求

随着人口老龄化程度的加深和家庭养老模式的衰弱，养老社会化成为一

[①] 2015年人口普查数据计算所得。

种客观上的需求。因此，近年来，各地政府大力发展社会化养老服务体系，引入各种社会资源，化解养老危机，逐渐开始实现部分家庭养老责任向社会的转移和过渡。

为了积极应对老龄化给农村家庭带来的养老难题，增强农村老年人的养老参与感、获得感和幸福感，国务院于2017年2月28日印发了《"十三五"国家老龄事业发展和养老体系建设规划》（以下简称《规划》）。《规划》中明确指出通过邻里互助、亲友相助、志愿服务等模式和举办农村幸福院、养老大院等方式，大力发展农村互助养老服务。发挥农村基层党组织、村委会、老年协会等作用，积极培育为老服务社会组织，依托农村社区综合服务中心（站）、综合性文化服务中心、村卫生室、农家书屋、全民健身等设施，为留守、孤寡、独居、贫困、残疾等老年人提供丰富多彩的关爱服务。[①] 根据"十三五"国家老龄事业发展和养老体系建设规划目标，到2020年，要使我国老龄事业发展整体水平明显提升，养老体系更加完善。健全以"居家为基础、社区为依托、机构为补充、医养结合"的社会养老服务体系，推动我国养老方式实现多元化的变革。由此可见，我国政府在普及农村新型养老保险体制制度建设和实践推进的同时，也开始规划建设多主体的农村养老服务体系。这既是对农村养老问题日益凸显的回应，也是对我国农村养老保障制度体系和服务体系建设的一大推进，为改善农村养老现状提供了制度性保障。

为应对老龄化问题，地方政府也不断制定和出台关于养老服务的发展策略。北京市民政局、发改委2015年发布的《北京市养老服务设施专项规划》提出"9064"养老服务发展模式，即到2020年，北京市90%的老年人能够在社会化服务协助下通过家庭照顾养老，6%的老年人能够通过政府购买社区照顾服务养老，4%的老年人能够入住养老服务机构集中进行养老。并且"9064"的养老模式在我国其他各地也被列为养老服务发展目标，尽管在细节上有所不同，如上海市提出的"9073"养老模式，但是总体可以看出我国的家庭养老方式已经发生了重要的变迁，以家庭为本位的养老责任开始部分向政府和市场转移，

---

① 国务院关于印发"十三五"国家老龄事业发展和养老体系建设规划的通知[EB/OL]. http://www.gov.cn/zhengce/content/2017-03/06/content_5173930.htm.

开始寻求建立多层次、多样化的养老服务体系，养老资源供给主体的多元化有利于满足老年群体的多样化养老需求。宏观层面的政策支持和市场资源引入为农村居民未来的养老问题解决提供了参照依据。

在城市化和市场化的大背景下，受经济理性影响和家庭结构变迁的影响，农村家庭代际关系随着社会转型的进程慢慢发生着变迁，"反哺式"养老家庭结构的现实基础逐步削弱。那么在新型城镇化的背景下，随着农民工的城镇化，农村代际关系究竟发生了怎样的变化？这种新型的代际关系对农村家庭养老又构成怎样的冲击和挑战？这不仅是家庭社会学要研究的一个重要理论命题，也能对农村养老现实问题的解决提供坚实的学理基础和解决路径分析。鉴于目前我国农村地区的养老体制、养老资源尚不健全、较为匮乏的现状，结合农村老年人的养老需求偏好和家庭现代化发展目标，研究农村家庭代际关系变迁内容及其对家庭养老的影响，寻找新时期农村多元福利主体合作的养老模式，探求家庭养老功能重新发挥作用的途径，为缓解我国农村老年人养老质量低下问题提供了更为直接的解决思路。妥善解决农村养老问题，提升农村老年人的幸福感和获得感，是实现新型城镇化背景下的乡村振兴，构建和谐新农村的一个非常重要的方面。

1.2 相关研究的文献综述

农村养老是近年来多学科都在进行的一个重要研究命题，尤其是随着我国人口结构老龄化水平加深，农村养老问题凸显，对这一命题的研究不断深入，并取得了一系列有价值的研究成果。相关研究主要集中于谁来养、怎么养和养什么。在家庭养老问题上，社会学学者研究较为系统和学理化，更多从家庭结构变迁的视角探讨了我国传统家庭养老模式；在社会养老问题上，管理学和社会政策学者更多从社会保障制度和社会福利政策的视角进行探讨，对如何完善农村社会养老保险制度和建构农村社会养老服务体系提出了很多有可行性的政策建议。对于养老内容的研究，学者们更多从经济支持、生活照料以及精神慰藉三个方面考察了农村老年人的养老现状及其影响因素等。

这些研究为新型城镇化背景下的养老模式创新研究奠定了扎实的基础。

1.2.1 农村家庭养老研究

家庭作为社会的细胞，家庭结构变迁与养老功能研究作为社会学的经典研究主题，一直伴随着中国经济社会转型和发展的始终。家庭养老是以血缘、孝道为基础，由家庭中的成年子女或者其他有血缘关系或婚姻关系的家庭成员为老年人提供经济供养、生活照料及精神慰藉等生活支持。受社会和经济大环境的影响，家庭养老的生活方式可能会有变化，但其内隐的文化模式是相当稳定的。早在1947年，潘光旦在《论老年人问题》中提出老年人问题始于"小家庭制"下小家庭老年人与子女独立，解决老年人问题的途径是家庭制度和机械工业制度的调整。20世纪80年代初期，费孝通三论中国家庭结构的变迁，提出著名的中国家庭养老的"反馈模式"，并与西方的"接力模式"进行比较分析。雷洁琼关注农村经济体制改革对家庭结构和家庭关系的影响。这一时期的研究更多关注农村家庭作为经济组织，生产功能恢复这一主题，进而对家庭的养老功能进行了分析。"代际关系"既包括经济来往关系，也包括劳动交换关系；既涵盖情感交流关系，也涵盖两代人对彼此态度的关系等，它体现了代际间内在的一种公平逻辑和平衡关系。

20世纪90年代以后，随着市场经济体制的确立，农民工群体不断扩大，农村家庭结构发生了巨大的变化。家庭成员的职业身份、收入结构、居住方式、养老观念以及代际关系都发生了变化，家庭养老功能弱化。[1] 由于亲子关系作为家庭养老行动的结构性条件，因此考察家庭代际关系成为这一时期研究这一主题的主要关注点。围绕家庭代际关系，有学者认为传统反馈模式依循着一种交换原则[2]，也有学者认为具有反馈模式与交换模式并存的特征。[3] 但从全国来看，不同地区呈现不同的代际关系类型，其中中部地区因子女不

---

[1] 唐灿. 中国城乡社会家庭结构与功能的变迁[J]. 浙江学刊, 2005(2): 202-209.
[2] 郭于华. 代际关系中的公平逻辑及其变迁——对河北农村养老事件的分析[J]. 中国学术, 2001(4): 221-254.
[3] 王跃生. 中国家庭代际关系的理论分析杂志. 人口研究杂志[J], 2008, 32(04): 13-21.

孝引发的老年人自杀多。有学者从责任伦理视角出发[①]，分析男性在农村婚姻市场处于弱势地位的情况下，亲代抚养子代责任加重，代际关系重心下移[②]，呈现轻老重幼的亲子关系。

为了更好地体现对这一问题的研究现状，社会学就农村家庭结构变迁对农村养老的影响进行了多维度研究。家庭结构是指家庭中成员的构成，以及他们之间相互作用、相互影响的状态，并基于这种状态形成的相对稳定的联系模式。其中，家庭规模和家庭成员构成对于家庭结构能否保持稳定状态有着直接的影响。然而，在计划生育政策的影响下，我国家庭结构逐渐呈现出核心化的趋势，农村家庭亦不例外；而伴随着工业化和新型城镇化的出现，大量农村劳动力向外流动，农村空巢家庭和独居家庭数量骤增。原本以传统家庭结构为基础建立的家庭养老模式，在农村家庭规模小型化、核心化的作用下受到了强烈的冲击。对此，学者主要从以下几个方面进行了研究。

1.2.1.1 关于家庭人口构成变化与农村家庭养老的研究

很多学者认为，"少子化""独子化"家庭的出现不仅造成家庭规模小型化，同时也加重了分担在每个子女身上的养老负担，降低了老年父母得到子女赡养的机会。其中，宋健[③]从家庭人口发展的角度分析了子女数量减少给农村家庭养老带来的影响，他认为随着计划生育政策的实施，"四二一""八四二一"这种倒金字塔结构的家庭数量会持续增多。虽然短期内农村独生子女家庭养老问题并不凸显，但随着年龄的增长，这些父母的养老需求也会随之提高，农村家庭养老功能势必会因为子女数量的减少及家庭结构的变化而受到削弱。段世江、张岭泉从风险分担的角度分析了这一问题，他们认为子女数量的减少弱化了家庭养老风险的分散功能，尤其是在我国农村地区，孩子的质量还不足以替代数量在养老方面的效果。[④] 除此之外，还有学者通过定量研究发现，独生子女家庭的老年人从子女处获得经济支持、生活照料的资源较少，

---

① 杨善华，贺常梅.责任伦理与城市居民的家庭养老——以北京市城市老年人需求调查为例[J].2004(10)：14-18.
② 贺雪峰.农村家庭代际关系的变动及其影响[J].江海学刊(南京)，2008(04)：108-113，239.
③ 宋健.中国农村人口的收入与养老[M].北京：中国人民大学出版社，2006：156，157.
④ 段世江，张岭泉.农村独生子女家庭养老风险分析[J].西北人口，2007，28(03)：108-112.

子代对亲代未来的养老问题较为担忧。[①]另一些学者则提出，在"大家庭"格局的破裂、子女经济独立等因素的作用下，农村亲代在家庭中的地位逐渐降低，以"父权制""家长制"为中心的传统养老难以维系。《中国城乡老年人口状况一次性抽样调查数据分析》中的数据显示，我国农村地区有44.1%的老年人自己当家作主，而城市老年人这一比例达到62.7%；农村老年人在家中办大事时花钱做主的比例为41.7%，城市老年人所占比例为60.5%。对比两项不难看出，我国农村老年人的家庭地位远不及城市老年人。[②]朱冠楠、吴磊认为，造成农村老年人家庭地位、权威丧失的原因是年轻人逐渐摆脱了土地的束缚，对父母的依赖程度降低，经济和生活逐渐独立于父母，老年父母逐渐丧失了对子女的控制，家庭地位也随之下降。[③]肖倩通过对赣中南农村的实地调查发现，上述地区的家庭代际权利关系发生了巨大的变化，父辈权威已呈现全面丧失的状态，家庭中的大部分权利已转移到子辈及儿媳手中。[④]

综合上述研究不难发现，学者们关于家庭结构变迁与农村家庭养老的研究，主要围绕在子女数量减少、家庭规模缩小等家庭结构变迁对农村家庭养老的影响上。这些研究主要以定量研究为主，从数据出发分析家庭结构变迁的内容以及对农村家庭养老的影响。

1.2.1.2 关于代际关系变迁与农村家庭养老的研究

代际关系是指一个家庭内部，因血缘或者姻缘而产生的两代人之间的关系，即子代与亲代之间的关系。到目前为止，我国学术界提出的最具代表性的两种家庭代际关系模式是"抚养—赡养"模式和"代际交换"模式。费孝通先生曾将"抚养—赡养"——这种基于我国特有的代际关系而形成的家庭养老模

[①] 周德禄.农村独生子女家庭养老保障的弱势地位与对策研究——来自山东农村的调查[J].人口学刊，2011(05)：74-82.

[②] 中国标准出版社第一编辑室.中国城乡老年人口状况一次性抽样调查数据分析[M].北京：中国标准出版社，2003：217-220.

[③] 朱冠楠，吴磊.农村家庭养老模式的历史困境——论家庭结构变迁对农村家庭养老模式的影响[J].甘肃联合大学学报(社会科学版)，2007，23(05)：37-41.

[④] 肖倩.农村家庭养老问题与代际权力关系变迁——基于赣中南农村的调查[J].人口与发展，2010(06)：52-59.

式概括为"反哺式"养老。① 这种养老模式以中国人"养儿防老"的传统观念为养老基础，以"抚养—赡养"关系作为交换方式。"反哺式"养老可以被归纳为：第一代抚育第二代，第二代赡养第一代；第二代抚育第三代，第三代赡养第二代，并如此延续下去以维持代际间的平衡关系($F_1 \leftrightarrow F_2 \leftrightarrow F_3 \leftrightarrow F_n$)(见图1-1)。这种代际关系理论让每一代人既有抚幼责任，又有养老义务，资源在代际间形成了双向流动，保证了代际间的取予均衡，这与西方国家家庭所采用的单向"接力型"养老模式(第一代抚育第二代，第二代抚育第三代 $<F_1 \rightarrow F_2 \rightarrow F_3 \rightarrow F_n>$)形成了鲜明的对比(见图1-2)。

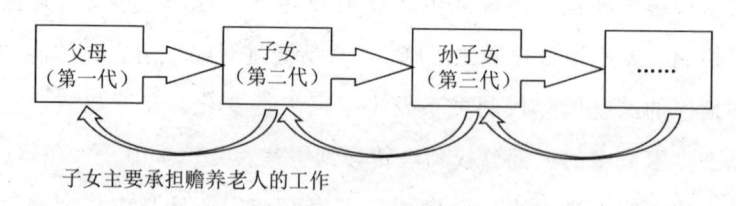

图1-1 我国"反哺式"养老模式示意图

图1-2 西方"接力型"养老模式示意图

关于代际关系作用下的家庭养老问题，其核心内容是讨论单个家庭中如何通过经济供养、生活照料、情感慰藉等支持方式，在家庭成员代际之间形成良性互动，从而在家庭内部达到一种相对平衡的状态。其中，代际间的支持方式与我国家庭养老的主要内容相互吻合。

就我国传统农村社会而言，不论是土地私有制时期，还是实行家庭联产承包责任制时期，整个家庭都是经济生产单位，共同拥有财产的收支权利。

---

① 费孝通.家庭结构变动中的老年赡养问题——再论中国家庭结构的变动[J].北京大学学报(哲学社会科学版)，1983(03)：6-15.

因此，家庭成员会"自觉"将个人利益与家庭利益联系到一起。正是由于家庭成员，尤其是代际之间存在着这种利益共同性，家庭成员之间的关系犹如合作群体，跨越时间的契约（"抚养—赡养"）是可以保证的。[①]与此同时，我国传统儒家思想所倡导的孝道文化，从意识形态方面保障了"抚养—赡养"代际关系的延续。此后，孝道文化也逐渐成为我国家庭养老模式的标志性特点。

然而，随着封建大家庭制度以及强调"父为子纲"的儒家伦理受到了强烈批判，随着新型城镇化的不断深入，越来越多的农村子代放弃农业生产选择进城打工。同时，农村家庭成年子代的独立意识逐渐增强，他们将个人利益与家庭利益剥离开，并将关注重心由传统"大家庭"转向自己的"小家庭"，两代人之间的均衡互惠模式逐渐被削弱。此后，伴随着计划生育政策的推行，农村家庭子女数量呈递减态势，这直接影响了养老物质资源供给，我国传统"抚养—赡养"模式的家庭代际关系平衡性也随之被打破。现有一些学者的研究证实了这一论断。例如郭于华基于对河北省农村地区的田野调查后发现，原本均衡的农村代际交换模式已被打破，一些子代甚至已不再重视"反哺"的结果。[②]贺雪峰也通过对农村老年人的调查发现证实了这一观点，并提出随着时代的发展，一种新型代际关系将会产生。[③]对于这种"新型"代际关系，学者们多认为它在原有"抚养—赡养"反哺模式中加入了"利益交换"因素，且亲代给予子代的交换条件越"丰厚"，他们的养老越有保障。王跃生将这种新型代际关系定义为"抚养—交换—赡养"模式，这一代际关系不仅发生在子代和亲代之间，且儿媳也会加入这一交换过程中，在这种代际关系中，交换和抚养一样，成了赡养的基础。[④]陈皆明也赞同这一观点。他认为，亲代应该投入大

---

① YEAN-JU LEE. Sons, Daughters, and Intergenerational Support in Taiwan[J]. AJS Volume 99, No. 4 Jan. 1994. 转引自杨善华，贺常梅. 责任伦理与城市居民的家庭养老——以北京市老年人需求调查为例[J]. 新华文摘，2004(10)：14-18.

② 郭于华. 代际关系中的公平逻辑及其变迁——对河北农村养老事件的分析[J]. 中国学术，2001(4)：221-254.

③ YEAN-JU LEE. Sons, Daughters, and Intergenerational Support in Taiwan[J]. AJS Volume 99, No. 4 Jan. 1994. 转引自杨善华，贺常梅. 责任伦理与城市居民的家庭养老——以北京市老年人需求调查为例[J]. 新华文摘，2004(10)：14-18.

④ 王跃生. 中国家庭代际关系的理论分析[J]. 人口研究杂志，2008，32(04)：13-21.

量的家庭资源,以建立强有力的亲子关系,保障代际关系的长久性。[①]综合这类学者观点不难看出,他们均认为农村家庭代际关系已发生改变,代际的情感交换逐步建立在老年亲代在家庭各周期对子代的各类"支持"作为交换条件。笔者认为,这种"新型"代际关系更像一种工具性的养老前期投资关系,且这种投资行为能否"获益"(老年人能否获得养老保障)的决定权在子代手中。

纵观我国家庭代际关系的发展变迁,王跃生以社会发展阶段为脉络将我国代际关系划分为三种类型(见图1—3)。第一种是传统社会中的"黏着型"代际关系,家庭成员代际关系在这一阶段表现出十分紧密的特点,且由于社会保障制度并不完善,在这一阶段养老高度依赖于家庭自身,"抚养—赡养"模式被广泛应用,我国传统农村家庭代际关系就属于这一类型。第二种是"松弛型"代际关系,在这一阶段,由于社会保障制度已较为健全,代际间的"抚养—赡养"互动会逐渐减弱,成员之间的(经济)独立性增强,养老不再单独依靠家庭而引入了社会的力量。第三种是"独立型"代际关系,在这一阶段维系家庭代际关系的主要方式为成员间的情感交流,他们彼此之间经济独立性更强,老年人们多采用社会机构养老,子代对亲代的赡养力度是三种代际关系中最弱的。[②]

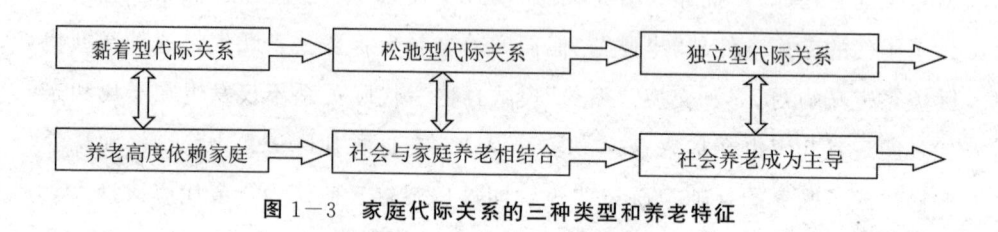

```
┌──────────┐    ┌──────────────┐    ┌──────────────┐
│黏着型代际关系│ ⇒ │松弛型代际关系│ ⇒ │独立型代际关系│ ⇒
└──────────┘    └──────────────┘    └──────────────┘
     ⇕                  ⇕                  ⇕
┌──────────┐    ┌──────────────┐    ┌──────────────┐
│养老高度依赖家庭│ ⇒ │社会与家庭养老相结合│ ⇒ │社会养老成为主导│ ⇒
└──────────┘    └──────────────┘    └──────────────┘
```

图1—3 家庭代际关系的三种类型和养老特征

由于长期以来,我国农村地区养老资源供给方式较为单一,养老保障缺口明显,长期依赖家庭养老的农村亲代很难在短时间内找到并适应新型养老方式。因此,为了提高继续维持"抚养—赡养"反哺式养老的可能性,亲代只能降低自己在代际互动过程中的地位,为子女提供更多资源支持。甚至部分

[①] 陈皆明.中国养老模式:传统文化、家庭边界和代际关系[J].西安交通大学学报(社会科学版),2010(06):44-50,61.

[②] 王跃生.中国家庭代际关系的理论分析[J].人口研究杂志,2008,32(04):13-21.

农村亲代会逐渐放弃自己手中的权利,以维持代际间的"平衡"关系,而这种所谓的"平衡"更多呈现出的则是一种代际间的和谐关系。例如,很多农村父母选择帮助子女照看孙代、打扫卫生,以换取与子女同住的"机会";部分农村亲代为了提高子代特别是儿子结婚时的"竞争"资本,会将自己的养老资本贡献出来;等等。

除此之外,还有些学者认为,子代与亲代之间的代际交换会愈发理性,他们会在权衡得失利弊的基础上决定交换的内容、程度,甚至是否交换。以郭于华、范成杰为代表的学者通过田野调查发现,当部分亲代仍固守着"抚养—赡养"的传统代际交换模式时,原本应保有"无条件回报亲代"的子代养老观点已经发生改变,他们开始关注生养以外其他的交换资源。[①]而那些意识到这一变化的亲代,他们对子代的经济支持力度会与其所获得的养老生活质量成正比,且代际关系呈现出一种下移的趋势。[②]同时我们注意到,这种代际关系的出现不仅剥削了亲代的养老资本,也破坏了原本和谐的农村家庭养老环境。

1.2.1.3 关于家庭功能变迁与农村家庭养老的研究

家庭是一个生产经营的单位,更是社会的基本单位,它为社会功能的稳定发挥打下基础。家庭功能是指家庭在人类生活和社会发展方面所能起到的作用,即家庭对人类的功用和效能。它是由社会需求和家庭本身的特性决定的。[③]在传统社会中,家庭一直是生产、生活功能的主要承担者,并在生老病死等问题上发挥着巨大的功效。然而,随着社会需求及家庭结构的变迁,家庭的某些功能也随之发生了变化。其中,一些关乎养老方面的家庭功能变迁,不仅让传统、和谐的家庭养老模式失去平衡,也对社会的稳定发展产生了一些负面影响。

首先,家庭生产功能减弱,消费功能增强,家庭养老经济负担加重。在

---

① 郭于华.代际关系中的公平逻辑及其变迁——对河北农村养老事件的分析[J].中国学术,2001(4):221-254.

② 范成杰.代际关系的下位运行及其对农村家庭养老影响[J].华中农业大学学报(社会科学版),2013(01):90-95.

③ 王萍,李树茁.农村家庭养老的变迁和老年人的健康[M].北京:社会科学文献出版社,2011:85.

传统农村社会中,土地不仅是最基本的生产资料,还是家庭收入的主要来源。然而,在新型城镇化和工业化的作用下,家庭的经济功能逐渐弱化。杨善华通过对中国农村地区的定量研究后发现,农村地区正在向农、工、商并存的产业结构发展,家庭经济功能逐渐萎缩,"男工女耕""男女同工"型家庭大量涌现。①杨菊华等人也赞同这一说法,他们认为城市化不仅给人们提供了非农就业的机会,也帮助他们(尤其是女性)在经济上走向独立。②大量的农村劳动力外流使得农村家庭养老的人力资本随之缺失。与此同时,伴随着市场经济的发展,人们的消费观念也逐渐改变,这也直接引发了农村家庭消费功能的变迁。黄振华通过田野调查分析发现,我国农村家庭消费功能由之前的单一的生存型消费状态,逐渐转变为多元、扩张型消费,消费水平也在不断提升。③同时,由于家庭作为一个消费整体,家庭成员数量越多,整个家庭的消费支出就越多,家庭消费功能也会势必增强。柴定红、程启军基于农村家庭消费功能增强这一变化提出,一些敬老意识不强的子女,往往会出于经济利益的考虑而选择放弃赡养、照顾老年人,农村老年人被遗弃的现象较为严重。④

其次,家庭生育功能弱化。对于我国传统农村家庭而言,生育功能不仅意味着传宗接代,还是一个家族是否兴旺的象征。而如上文所述,在计划生育政策的作用下,人们的生育观念逐渐转变,农村家庭子女数量明显减少。朱明宝等人通过对农村年轻一代育龄妇女的调查发现,由于农村年轻夫妇养老观念的转变,"养儿防老"的意识逐渐淡薄,他们生育二孩的意愿也随之降低。⑤家庭生育功能的弱化导致"四二一""八四二一"式倒金字塔型家庭数量将不断增加,子女在赡养老年人方面所需承担的各项支持负担加重,农村家庭养老在家庭生育功能变迁的作用下受到严重威胁。

---

① 杨善华. 中国农村现代化进程中的家庭生产功能的变迁——对中国农村的一个跨(亚)文化此较研究[J]. 北京大学学报(哲学社会科学版), 1991, 28(03): 42-48.
② 杨菊华, 何炤华. 社会转型过程中家庭的变迁与延续[J]. 人口研究, 2014, 38(02): 36-51.
③ 黄振华. 中国农户: 功能变迁与政府介入: 以龙村8户调查为基点[D]. 武汉: 华中师范大学, 2013.
④ 柴定红, 程启军. 解读农村家庭变迁及其对农村家庭养老的影响[J]. 理论月刊, 2002(12): 80-81.
⑤ 朱明宝, 杨云彦. 农村家庭养老模式变迁与低生育水平强化——来自湖北省宜昌市的经验证据[J]. 中国人口科学, 2016(03): 93-103, 128.

最后，家庭教育功能的变迁。家庭是子女接受教育的第一课堂，而父母则是子女人生的第一位老师。然而，随着高等教育水平、覆盖度的不断提高，年轻人接受教育的时间越来越长，拥有高学历的劳动者也更加向往城市生活。同时很多父母认为，子女的受教育程度越高，未来他们为父母提供经济供养的能力就越强。[①]然而，王春光通过对温州、杭州和深圳三地的流动人口调查发现，虽然他们的受教育年限较第一代农村流动人口而言有所提高，但大部分人已渐渐适应了当地的生活，他们对于未来是否归乡多持观望态度，"乡土认同感"降低。[②]综合上述研究不难发现，伴随着家庭教育功能社会化，农村流动人口的受教育程度普遍提升，但这是以农村父母牺牲自己的养老资本、推迟自己养老起始时间为代价换来的。且随着子女受教育程度的提高，他们的归乡意识也会逐渐淡薄，农村老年人可能面临无人养老的困境。

1.2.2 农村社会养老研究

农村社会化养老最早是西方国家在工业化大背景下推进西方福利制度过程中逐步建构起来的，尤其是西方福利国家时期，建构起了高水平的养老保险制度和比较完善的养老服务体系。但随着西方福利国家危机，人口老龄化加重和经济全球化等经济社会发展转型，全面普惠的社会化养老方式及其机制也发生了一系列的变化。国外对家庭结构变迁与社会化养老的相关研究经历了这样的变化。首先，工业化使传统以大型亲属关系为单位的家庭转变为现代的孤立的核心家庭，个人进取价值同工业经济需要更加相容，因此老年人丧失了家庭作为经济保障体系的靠山。个体化核心家庭权利的扩大，是老年人处境每况愈下的一个主要因素。因此，国家介入养老，构建社会化的现代养老保障制度。其次，对国家与家庭在养老问题上的关系，艾斯平·安德森引入了"家庭主义"(familialism)和"去家庭化"(defamilialization)两个概念来

[①] 郭于华.代际关系中的公平逻辑及其变迁——对河北农村养老事件的分析[J].中国学术，2001(4)：221-254.

[②] 王春光.新生代农村流动人口的社会认同与城乡融合的关系[J].社会学研究，2001，16(03)：63-76.

分析不同国家对家庭的不同态度。[1] 莱特纳在安德森基础上发展了家庭主义政策体制的类型学。再次,伴随着福利国家危机,新的福利国家改革和转变理论不断被提出。如强调国家和多元福利部门共同起作用的混合福利[2]、主张国家和私人部门合作,建立新型的合作关系,提倡多种来源的福利多元主义(welfare pluralism)等。21世纪以后,吉登斯提出了将社会福利嵌入社会框架中,变消极福利为积极福利的第三条道路。[3] 纵观发达国家福利政策,经历了家庭主义、去家庭化和再家庭化的政策变化。[4] 西方家庭政策的发展演变,以及东亚儒家文化圈家庭养老支持政策对于研究如何有效利用我国家庭养老传统文化、寻求家庭养老替代机制、整合农村养老资源、构建适宜的养老模式有着重要的借鉴意义。

国内关于农村社会化养老问题的研究是在家庭养老功能弱化,农村养老问题日益突出的现实推动下,逐步成为研究的焦点的。主要集中在两个方面:第一是对制度建设的研究,如保障体系建构、基金管理、保障水平、效果评估、问题与困境等;第二是对农民主体意识和行为的研究,如农民的养老观念、养老需求、养老模式偏好、参保意愿、行为及其影响因素等。这些研究对农村社会养老保障制度建设起到了巨大作用,满足了农村养老的部分经济需求。但现实提出的养老需求与供给之间还存在巨大差距。在孝道伦理仍旧获得道德认可[5]的现实条件下,如何寻求家庭养老替代机制,构建个人、家庭、熟人村落、市场和国家等多主体合作互补的农村养老模式,成为新时期的一个重要研究主题。

---

[1] G ESPING Anderson. Social Foundations of Postindustrial Economics[M]. New York: Oxford University Press,1999.

[2] ROSE R. Common Goals but Different Roles: the State's Contribution to the Welfare Mix. In Rose, R. And Shiratori, R.(Ed.) The Welfare State East and West. Oxford University Press,1986.

[3] 安东尼·吉登斯. 第三条道路——社会民主主义的复兴[M]. 郑戈,译. 北京:北京大学出版社,2003:23.

[4] 韩央迪. 家庭主义、去家庭化和再家庭化:福利国家家庭政策的发展脉络与政策意涵[J]. 南京师大学报(社会科学版),2014(6):21-28.

[5] 陈皆明. 中国养老模式:传统文化、家庭边界和代际关系[J]. 西安交通大学学报(社会科学版),2010,30(06):44-50,61.

1.2.3 关于养老内容研究

关于养老内容的界定,很多学者都提出了自己的观点。穆光宗等认为,养老的内容可以概括为经济供养、生活照料和精神慰藉三个部分。[①]刘勇认为,养老是物质供养和精神赡养的统一。[②]吴海盛指出,老年人的晚年生活质量可以依靠子女所提供的经济保障、生活照料和精神慰藉来支持。[③]现行《中华人民共和国老年人权益保障法》第十四条也以法条的形式明确规定:"赡养人应当履行对老年人经济上供养、生活上照料和精神上慰藉的义务,照顾老年人的特殊需要。"纵观上述观点,无论是哪种界定方式,它们都是以对老年人提供经济供养和非经济供养(照料供养)为基础的。因此,从经济支持、生活照料和精神慰藉三个方面作为养老研究的核心内容,并以此为脉络,对上述养老内容进行文献梳理。

1.2.3.1 养老经济支持

所谓经济支持是指为老年人提供基本生活的物质基础。它以确保老年人维持基本生存为前提,并以提升老年人生活质量为目标。由于基本生活需求是所有老年人都不可或缺的,因此长期以来,经济支持在养老内容中无疑处于基础核心地位。成海军指出,我国农村老年人口养老经济支持来源依次是个人、家庭、社区和政府。[④]韩梅、侯云霞认为,农村老年人的经济自养能力较强,但经济收入水平较低,来源较为单一,即使可以获得社会经济帮助,他们对生活需求的要求也很低。[⑤]还有一些学者在分析家庭养老经济供养力度变迁后提出,农村子代对亲代的经济支持力度减弱,亲代对生活的满意度要求降低。胡洋、丁士军通过田野调查发现,农村老年人以自我养老为主,子

[①] 穆光宗,姚远.探索中国特色的综合解决老龄问题的未来之路——"全国家庭养老与社会化养老服务研讨会"纪要[J].人口与经济,1999(02):58-64,17.

[②] 刘勇.中西方养老文化的初步比较研究[D].成都:西南财经大学,2006.

[③] 吴海盛.农村老人生活质量现状及影响因素分析——基于江苏省农户微观数据的分析[J].农业经济问题,2009,30(10):44-50,110-111.

[④] 成海军.中国农村老年人经济供养方式的现状与前瞻[J].北京科技大学学报(社会科学版)2000(02):24-31.

[⑤] 韩梅,侯云霞.农村老年人的生活状况与农村养老模式探析[J].特区经济,2009(08):145-147.

女养老为辅,子女对老年人的经济供养力度仅能保证老年人的基本养老生活,但老年人并未因此而有怨言。① 张洪芹通过资料分析得出,在传统社会中子女较强的养老支持愿望和能力在逐渐弱化,农村老年人依靠个人收入养老以缓解子女养老压力的意识增强,农村老年人养老负担加重。② 谢勇才等人通过数据对比得出,农村老年人的主要生活来源虽然仍然是家庭,但是个人劳动收入所占比重却逐渐提升,老年人的生活质量并未出现明显的提升。③ 综合上述学者的研究观点,笔者认为,作为我国家庭养老的核心内容,农村家庭养老经济支持较城市而言更为重要。它不仅弥补了农村老年人没有退休金的缺口,也在家庭内部经济支持过程中拉近了代际间的距离。但农村子代对亲代经济支持力度的减弱是否真的不会影响亲代的养老质量,这个问题有待进一步探讨。

1.2.3.2 养老生活照料

由于老年人的健康状况和身体条件随着年龄的增长逐渐衰退,生活照料也因此成为每个老年人在家庭养老中所必须获得的养老支持内容。其中,除了日常生活照料外,还应包含对患病及失能老年人医疗护理等方面的特殊照顾。早期学者对于养老生活照料的研究,多围绕生活照料需求程度进行,他们多认为老年人对生活照料的需求程度与其健康状况有着十分密切的关系。而随着老年人年龄的增长,他们的健康水平大多呈现下降趋势,老年人对生活照料的需求随之增加。例如,杨宗传曾提出,随着老年人年龄的增加,由其配偶提供生活照料的比例下降,由儿女、媳婿提供生活照料的比例大幅度提升。④然而,伴随着新型城镇化的出现,大量农村劳动力向城市流动,子代与亲代的居住距离随之扩大。而计划生育政策的实施,则使得农村家庭结构趋于小型化、核心化。在多重影响因素的作用下,子代给予亲代及时、稳定

---

① 胡洋,丁士军. 新时期农村家庭养老的出路选择——湖北省江陵县沙岗镇农村家庭养老的调查与思考[J]. 农村经济,2003(04):39-41.
② 张洪芹. 农村家庭养老与子女支持愿望——基于对山东部分农村地区的调查[J]. 东岳论丛,2009,30(09):133-136.
③ 谢勇才,杨哲,涂铭. 依赖抑或独立:我国城乡老年人主要生活来源的变化研究[J]. 华中农业大学学报(社会科学版),2015(05):82-88.
④ 杨宗传. 中国老年人生活服务保障体系探讨[J]. 经济评论,1996(03):41-48,29.

的生活照料变得困难重重。张友琴认为，随着家庭规模的缩小，独居老年人数量的增多，子代所能给予亲代的生活照料资源逐渐弱化。且由于农村地区缺乏家庭养老替代性资源，农村老年人的养老质量不容乐观。[①]田北海等学者通过研究指出，农村老年人更希望在家中颐养天年，年龄越大的老年人，越希望在家中养老。但随着代际关系重心的下移，农村老年人为了缓解子女的负担，只有当他们个人收入无法维持基本养老生活，且子女有能力、有意愿为自己提供生活照料时，才会选择家庭养老模式。[②]综合上述学者研究我们不难看出，学者关于农村养老的生活照料支持多围绕照料需求、影响因素进行，而从宏观层次进行的生活照料替代性研究有待进一步深入探讨。

1.2.3.3 养老精神慰藉

老年人的身体状况在很大程度上会受到心理健康的影响。因此，对于老年人的养老保障不仅限于物质生活需求供养，关心老年人的心理健康状况，注重老年人的精神需求也是十分重要的。关于精神慰藉赡养的方式及责任主体，穆光宗[③]和邵南[④]给出了这样的解释：精神供养有别于物质供养，它的主要表现形式是子代对老年人的日常关心、顺从，子代也因此成了家庭精神供养的主要责任主体。关于农村家庭养老精神慰藉供养现状的研究，学者崔燕改提出了这样的研究观点。她指出，由于农村老年人的生活内容较为单一，消遣娱乐的方式较少，与子女的交流成为农村老年人重要的精神慰藉方式。但事实上很多子女往往将关注目光放在父母的温饱、身体健康上，而忽略了与父母的交流以及他们的精神慰藉需求。[⑤]还有学者从代际支持变迁的视角着手分析，认为老年人对子代的精神支持和日常关怀需求越来越强烈，甚至已

---

① 张友琴.城市化与农村老年人的家庭支持——厦门市个案的再研究[J].社会学研究，2002，17(05)112-118.

② 田北海，雷华，钟涨宝.生活境遇与养老意愿——农村老年人家庭养老偏好影响因素的实证分析[J].中国农村观察，2012(02)：74-85.

③ 穆光宗.老龄人口的精神赡养问题[J].中国人民大学学报，2004(04)：124-129.

④ 邵南.浅谈当代老年人的精神需求与精神赡养[J].南平师专学报，2006(01)：136-138.

⑤ 崔燕改.农村养老状况与方式选择的实证分析——以河北省藁城市为例[J].南京人口管理干部学院学报，2006(03)：28-31，36.

经强于对物质支持的需求程度。[①]与城市老年人相比，农村老年人对子女的养老精神依赖度更高，这一现象在农村与子女同住的老年人身上更为凸显。这可能与同子女共同生活所形成的较为稳定、亲密的家庭代际关系有关，且与农村养老保障尚不健全，农村老年人对于养老的担心更多有一定关系。[②]综合上述关于精神慰藉支持的文献回顾，我们发现随着社会环境的改变以及代际关系的变迁，家庭组织的经济功能已经逐渐衰退，取而代之的是老年人对于情感需求的渴望。虽然目前我国已将给予老年人精神关怀写入法条，并强调了子女在老年人精神慰藉支持中的重要性，但仍无法避免空巢老年人的子女不能随时陪伴身边，提供精神慰藉支持的问题。给予精神慰藉"空窗期"的老年人替代性的精神支持，提高他们对精神健康的重视程度，值得我国学者下一步深入探讨。

1.2.3 文献述评

总的来看，国内学者对于城镇化过程中家庭结构变迁和养老保障制度建构的研究有很多，但很少在家庭养老与社会养老之间建立关联机制，在养老模式的建构上，也存在单纯以社会养老保险制度推进为重点的情况，对家庭养老的政策支持和村落社区的养老资源有效利用较少涉及。国外学者的相关理论研究虽较为成熟，但在中国实践中运用必须要结合中国国情和农村实际，因此仍需进行本土化的实践检验和转换。因此，本书立足于新型城镇化进程中农村家庭结构与养老功能变迁的社会事实，力图在家庭养老与社会养老之间建立关联机制，运用家庭政策理论和社会福利理论来建构本土化农村养老模式，试图解决农村人口老龄化日益加剧、家庭结构变迁剧烈、养老资源有限、养老需求突出的现实重大问题。

---

① 王晶.找回家庭：农村代际合作与老年精神健康[M].北京，社会科学文献出版社，2016：158.
② 宁雯雯，慈勤英.老年人精神慰藉过程中的子女作用[J].重庆社会科学，2015(01)：48-54.

1.3 研究的相关理论与方案

1.3.1 研究相关理论

1.3.1.1 福利多元主义理论

福利多元主义理论是伴随着福利国家改革应运而生的。最早罗斯提出福利三角理论，此后伊瓦斯将其理论进行完善，认为国家、市场和家庭提供不同价值内涵，为全面福利制度改革提供了理论框架，使该理论应用到经验领域。在伊瓦斯研究基础上，约翰逊对福利主体又进行了细致的划分，融入了非营利机构，将其分解为非正式部门、自愿部门、商业部门和政府部门。非正式部门包括亲属、朋友与邻居。自愿部门则包括睦邻组织、自助或互助团体和关注协调他者群体等。后来，伊瓦斯又从"正式—非正式"和"公共—私人"两个角度构造了福利主体的网络结构图，对福利多元主义进行了内涵更为丰富的界定，福利多元主义理论的日趋成熟。福利多元主义理论的核心概念是分权和参与，分权是指福利领域打破政府部门的权力垄断，转向政府、市场和社会多主体拥有。参与是指福利消费者、私人部门和非营利组织都可以参与福利服务的提供与决策。该理论认为，若每个主体通过自身特定位置提供有效福利，完成各自的功能，整个结构就能呈现稳固的合作状态。随着西方福利国家危机日趋严重，加之经济全球化和人口老龄化对以国家为主体的普惠制福利体制的冲击，福利多元主义理论越来越被大多数福利国家改革所采纳。

1.3.1.2 家庭福利政策理论

作为最基本的社会单位，家庭向来都是社会成员最主要的福利来源。任何在家庭之外建立起来的正规社会保护制度，都不能取代家庭的功能和责任，只是政府在不同程度上采用不同的方式分担家庭责任而已。[①] 家庭政策是社会现代化的产物,其本质就是社会政策。其中,作为社会政策框架中的基础核心内容,家庭福利政策一直伴随着国家和社会的发展而变迁。

纵观西方发达国家家庭福利政策的整体发展脉络,我们不难看出,最初福利政策的受益对象主要为家庭成员个人,女性和儿童更是福利照顾的重点。此后,随着工业化和城市化的进程加快,国家给予家庭的物质、经济福利程度不断提升。随着家庭现代化的不断发展,人们对于政府给予的福利需求逐渐从基础物质保障转向深层次的服务保障。政府也逐渐意识到家庭对福利政策的渴求,并开始尝试将家庭整体作为福利获益对象,通过提供福利服务、减免税收、立法等方式,以国家、政府的身份介入家庭,为家庭成员提供福利。[②]

早期,我国学者对于家庭福利政策的研究主要以西方国家的相关制度为基础,在很长的一段时间里,我国的家庭制度始终保持着一种内在稳定性,人们坚信这种稳定性会在很长的一段时间内保持不变。[③] 改革开放初期,我国家庭福利的主要来源仍是家庭或者个人,国家鼓励家庭和个人主动承担责任,并开始有意识地减轻自己的责任负担,仅有的一些家庭福利政策仅起到了家庭责任的补充作用,保障覆盖人群多为边缘少数群体。例如,伴随着计划生育政策的实施,国家对于独生子女家庭实行鼓励支持政策,但却忽略了独生子女在成长过程中可能遇到的风险,以及这些家庭所要面临更高养老风险的问题。

随着市场经济体制改革的不断深入,我国的人口流动性增强,原本为社会分担大部分责任的家庭和个人逐渐失去了原有的责任承担能力,家庭福利与需求供给之间的失衡现象严重,这一现象在我国劳动力大量外流的农村地区更为凸显。然而,我国各地政府部门仍"习惯性"地将这些负担转移给家庭独自承担,却往往忽略了家庭自身结构以及养老、抚幼功能已随着社会的发展发生了巨大的变迁,呈现出现代化发展趋势,国家给予家庭的福利保障与

---

① 张秀兰,徐月宾. 建构中国的发展型家庭政策[J]. 中国社会科学,2003(06):84-96,206,207.
② 刘继同. 中国现代家庭福利政策的基础性、战略性地位[J]. 社会政策研究,2016(01):98-110.
③ M K WHYTE, Continuity and change in urban Chinese family Life, The China Journal, 2005, 53(1):9-33. 转引自彭希哲,胡湛. 当代中国家庭变迁与家庭政策重构[J]. 中国社会科学,2015(12):113-132,207.

需求明显失衡。西方发达国家的经验告诉我们,对家庭和儿童实行普惠性福利政策,对于基本消除绝对贫困起到了关键性的作用。[①]

柯布里秘书长在1982年第一次联合国老龄问题世界大会上指出,以中国为代表的家庭养老模式是全世界解决老年问题的榜样,因此应该资助、保护和加强家庭养老。当我国农村受计划生育政策影响的家庭同时面临着家庭养老替代性资源匮乏,以及家庭成员内部养老支持能力减弱的双重困境时,将家庭整体作为基本福利政策的对象,制定相应的家庭养老福利政策予以支持,才是尽快解决这一矛盾局面的关键。

1.3.1.3 家庭现代化理论

德国著名社会学家马克斯·韦伯曾提出,家庭结构核心化是工业革命的结果。[②] 伴随着工业化进程的不断深入,这一观点逐渐被社会学界普遍认同。此后,以勒普莱为代表的家庭社会学学者通过对家庭发展史的梳理研究发现,工业人口在小家庭中所占比重较高,这些人在工业化的作用下价值观念发生改变:他们的个人主义、平等观念意识增强,家庭成员之间的亲情责任意识逐渐淡化,家庭代际关系也因此失去稳定性。即便如此,这种新兴的"核心化"家庭结构,仍在之后的很长一段时间里,被看作"现代"家庭的标志。然而,随着结构功能主义受到质疑,很多家庭社会学的研究学者开始反思之前关于核心化家庭"一元化"模式、"单线演进"理论以及"否定传统"的研究思路,并逐渐意识到通过家庭结构特点所反映出的家庭变迁具有片面性,将它作为测量家庭现代化的标准并不准确。同时,很多中国学者也认为,中国家庭结构所呈现出的多样化发展特征,是西方传统家庭现代化划分标准所不能解释的。家庭关系的转变,才是评判家庭现代化变迁的主要内容[③],学者们逐渐将研究重点从家庭整体结构转向家庭个体成员及其相互关系上。

关于家庭关系的定义,汇总学者们的观点后可解释为:私人家庭(夫妇式家庭)生活的内容、家庭与亲属群体的关系以及家庭与社区的关系。而家庭关

[①] 参见彭希哲,胡湛.当代中国家庭变迁与家庭政策重构[J].中国社会科学,2015(12):113-132,207.

[②] 唐灿.家庭现代化理论及其发展的回顾与评述[J].社会学研究,2010(03):199-222,246.

[③] 唐灿.从家庭结构到家庭关系的转变[N].中国社会科学报,2010-08-24(013).

系变迁才是使现代化家庭区别于传统工业化家庭的特征表现。①

如上文所述,家庭现代化的一大特点是个体独立性增强,家庭成员间的亲情责任意识减弱,随之而来的则是父辈家庭权威地位的衰落,家庭权利结构重心由"父母—子女"关系转为夫妻关系。虽然我国家庭内部的权利分配逐渐趋于平等和民主,展现出中国家庭在现代化进程中与西方现代化理论一致性的一面,但与西方国家略有不同的是,我国夫妻关系并不能完全取代"父母—子女"关系在家庭中的作用和意义。这主要是由于我国家庭尤其是农村家庭中"养儿防老"观念仍普遍存在,亲代与子代间仍需维持良好的代际关系以保证资源的双向流动。

长期以来,亲属关系也一直被看作理解和认识家庭变迁的重要指标之一,核心化家庭与扩大的家庭网络的互动程度也常被学者们当作区分传统与现代家庭的标准。②很多西方学者认为,家庭成员与扩大的家庭网络密切互动是传统家庭的标志,紧密的亲属关系不利于家庭现代化的推进,我国学者早期的研究也曾受此观点影响。

然而,随着研究的不断深入,越来越多的学者发现亲属关系并非像西方早期学者所论述的那样不断趋于弱化,反之,亲属间的频繁互动并不会给家庭现代化带来消极的影响。虽然"大家庭"逐渐被"小家庭"所取代,但亲属关系并未就此消失,它在缓解小家庭所面临的社会风险问题上起到了关键性的作用。传统的亲属关系通过血缘或者姻缘交织在一起,形成了扩大型的家庭网络,在家庭和社会之间承担着情感和资源的输送任务,在很大程度上分担了"小家庭"所面临的社会风险。对此,杨菊华、李路路通过对东亚四地的模型分析后提出,家庭凝聚力和传统亲属关系并不会因家庭现代化而被破坏,代际间的资源互补性使得家庭现代化进程与亲属关系相互兼容,代际支持则是通过代际间资源流动表现出来的。③唐灿等人通过定量分析后,现代社会中

---

① 唐灿.家庭现代化理论及其发展的回顾与评述[J].社会学研究,2010,25(03):199-222,246.
② 唐灿.从家庭结构到家庭关系的转变[N].中国社会科学报,2010-08-24(013).
③ 杨菊华,李路路.代际互动与家庭凝聚力——东亚国家和地区比较研究[J].社会学研究,2009,24(03):26-53,243.

的亲属关系不再是简单意义上的家族关系，现代的亲属关系中保留了个体的自主性，却并不会因此"牺牲"亲属、代际间的亲密性。代际交换同样是中国传统孝道、亲情文化的表现，而并非单纯的利益交换。①

但是即便如此，我国现代亲属关系与家庭网络较传统家庭而言，的确发生了明显的改变：传统家庭中个人完全服从于家庭，家庭利益关系到个人利益同时也高于个人利益。然而，在现代家庭中亲属关系却失去了原有的控制力和约束力，家庭网络合作、利益交换原则逐渐取代了传统社会中血缘、姻缘的地位，传统"大家庭"的核心地位逐步被瓦解，中国家庭正逐步向现代化变迁。

综上所述，作为结构功能主义的重要产物，家庭现代化理论对于中国家庭发展研究起到了极为重要的作用。该理论不仅是分析社会问题的工具，同时也是相关研究的理论基础。尽管这一理论从诞生至今不断被质疑、修正，但我们仍无法否认它对于家庭现代化的解释分析有着无可替代的权威性。农村家庭在我国社会双重转型过程中，一方面，留守的老年人承继着传统的家庭观念，而另一方面，处于城镇化过程中的新一代农民工恰恰经历了现代化观念的洗礼，家庭养老难题正是由于两代人传统家庭观念与现代家庭观念碰撞引发的。农村家庭现代化如何建构的不仅受微观家庭结构和代际关系的制约，也受宏观中国社会福利制度的影响。新时期农村家庭代际关系如何？对家庭养老会产生怎样的影响？这是本书关注的重点内容。因此在农业社会向工业社会的现代化转型过程中，新时期中国农村家庭的现代化理论会如何建构是本书关注的一个重要的理论命题。

1.3.2 研究的主要内容

1.3.2.1 研究对象

主要研究对象是新型城镇化背景下农村家庭结构变迁和养老模式创新。改革开放以来，中国农村家庭结构经历了深刻变革，在新型城镇化推进过程中，家庭结构还将发生怎样的变化？这对人们的养老观念、养老需求、养老

---

① 唐灿，陈午晴.中国城市家庭的亲属关系——基于五城市家庭结构与家庭关系调查[J].江苏社会科学，2012(02)：92-103.

能力将带来怎样的影响？现有的养老保障模式有哪些？是否能够适应和满足养老观念、养老需求、养老能力变化的需要？其存在的不足和问题是什么？如何构建新型的养老保障模式才能适应新时期农村养老的需求？这一系列的问题都是本书所要研究的主要对象。笔者着眼于农村人口老龄化现状突出的社会事实，以新型城镇化战略推进为背景，关注家庭结构和代际关系变化，以农村养老需求为依据，整合农村社会现有的各种养老资源，进行现代化视角下的农村养老模式创新研究。

1.3.2.2 总体框架

工业化、城镇化是我国社会现代化的必然经历。家庭作为社会的细胞，在这一过程中也必然会经历结构变迁和养老功能弱化。本项研究以中国城镇化、现代化进程为线索，分析新型城镇化背景下，大量农村青壮年迁居城镇，一方面加重本已严重的农村人口老龄化程度，使农村养老需求急剧增加；另一方面还会带来农村家庭结构的小型化、空巢化和独居化发展趋势，这对传统的家庭养老模式带来了严重的挑战。在这种形势下，我国农村养老保险制度建设逐步推进，但由于制度设计的权责对等机制和农民缴费能力低等原因，致使保障功能有限。因此，研究现有农村养老保障模式功能如何、是否能够承担得起农村养老的现实需求成为本项研究的核心内容。在此基础上，提出农村新型养老模式的创新建议。研究总体框架如图1-4所示。

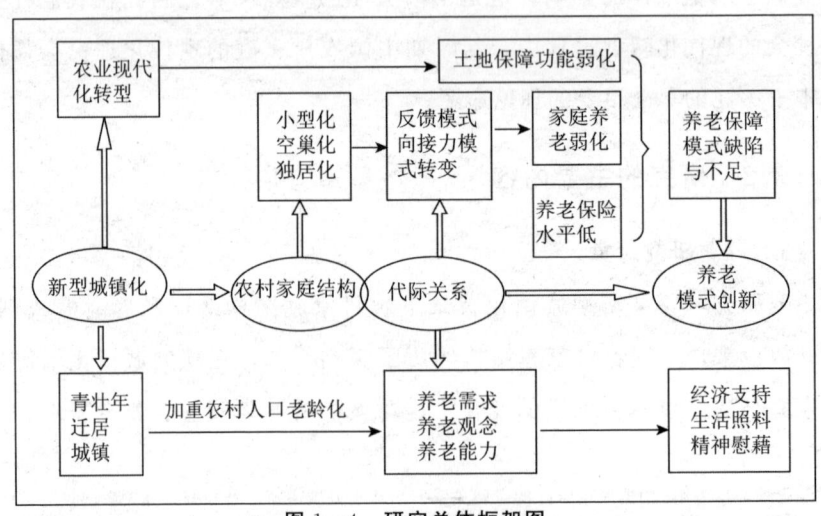

图1-4 研究总体框架图

1.3.2.3 重点难点

(1)新型城镇化进程中农村家庭结构变迁研究。在城镇化进程中，农村青壮年非农就业、迁居城镇对家庭结构变迁带来巨大影响，家庭结构的小型化成为农村家庭结构变迁的必然现象。代际城乡分居，农村空巢老年家庭、独居老年家庭比例上升，代际间的情感交流也必然由于地理距离加大、生活方式不同、价值观念差异等减少，进而影响代际关系。农村女性地位提升，核心家庭性别权利结构变化，代际间的家庭权利结构也会随着小夫妻的权利关系变化而变化，而这直接影响着家庭养老的权利结构和规模结构的基础。

(2)新型城镇化背景下家庭结构变迁对家庭养老影响的研究。在城镇化进程中，农村青壮年非农就业、迁居城镇对家庭结构变迁带来巨大影响。在城镇化大潮下，农村男女性别比例会进一步失衡，男性青年被动城镇购房比例增加，挤压家庭养老资源，进而带来农村家庭代际关系紧张。因此，在新型城镇化进程中，农村家庭结构和代际关系会发生怎样的变化？这种变化对农村老年人的生存状态、养老能力、养老需求会产生怎样的影响？这是展开养老模式创新研究的前提基础，因此是一个重点内容。

(3)农村社会养老状况研究。由传统家庭养老到农村养老保障制度的逐步完善，农村现代制度化养老体系逐步形成。但是作为养老保障制度的核心，中国养老保障制度是在人口老龄化、经济全球化、西方福利国家改革大背景下确立的，体现了多缴多得、少缴少得的权利义务对等原则。但由于农村人口收入低，缴费能力有限，其养老功能受到自身缴费能力影响。因此，如何提升农村养老保障制度功能是本项研究的主要内容。

(4)多元合作互补养老模式创新研究。如何整合多元养老主体，创新养老模式是本项研究的重点难点内容。研究主要从以下几个方面展开。第一，在农村老年人口还秉持养儿防老、世代传承的生命价值意义前提下，分析如何借鉴儒家文化圈的家庭支持政策和多元福利主义理论与实践经验，通过制度设计整合家庭养老资源，构建家庭化的社会养老制度。第二，在熟人村落中，村民之间有着千丝万缕的亲缘关系和乡缘关系，社会网络资源丰富。分析如何有效利用农村社会资本与人力资本建构村域互助养老服务体系。第三，在对农民参保情况、缴费能力、制度偏好分析的基础上，分析养老制度发展空间和功能定位，建构家庭养老与社会养老之间的关联机制。

1.3.3 研究方法与数据说明

1.3.3.1 研究方法

(1)规范研究与实证研究相结合。在对理论规范研究的基础上，充分考虑我国农村养老实际状况，理论结合实际，规范研究与实证研究相结合。

(2)在实证研究中，权威人口数据统计分析和第一手调查数据统计分析相结合。充分利用现有全国性人口统计资料，结合家庭结构变迁和养老问题的实地调查资料，保证研究数据的信度和效度。

(3)在实地调查中，个案访谈法与调查问卷法相结合。通过调查问卷，获得农村人口对不同养老方式态度、养老需求、养老能力等数据。基于相关关系和多元回归等统计手段，建立家庭结构变迁与养老需求之间的关联模型。同时，通过典型案例访谈，深挖调查问卷不能反映出来的家庭结构、代际关系与养老问题之间的内在深层机理。

(4)在规范研究中，演绎法与归纳法相结合。研究根据现有理论逻辑展开分析，确定分析框架与视角，解剖中国农村家庭结构和养老问题的社会事实，而后通过经验事实的总结，得出中国化的家庭结构变迁理论和多元主体在养老实践中的关系理论。

研究思路与方法如图 1—5 所示。

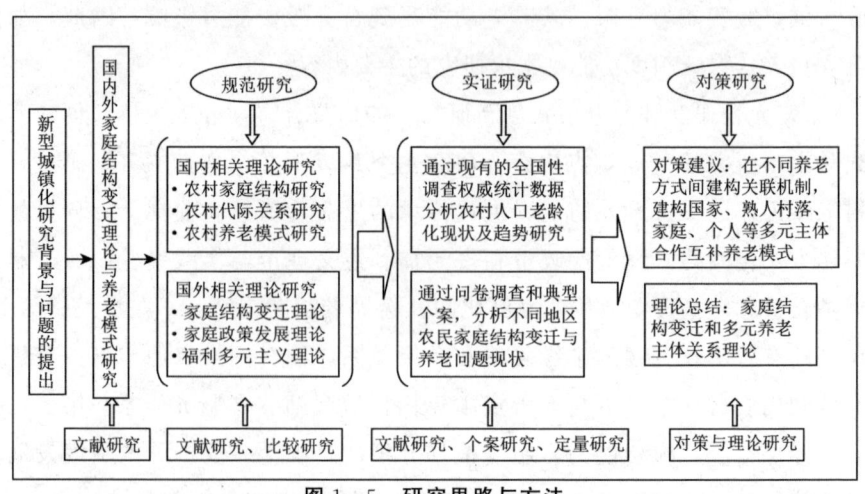

图 1—5 研究思路与方法

1.3.3.2 研究数据说明

(1)全国性的样本数据。本研究主要利用北京大学中国健康与养老追踪调查(China Health and Retirement Longitudinal Study, CHARLS)的数据进行探究分析。该项调查是由北京大学国家发展研究院主持、北京大学中国社会科学调查中心与北京大学团委共同执行的大型跨学科调查项目。自2011年开展基线调查，每两年追踪一次，本研究采用的是2013、2015年中国健康与养老追踪调查数据。大部分使用的是2015年追踪调查数据，也有少部分受研究内容限制，使用的是2013年调查数据。2015年调查团队分别在全国28个省(自治区、直辖市)的150个县、450个社区(村)开展调查访问，至2015年全国追访时，其样本已覆盖总计1.24万户家庭中的2.3万名受访者，调查及追踪对象为中国45岁及以上的个人和家庭。调查信息包括：个人基本信息，家庭结构和经济支持，健康状况，体格测量，医疗服务利用和医疗保险，工作、退休和养老金、收入、消费、资产，以及社区基本情况等。

出于研究需要，选取了户口为农业户口，年龄在60岁及以上的农村老年人为数据样本。在代际支持研究中将无子女老年人样本剔除。其中男性占比53.1%，女性占比46.9%，男女比例基本持平。在教育程度方面，不认识字的老年人占比37.5%，小学及初中学历的老年人占比最高，达到59.7%，高中及以上学历老年人比例最低，占比2.9%。根据联合国卫生组织提出的年龄段划分标准，本书将60~74岁的老年人口称为低龄老年人口，将年龄在76~89岁的老年人口称为中龄老年人口，将90岁以上的老年人口称为高龄老年人口。在本次样本数据中，低龄老年人口占比76.1%，中龄老年人口占比22.3%，高龄老年人口占比1.2%。

(2)调查问卷数据。北京大学中国健康与养老追踪调查数据是全国调查样本，具有很好的信度和效度，使研究有了非常扎实的数据基础。但是，由于受研究具体内容的限制，有些研究内容不能从数据库中得到支撑，因此，课题组利用了"北京市农村居民综合调查问卷"的数据，并且在北京农村地区进行了"农村养老状况和养老意识"的问卷调查。

"北京市农村居民综合调查问卷"是北京工业大学在2016年组织的北京地区社会调查数据，该数据调查对象是具有北京户口、居住在北京农村的18周岁及其以上的当地居民，共取得有效问卷992份。本书因研究需要剔除52个个案，选取有效个案940个。在调查对象中，其中男性占比49.4%，女性占比50.6%，男女性别比接近1∶1；从年龄上看，40岁以下的人口占比41.6%，40~60岁人口占比47.3%，60岁及其以上人口的占比为11.1%，调查对象年龄最小为18岁，最大为81岁。从受教育程度来看，小学及以下学历人口占比11.2%，初高中及中专学历人口占比50.9%，大专本科及以上学历人口占比37.9%。本书第7.2和7.3部分主要使用的是北京市的地区调研数据。

与此同时，研究在北京市怀柔、密云、延庆、大兴和顺义等农村地区对60岁以上的老年人进行了养老意识和养老状况随机抽样的问卷调查。调查立足于北京市农村老龄化程度高、城镇化进程快的现实，通过对农村老年人养老状况的调查，明晰农村老年人养老需求和农村老年人的养老意识和期待。调查样本的基本情况如下。共发放160份问卷，回收156份，回收率为97.5%。其中男性占比51.4%，女性占比48.6%；其中具有小学及以下教育程度的老年人口占比50.1%，初中文化教育程度的老年人口占比36.5%，高中或中专教育程度的老年人口占比8.1%，大专及以上教育程度的老年人口占比5.3%。婚姻状况：未婚比例为2.8%，在婚比例为75%，丧偶比例为19.4%，离异比例为2.8%。本书7.1部分主要运用这部分数据。

(3) 田野调查村庄个案。家庭结构变迁对家庭养老影响巨大，为了深入了解其内在影响机制，课题组特选取山西省忻州市B村作为田野调查的个案，比较计划生育少子女一代与多子女的上一代家庭养老期待和现状。该村位于原平市崞阳镇西北2.5千米处，全村共540户，总耕地面积3 400亩。近年来，全村村民集思广益，注重发展创业。目前，养殖从业人员达130余人，养鸡11万只，总产值达33万元；养猪305头，总产值达30.5万元；交通运输业从业人员100余人，客运车辆100余辆，为全村经济收入的突飞猛进注入强大力量。长期以来，将农业种植、畜牧作为主要收入来源的B村家庭代际关系处于"黏着型"阶段，养老高度依赖家庭。然而，在计划生育政策的影响下，B村的家庭代际关系在近年来发生了较大的变化：越来越多的年轻人选择外出打工、经商以获得更多经济收入，农作物种植工作多由留守在家的老年人完成，农业收入占家庭收入的比重逐渐下降，家庭养老的基本条件不足。该村最初实行计划生育政策的亲代已陆续步入老年阶段，而他们的子女大多仍在异地务工、求学，村里大部分常驻村民以老年人和儿童为主。因此，选取这一村庄对研究全国农村养老来讲都具有一定的代表性。

此外，课题组还走访了辽宁省绥中县、安徽省怀宁县秀山乡章岭村、北京市怀柔区小周各庄村、贵州东部新树村等多地进行农村养老的田野调查，获得了农村老年人养老状况的大量的一手资料，为课题组关于家庭结构变迁和养老模式的提出奠定了坚实的社会经验事实基础。

第 2 章 新型城镇化背景下的农村家庭结构变迁

新型城镇化是中共十八大提出的有中国特色的城镇化道路，是对改革开放后我国原有城镇化发展模式的一个调整，其"新"主要体现为发展模式由原来"土地城镇化"到"人的城市化"的改变。因此，其对中国农村家庭结构变迁带来巨大影响，原来农村家庭主流的三代主干家庭类型被越来越多空巢家庭和老年独居家庭类型所代替，家庭规模小型化，人口构成简单化。空巢老年家庭和独居老年家庭比例上升，流动家庭比例增加，隔代家庭和分离的核心家庭依然大量存在。由于农村婚姻市场的性别比失衡，女性在婚姻市场中占有优势地位，其在婚姻家庭中的地位提升，促进夫妻平权、代际权利关系变迁。家庭规模的小型化和家庭权利关系的改变，使家庭养老保障功能弱化。农村家庭结构变迁使传统家庭养老失去基础性的结构支撑，农村养老年龄延后，传统"反哺式"家庭代际关系失衡。

2.1 新型城镇化的内涵及其由来

新型城镇化是中共十八大提出的有中国特色的城镇化道路，是在对改革开放后我国原有城镇化发展模式的一个调整。新型城镇化的"新"主要体现在发展模式由原来的"土地城镇化"到"人的城市化"的改变，新型城镇化坚持以人为本，积极完善体制机制，如户籍制度和社会福利制度改革等，真正让更多的农民工能够在城市里落得下、生活好、有尊严。城镇化不再以牺牲农村、生态和环境为代价，需要对农村老年人面临的养老、医疗等困境给予政策上的照顾和支持。此外，新型城镇化的"新"还体现在发展策略由城乡二元向城乡一体和城乡统筹发展模式推进，实现我国各类城市、乡镇和新型农村社区协调发展、互相促进的城镇化，实现城乡基础设施和公共服务一体化，城乡统筹和可持续发展等方面。因此，新型城镇化要健全城乡发展一体化体制机制，坚持走以人为本、四化同步、优化布局、生态文明、传承文化的新型城镇化道路，遵循发展规律，积极稳妥推进，着力提升质量。

计划经济体制下我国工业化是在国家意志主导下的后发现代化模式，其启动伊始即采取资金密集型工业化战略，导致我国城市化滞后于工业化。从经济发展来看，我国在计划经济时期第二产业产值比例上升很快，但是第二产业就业人口增加并不同步。因此，这一时期我国通过户籍制度抑制农业就业人口转为城市市民，人口城市化与工业化进程相对比较滞后。改革开放以来，随着城乡经济体制改革，农业生产因为家庭联产承包制改革释放了越来越多的农业生产人口，他们随着新增城市二、三产业增长逐步转移到城市就业。改革开放到21世纪初我国非农就业比例快速增加，但是这种农民工进城打工的城市就业是一种传统粗放的城镇化发展模式，"重工轻农""重城轻乡"。因社会领域体制的改革滞后，如户籍制度一直没有从根本上得到改变，尽管农民工长期在城市就业，但是因无法获得城市市民身份，导致其家庭生活，如子女抚养教育、父母养老等一直不得不安置在农村。城市二、三产业的快速发展从农村吸引了大量的优质劳动力，农村劳动力外流带来农村优质人力资源缺乏，也因代际分居和留守儿童抚养等增加了农村老年人的生活压力。由于各种资源向城市聚集，农村的经济社会建设滞后，尤其是公共服务和社会福利等社会建设并未和城市同步提高，带来了农村年轻人越来越想要逃离农村，农村空心化问题严重的现象。城乡发展差距越来越大，原有的城镇化发展模式不可持续。随着我国农村剩余劳动力减少和人口老龄化程度加重，主要依靠廉价劳动力供给的优势推动城镇化快速发展的模式不可持续；随着生态环境和各种资源的瓶颈制约日益加剧，主要依靠土地等自然资源粗放式消耗来推动城镇化快速发展的模式不可持续；随着户籍人口与外来人口社会保障和公共服务差距带来的城市内部二元结构矛盾日益凸显，主要依靠非均等化基本公共服务压低成本推动城镇化快速发展的模式不可持续。工业化、信息化、城镇化和农业现代化发展不同步，导致农业根基不稳、城乡差距过大、产业结构不合理等突出问题。我国城镇化发展由速度型向质量型转型势在必行。

因此，在过去传统低效的城镇化模式已不能适应经济社会发展需要的情况下，党的十六大报告中首次提出我国城镇化必须从实际出发，遵循发展规律，走中国特色新型城镇化道路。2011年，"十二五规划"中指出"坚持走中国特色城镇化道路，科学制定城镇化发展规划，促进城镇化健康发展"，新型城镇化开始全面指导全国城乡建设。党的十八大进一步明确了新型城镇"坚持走中国特色新型工业化、信息化、城镇化、农业现代化道路"。十八届三中全会提出"必须健全城乡发展一体化体制机制，形成以工促农、以城带乡、工农互惠、城乡一体的新型工农城乡关系"，"城乡一体化"等理念。2014年，《国家新型城镇化规划（2014—2020年）》正式发布，重新制定了"以人为本、四化同步、优化布局、生态文明、传承文化"的新型城镇化道路，并将推动城乡发展一体化作为重要内容。新型城镇化强调在产业支撑、人居环境、社会保障、生活方式等方面实现由"乡"到"城"的转变，这为农村老年人生活问题的解决创造了巨大空间。

新中国成立以来尤其是改革开放以来，我国城镇化的快速发展促使整个社会系统发生了全面的、系统的结构变化。现代化发展的经验表明：任何国家由农业社会向工业社会转型的过程中，必然伴随着农村家庭结构的变迁。西方家庭现代化的理论呈现出城市化伴随着工业化的进程，城市化本身使家庭结构发生现代化的转型，即家庭结构的小型化、核心化等特点。家庭作为"社会的细胞"，是人们最基本的生活单位。任何大的社会变动必然会引起家庭结构的变动，家庭结构作为社会结构的一个基础组成部分，在这一过程中也发生了巨大变化。家庭结构的变化必然导致其社会功能发生相应的演变。

2.2 新型城镇化背景下的农村家庭结构演变及其趋势分析

家庭结构是家庭成员之间相互作用和共同组织而形成的稳定的家庭构成形态,主要指"一个家庭里包括哪些成员和他们之间的关系"[①],它包含了家庭成员的构成及其代际和权利关系等因素。因此,考察家庭结构变迁,可以从家庭规模结构变化入手,进而考察代际结构分布变化及家庭关系的演变。新型城镇化背景下,农村家庭规模小型化、类型多样化,农村家庭中女性地位提升,个体化程度加强,夫妻关系平权化,代际关系倒置。

2.2.1 规模小型化,人口构成简单化

新中国建立后,家庭结构的变迁呈现出由传统家庭到现代家庭的转变历程。尤其是改革开放以后,由于计划生育政策的实行,中国家庭规模小型化的速度加快,户均人口规模下降趋势明显。由1982年的4.41人,减少到1990年的3.96人、2000年的3.44人,再降到2005年的3.13人,2010年则为3.1人,2013年、2014年则分别为2.98人和2.97人,2015年又回到3.1人。在这一过程中农村家庭也呈现小型化的趋势,尤其是新型城镇化背景下,农村家庭规模越来越小,家庭户均人口规模从2005年的3.27人降到2015年的3.14人。[②] 家庭人口小型化不仅体现在户均人口规模上,在家庭人口数结构上也有体现。农村家庭2人户及以下家庭占比从2000年的21.77%上升到2015年的38.43%,3人户占比大体持平,但是4人户、5人户和6人及以上户的人口规模家庭占比都呈明显的下降趋势,6人及以上户所占比例由10.21%下降到6.95%,5人户由2000年的16.65%下降到10.32%,4人户所占比例由26.47%下降到17.90%(见图2-1)。[③] 从新型城镇化发展策略提出以来,家庭小型化更为明显,农村家庭规模不断缩小。据预测,2030年我

---

① 费孝通. 三论中国家庭结构的变动[J]. 北京大学学报(哲学社会科学版),1986(3):3-7.
② 数据由各年度的《中国统计年鉴》整理所得。
③ 根据1982—2015年国家人口普查资料和中国人口和就业统计年鉴整理。

国农村家庭规模将缩小到 3.05 人，2050 年将进一步缩小到 2.67 人。随着家庭人口数的减少，家庭内部的代际关系也变得简单，一代户比例上升，二代户、三代户的比例都逐步下降。在农村家庭规模不断小型化的同时，农村老年家庭却在逐年增加。2005 年农村每个家庭平均有 0.31 个老年人，而到 2050 年将上升至 0.51 人，即大概每 2 个家庭就有 1 个老年人。伴随着工业化和城镇化进程的不断推进，大量农村劳动力外流，农村社区的空巢家庭比例呈现上升趋势。

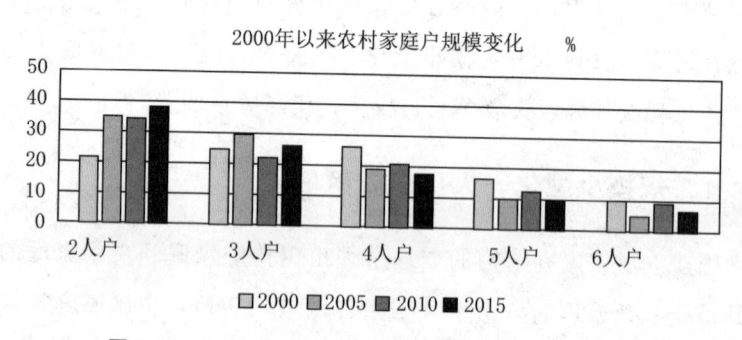

图 2-1 2000—2015 年农村家庭户规模占比变化图

新型城镇化实施以来，农村新一代农民工的向城市流动预期发生了比较大的变化，由于城市的户籍制度改革，加之流动儿童受教育权利等其他公共服务的权益逐步得到保障，农民工家庭流动和城市定居的趋势越来越明显，但是由于各方面原因的限制，农村老年人除非帮助年轻人照看孙辈，仅从生活方面来讲，他们是很少随子女流动到城市的。这样，新一代城乡流动的农民工家庭化流动趋势增强，而原来的农村留守儿童比例降低，自然减少了农村的隔代家庭。所以农村家庭的小型化和老年家庭比例上升就成为目前农村家庭结构变化的一个趋势。随着社会的开放程度不断提高，城乡人口迁移流动现象也在剧烈增加。特别是农村人口向城市的迁移，造成了农村地区大家庭的分裂与家庭人口规模的缩减。另外，企图在城市扎根的新一代农民工由于城市生活成本不断提升，抚养孩子的平均成本越来越高，他们生活压力也越来越大，这也造成他们自顾不暇，很难提供更多资源给父母用于养老。

2.2.2 类型多样化，老年家庭比例上升

随着新型城镇化建设的推进，中国农村家庭类型的多样化主要表现为流动家庭的比重提升，农村空巢和独居老年家庭比例也逐步增加，因部分家庭成员流动而产生的隔代家庭和分离家庭依然存在。改革开放以来，我国城乡人口流动逐步加快，尤其是1990年以后，流动人口数量急剧增多。从家庭流动的情况看，虽然目前以家庭为单位的整体流动比例在增加，但是家庭的部分成员流动还是占有很大比例。在由传统到现代的社会转型过程中，农村人口流动频率的加快、流动规模的扩大直接导致原有家庭人口结构的变化，从而引发农村家庭类型的多样化。

2.2.2.1 流动家庭增加

随着新型城镇化建设的推进和500万人口以下城市户籍全面放开，以及一些特大城市和超大城市提供覆盖流动人口的公共服务，越来越多的农村劳动力开始了"携妻带子"式的举家向城市的流动。表2-1是2013—2017年农民工随迁子女义务教育情况，不仅随迁子女人数逐年增加，从2013年的1 277.17万人增加到2017年的1 406.63万人；而且随迁子女在义务教育阶段的总在校生比例也逐年提升，具体从2013年的9.25%上升到2017年的9.68%。[①] 这说明在农民工的城乡流动中，农民工的家庭式流动增加。虽然相较于隔代家庭和分离核心家庭来说，流动家庭基本实现了父母与子女的家人团聚，但是由于城市生活的经济压力问题以及现行户籍制度实现的城乡分割问题，使居住在城市的流动家庭面临着较大的压力。一般来说，农民工在城市从事的工作收入并不高，工作强度大，工作环境一般。由于收入有限，一般这些流动家庭居住环境较为恶劣，社交圈子狭窄，娱乐活动单一。因此，流动家庭与本地户籍的城市家庭交流较少，城市融入度还有待加强，这些外来家庭社会地位较低，面临着较大的生活压力，因此，他们对仍留守在老家的父母赡养责任的承担相对于分离核心家庭会更少。

---

① 数据来源：2013—2017年国家统计局的《农民工监测调查报告》和教育部的《全国教育事业发展统计公报》。

表 2—1　2013—2017 年农民工随迁子女义务教育情况

项目	年份				
	2013 年	2014 年	2015 年	2016 年	2017 年
农民工人数(万人)	26 894	27 395	27 747	28 171	28 652
义务教育年龄段随迁子女在校人数(万人)	1 277.17	1 294.73	1 367.10	1 394.77	1 406.63
义务教育阶段在校生总数（万人）	13 800.67	13 835.70	14 004.13	14 242.38	14 535.76
随迁子女占在校生比例%	9.25	9.36	9.76	9.79	9.68
小学年龄段随迁子女占在校生比例(%)	9.94	10.11	10.46	10.46	10.33
初中年龄段随迁子女占在校生比例(%)	7.80	7.73	8.20	8.27	8.20

2.2.2.2 农村空巢、独居老年家庭比例增加

在新型城镇化背景下，农村年轻人就业基本上在城市从事非农产业，不管他们的户籍是否发生变化，他们与父母城乡分居的比例越来越大。尤其是在农民工求学、就业以及家庭化迁移增强的情况下，农村空巢和独居的老年家庭占比会越来越多(见表 2—2)。由于计划生育子女的减少，目前农村空巢老年家庭进入空巢期的年龄提前、空巢期长。农村空巢老年人家庭基本上分两类，一类是在子女没有成家前，空巢家庭的老年人由于年龄不大，大多从事农业生产及其他经济活动，这类老年家庭不存在什么养老问题。他们的自养能力足够强，而且往往是子女在城市打拼的坚定支持者。另一类是年纪较大，子女基本上在城市比较稳定，不再需要父母帮忙照看孙辈，但他们也不愿与子女生活在城市，而是回乡生活，这类空巢家庭需要具体关注。因子女求学、就业等原因与父母较长时期不在一起生活，老年家庭长期空巢，这对代际之间的情感连接也带来影响。农村老年空巢家庭比例增加，在农村社会保障及福利政策不完善的情况下显示出一定的家庭和社会问题，需要更多地

关注这些老年人所面临的生活保障和医疗保障问题。

表 2-2　　1982—2010 年我国独居和空巢老年人家庭占比情况

家庭类型 \ 年龄 \ 年份	1982 年	1990 年	2000 年		2010 年	
	65 岁及以上	65 岁及以上	65 岁及以上	80 岁及以上	65 岁及以上	80 岁及以上
独居老年人家庭	12.2%	9.6%	9.6%	12.4%	12.5%	17.5%
空巢老年人家庭	13.7%	17.1%	23.9%	11.2%	29.2%	16.8%

数据来源：1982—2010 年人口普查抽样数据。

农村的空巢家庭一旦有一方去世，另一方不愿意与子女共同生活，基本上就成为独居老年人家庭，2010 年的全国数据显示，60 岁以上的独居老年人共 1 021.66 万户。[①] 农村空巢老年人家庭和独居老年人家庭与城市比较而言，生活更加困难，他们不仅养老保障水平不高，而且持续农业劳动时间长，田野调查显示：很多农村老年人在身体能够自理的情况下，基本上都会一直从事各种劳动，增加有限的经济收入，支撑自我养老的经济需要和对子代城市化的经济支持。因此，即使身体出现了小毛病，为了节省开支，他们也不愿意去医院看病，直到出现大的疾病，才会就医。而这往往又会使他们增加更多的经济支出。其次，在空巢家庭中，夫妻相互有照应，而一旦一方去世，另一方的生活照料以及精神慰藉等方面水平都会明显下降，所以农村的独居老年人更应该成为养老研究关注的主要群体，而这些弱势群体目前研究的关注度并不高。

2.2.2.3　隔代家庭维持在一定比例

隔代家庭一般由祖父母和孙子孙女组成的家庭，主干家庭中的中年一代由于外出或者死亡等原因而演变成此类家庭模式。我国的隔代家庭从 1982 年的 0.95% 上升到 2010 年 2.78%，2010 年隔代家庭的数量比 2000 年增加 260 万户，是 1990 年的 4.7 倍，1982 年的 5.75 倍。隔代家庭多来自农村地区。[②]

[①] 第六次人口普查数据计算所得。
[②] 彭希哲，胡湛. 当代中国家庭变迁与家庭政策重构[J]. 中国社会科学，2015(12)：121.

新型城镇化推行后,一方面由于经济的需要,农村青年中年一代纷纷向城市流动,寻找就业机会;另一方面,相较于以往,城市的包容性更强,为各行各业提供的就业岗位不断增多,城乡之间的交通愈加便利,人口流动更加便捷。所以农村青年、中年人口开始了家庭式向城市转移。农村早期的外出人口多为未婚年轻人,即使生育也大多是夫妻外出,而把子女放在老家由老年人照看。新型城镇化对户籍的放开,尤其是对流动儿童的受教育权利的保护,促使许多已婚生育子女父母开始带着子女到打工城市常住。但是由于一些超大城市或大城市在户籍方面还有限制,流动儿童受教育的条件也比较苛刻,加上跨省流动还受高考报名等限制,导致目前有相当比例的儿童仍然在老家,与祖辈共同生活上学,因此,农村的隔代家庭依然维持在一定的比例。现在很多已经生育子女的夫妇加入向城市流动的大军之中,其子女多留给家中老年人照顾。根据第六次人口普查数据统计,全国0~17岁的留守儿童有6 972.75万人,其中农村留守儿童规模达6 102.55万,农村留守儿童中和祖父母居住在一起的占32.67%,是农村留守儿童选择的居住形式中所占比例最大的一种。[①] 由于中间一代的临时性缺席,隔代家庭面临着更多的困境和挑战。老年人在晚年不得不承担照顾孙辈的责任,这对他们的身体和心理都造成了很大的压力,直接影响了老年人的身心健康。

2.2.2.4 分离的核心家庭依然大量存在

在工业化过程中,农村核心家庭向工业城市的流动成为家庭结构变迁中的重要特征。因为农村核心家庭能够满足工业城市社会固有的职业流动和地域流动的需要,核心家庭由于不受强制性的扩大亲属关系的妨碍,能最快地向城市移动,从而能更充分地利用城市提供的就业机会。但是由于二元城乡结构的存在以及经济基础的限制,农村劳动力以核心家庭的方式向城市流动受到阻碍,从而被迫以部分家庭成员向城市流动,最终形成分离的核心家庭。对于农村地区的分离核心家庭,是由于部分家庭成员的流动而过早地陷入残缺的一种核心家庭。原本的核心家庭,是指父亲一方或者母亲一方外出打工,

---

① 段成荣,吕利丹,郭静,等. 我国农村留守儿童生存和发展基本状况——基于第六次人口普查数据的分析[J]. 人口学刊,2013,35(3):37-49.

子女单独与母亲或者父亲居住的家庭模式。第六次人口普查数据显示：由于父亲外出而单独与母亲居住的农村留守儿童占比为 20.33%，而由于母亲外出，单独与父亲居住的占比则为 8.4%。近些年来，政府加大了制定农村劳动力在城市的社会融入政策的力度，农村劳动力对于融入城市的意愿也不断增强，家庭式向城市流动的比例上升。但是，实现农村劳动力全家定居城市，尤其是对于农民工家庭在大城市和超大城市定居，仍然具有较大的困难。因此总体家庭收入不是太多，不能承担起核心家庭城市化的生活成本，或是由于子女中考高考等因素制约，一些家庭依然选择了分离的核心家庭模式。这类家庭大多是母亲与子女的留守，或是仅有较大的子女在老家留守，这对于祖辈养老能够提供的支持也极为有限。

农村家庭类型的多样化反映了农村流动人口为适应城乡二元社会体制而做出的一种无奈的理性选择。它更多地体现了中国经济社会发展的不平衡，反映了中国社会发展过程中存在的一系列社会问题。农村家庭类型的多样化折射出中国现代化进程中城乡关系、阶层关系等社会结构的严重失衡和相关制度如城乡户籍分割制度等的滞后。在我国特殊的城乡结构、区域结构的影响下，这种因人口流动导致的家庭类型变化，对农村老年人的养老问题带来很大的挑战。

任何一个国家和地区家庭结构的形成都受经济社会发展阶段的影响，但是由于西方国家作为先发现代化国家，他们城乡和区域的发展相对平衡。因此，家庭类型的多样化主要受价值观念的影响；而中国不同，中国作为后发现代化国家，二元经济社会发展的特点在双重转型的过程中得到了强化。因此城乡和区域经济社会发展表现出明显的不平衡，那么在家庭类型上，就会表现出明显的差异性。即使是在同类家庭类型的选择上，城乡之间也会表现出不同的自主性。如老年空巢家庭，城市的老年空巢家庭虽然不完全是自主自愿的选择，但是有相当比例的老年空巢家庭是自主选择的。而农村则不同，通过对农村的调查，农村的老年空巢家庭大多都是一种不得已的被迫选择。为了子代能够更好地发展，没有农村老年人为了自己的养老问题而阻止子代迁居城市。尽管他们也需要子女在身边，希望晚年享有天伦之乐。中国农村家庭结构的多元化与西方相比较更多体现的是中国经济社会发展不平衡的结果。因此，可以说城乡家庭结构的不同是我国城乡经济社会结构不同的一种客观反映。它反映了经济社会发展程度不同的城乡在家庭结构上也表现出不同，这正说明了经济社会变革对家庭结构变迁的影响作用。

通过对新型城镇化背景下的农村家庭结构变迁分析，我们能够清晰看到农村家庭结构和类型的多样化是与城市化，尤其是新型城镇化的引导密不可分的，农村家庭结构变迁是城市化的"感应区"，家庭结构变迁是城市化影响的一个"呈现"，这种呈现出来的农村老年家庭结构对农村养老带来了比较大的挑战。

2.2.3 代际关系平权化

随着新型城镇化的推进，农村家庭内部关系也逐步呈现出新的变化。在计划生育政策和传统"养儿防老"观念共同作用下，农村男女性别比一直失衡，这是导致新型城镇化背景下年轻女性在婚姻市场中具有优势地位和家庭地位提升的一个客观基础。年轻女性在婚姻市场中的优势地位直接提升了其在小核心家庭中的地位，进而使代际关系也发生变化，原来的"父权"与"夫权"都发生了很大的变化。小家庭夫妻平权化，家庭日常生活事物绝大多数都由女性做主，而为了推进小家庭社会地位的提升，父辈老年家庭对子代都是极力支持。这在一定程度上推进了代际间的权利关系发生变化。

2.2.3.1 农村女性家庭地位提升

随着农村家庭子女数的减少，女性在受教育方面逐步获得了同样的来自家庭、社会和学校的支持。因此，社会流动性的增强以及城市就业机会增加，尤其是城市服务业岗位增加都有利于农村女性能够很好地在城市就业，有一定比例的农村年轻女性通过婚姻成家的方式在城市扎根。加之长期农村生育男孩偏好带来农村的男女性别比失衡，这都形成了农村婚姻市场中的女性优势地位。在农村女性经济和婚姻自主性增强的情况下，高聘礼和提供城市住房等条件并不能成为女性从属于男方家庭的社会地位的原因。她们依然秉持着婚姻自由、实现自我主体性的要求，对于配偶的选择以及婚姻生活中取得了越来越独立自主的地位。[①]因此,一旦夫妻之间存在不和谐,他们也会选择离婚。随着社会观念的开放,离婚者受到周围人对其进行道德评判的风险降低,并且遭受亲朋好友有关婚姻舆论的影响减少。现代社会对于离婚事件包容性较强,不再涉及将离婚作为对个人人格和道德进行评判的因素。因此,近些年农村离婚率也在不断提升。与此同时,部分婚前与婚外性行为的增多也导致婚姻家庭关系的破裂,婚姻关系的稳定性减弱。由于农村年轻人的家庭婚姻成本高,以及农村婚姻关系的不稳定,都加大了对父母经济支持的压力。父母家庭经济资源权利过早转移给子代,也势必影响了家庭中的代际权利结构。

农村女性家庭地位提升主要表现在以下几个方面。第一,在处理家务问题上,妻子料理家务为主的家庭虽然仍占有大部分比重,但比重呈下降趋势。丈夫参与料理家务的活动增加。第二,在面对家庭权利的分配上,无论是丈夫还是妻子、长辈、子女任何一方掌握家庭实权的家庭比例在近些年来都是在不断下降的。夫妻双方共同掌握家庭实权的比例在大幅攀升,体现了夫妻在家庭地位上的平等性在不断提升。第三,在对待姻亲和宗亲关系上,女儿对父母的养老及生活照料等方面的作用要大于儿子。血缘认同的下降、姻亲关系地位的提升也从另一个侧面反映了妇女地位的提高。因此,农村田野调查中,有相当数量的农民认为"生儿生女都一样,一家儿子和女儿都有最好,但千万别是两个儿子,否则父母得累死了"。

2.2.3.2 传统父权制衰落,代际关系平等

中国家庭传统的代际关系是父权和夫权,费孝通曾对中国和西方家庭比较说,与西方家庭夫妻成为家庭主轴不同,中国的家庭主轴是在父子之间,夫妻关系是配轴。但时至今日,中国城乡家庭代际间的权利关系已发生了根本改变,家庭关系的主轴已经从纵向的强调亲子、血缘关系转向横向的夫妻关系,传统的父系父权制在中国已经衰落。

对父权制的衰落,一直以来,持现代化理论的观点大多认为,这是与工业化、城市化同步的家庭结构小型化、核心化,导致家庭成员个人享有更多

[①] 王思斌. 婚姻观念的变化与农村社会亲属化[J]. 农村经济与社会,1990(5):53-56.

的独立性、彼此更为平等的结果。在多样化的家庭类型中，代际关系表现在两个方面，即成年父母与未成年子女关系和成年子女与老年父母关系。随着社会竞争的增强，农村家庭人们生育的观念也发生了改变，出现了晚婚晚育以及少生子女的现象。子女数的减少，以及对下一代教育等的重视，都使亲子之间关系更趋平等，甚至农村宠溺子女的现象也不少。由于现代性教育理念的渗透，家长和孩子之间虽然存在着不可避免的诸多差异，但是双方在解决这些差异过程中越来越诉诸尊重、平等和理解的理念和途径，而不是传统父权制社会中面对差异时，子辈对于父辈的绝对遵从。从这个方面来看，随着现代观念的进步，在处理代际关系时，子辈与父辈是越来越趋向于平等化的。

对于成年子女与老年父母的代际关系，由于年轻人的城市流动，他们对不断更新的现代化的科技和生活方式逐步适应，而且从事的工作也与父辈截然不同，且经济收入在家庭中所占的比例越来越大。而老年父母在传统农业的家庭生产经营中的组织者、管理者、技术性权威地位受到挑战。另外，随着社会流动性的增强以及工作种类和工作机会的快速增加，子辈和父辈的工作性质及工作内容开始显示出越来越大的差异性。农村青年对于土地的抛弃、城市青年向新兴技术领域的进军都体现了年轻一代在工作选择上的自主性和多元性。在农村地区，由于社会政策及劳动力市场的限制，年轻一代即使扎根农村，他们从事的农业生产方式与经营模式也与父辈截然不同。随着社会流动性增强，农村年轻人的就业机会增多、工作种类多元化都使年轻一代在事业发展上有更多的选择。这种转变的结果一方面是经济收入上的自由和对父辈的不断超越，实现家庭代际之间关系的平等化；另一方面是两代人之间开始形成越来越独立的生活、工作和社交圈。子辈对于父辈在生活和工作上的依赖性减弱，生活方式更倾向于个人化，家庭内部代际之间的关系趋于平等且独立。

2.2.4　家庭网络的社会支持减弱

在家庭关系模式的变迁过程中，家庭内部关系表现为平等化的同时，家庭外部关系则表现为网络化趋势。由父母与子女构成的核心家庭，在子女结婚另立门户之后，两个核心家庭在户籍上各自独立，但是在经济和劳务上的各种联系依旧十分紧密。这种网络家庭是传统家庭关系在现代社会新的表现形式。[①] 在这种情况下，基于婚姻、血缘关系的家庭外部关系的网络化以一种关系模式复制了传统大家庭的结构和功能，并在今天的社会变迁中发挥着作用。

工业化、城市化和市场化的飞速发展是中国家庭网络化的重要推动力。无论网络的范围是大还是小，结合方式是松散还是牢固，所处位置是中心还是边缘，对于某个具体的家庭而言，它都是一个实实在在的交叉点，一个特定范围的核心。家庭网络替代了社会组织，承担了家庭支持等一系列的社会功能，最终成为推动城市化发展的重要组成部分。

家庭外部关系网络化使社会结构的发育呈现出弱组织和强网络的特点，家庭网络在中国的城乡之间架起了城市化、现代化建设的桥梁。农民工从农村中转移出来，进入城市，实现就业，离开了家庭及家族的网络作用是不可能实现的。在社会组织发育不健全的情况下，家庭代替了社会组织的功能，利用最低成本成功地实现了社会资源的调动。

在集聚互助的功能上，无论是小规模的核心家庭形成的网络家庭关系还是亲属圈关系都发挥着重要的作用。随着社会流动性的增强，相较于传统时期来说，以血缘、姻亲和地缘形成的家庭外部网络关系紧密性减弱。虽然在适应社会快速发展的过程中，家庭外部网络关系仍然提供着较多的资源，例如经济上的相互支持、生活上的相互照料等等，并且由于社会竞争压力的增大，这种由亲属关系提供的经济和机会支持显示出重要的作用。但是从情感交流以及生活互助方面来说，其功能是在不断地弱化的。由于社会流动的增强，亲属圈内部的家庭居住距离不断变远，面对面情感交流以及现实的接触渐渐减少，特别是子辈核心家庭与父辈核心家庭之间的精神抚慰和生活照料方面越来越成为一个社会问题。

2.2.5 农村家庭结构变迁趋势

在国家大力推挤新型城镇化战略过程中，农村家庭结构发生了一系列的

[①] 胡汝泉. 试论网络家庭[N]. 中国妇女报, 1986-03-07.

变化。随着城乡社会结构、区域结构和阶层结构的变化，家庭作为社会结构的基础性社会组织，必然会继续发生变化。根据新型城镇化发展策略，课题组对农村家庭结构的发展趋势也进行了分析。

在中央明确提出新型城镇化战略之后，我国户籍制度改革在不断推进，城市针对流动人口的各项公共服务，如流动人口的受教育权利、公共卫生服务等方面的权益逐步得到保障，这些政策的实行会在一定程度上加速农村人口的城镇化进程。因此，可以判断农村的隔代家庭比例会缓慢减少，流动家庭会增加，农村的老年家庭比例会大幅提升。可以预见，城乡人口流动作为中国社会转型过程中的过渡现象，在转型过程中将一直存在。但是在流动的过程中，随着户籍制度和流动人口子女教育问题的解决以及流动人口就业和社会保障问题的解决，这些家庭类型的比例会逐步减少。目前我们可以看到的是，流动人口中家庭流动的比例在逐步上升。相应而言，隔代家庭和分离家庭的比例就会逐步下降。随着城市对流动人口的逐步开放，流动人口长期和举家居住于城市的现状可能在今后被延续和强化，他们的下一代期望通过社会化的方式逐步融入城市社会，甚至是主流社会的意愿也会同时增强。随着流动家庭的城市化和城市融合，他们也将不再作为问题家庭而存在。但是，我们也应该看到，在教育和高收入工作越来越需要金钱和高学历支持的今天，流动人口家庭普遍经济困难的现实，将会通过影响子女的教育机会获得而限制他们的上升性流动。因此，这类家庭类型的变迁更多地受中国的各项社会政策的调整和推进程度所影响。

在人口流动增加和缓解家庭矛盾等各种因素的作用下，老年人单独居住的比例越来越高，因此空巢老年人家庭比例会逐步增加。由于中国的老龄化是"未富先老"和伴有高龄化的特点，即80岁以上老年人逐年增加、比重加大。因此，老龄化对社会提供照料和保障的需求，对传统家庭养老保障提出的挑战是极为严峻的。2020年前后，1950年代和1960年代初人口生育高峰期出生的人都将步入老年，且他们的子女大都是独生子女，养老负担不论是对家庭还是社会来讲都是非常沉重的。完全依靠传统的家庭养老方式，不仅会使劳动年龄人口不堪重负，而且有可能使家庭代际间的矛盾加剧，影响中国传统的家庭和睦关系。养老问题无论从家庭意愿还是从实际可能性来看，都将被推向或部分推向社会。选择一种好的、适合中国实际的养老制度已是当务之急。

2.3 农村家庭结构变迁对家庭养老的影响

家庭养老自古以来在我国都被认为是家庭的主要职责所在。"老吾老,以及人之老""父母在,不远游"是传统的尊老敬老观念。费孝通先生把中国传统的家庭养老模式归纳为"反哺模式",说明家庭养老已成为我国一种非正式的制度安排。但是随着人口老龄化的提前到来、家庭规模的小型化、家庭结构的核心化以及重幼轻老观念的变迁,家庭的养老功能在逐步萎缩。

2.3.1 规模小型化丧失养老的结构性支持

我国传统的"大家庭"居住形式已经逐渐失去了其存在基础,小型化、核心化的家庭结构导致家庭内部的互助、支持功能正在逐步弱化。在新型城市化的背景下,农村年轻人的婚恋价值观念、生育观念也发生着改变,受其影响,农村年轻一代晚婚少育现象出现,离婚率升高,家庭的稳定性减弱。城乡流动带来的隔代家庭、留守家庭、流动家庭等数量增加。因此,农村老年人身边子女的数量大大减少。全国调查显示(见图2—2),尽管有近58%的老年人更愿意与自己的成年子女一同居住,但这在客观上却很难实现。

虽然我国相关政府部门已经发现传统家庭养老自身出现的功能弱化问题,并将政策目光放在农村留守老年人、儿童及农民工家庭的扶持上,鼓励社区托管、养老机构的兴建等,但大多数农村老年人仍秉承着中国传统的家庭伦理观念,主观上更倾向于优先选择家庭养老。因此,在我国绝大部分农村地区仍然以家庭养老作为其主要的养老方式。只是这种家庭养老模式与过去相比,更多的是由老年人配偶间相互提供养老支持和精神慰藉,子女则在老年人生活出现困难时才会进行养老支持。

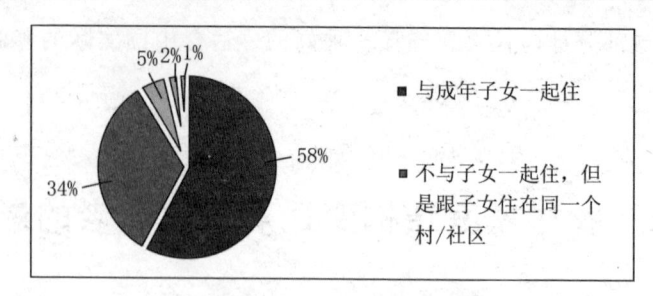

图 2－2　养老居住安排偏好

（资料来源：中国健康与养老追踪调查 2013 年追访问卷）

2.3.2　代际平权化削弱养老的权利关系支撑

在我国传统的家庭中，父母常处于家庭中的核心主导地位，子女对父母，尤其是父亲的要求言听计从。然而随着传统社会向现代化社会变迁，农村年轻子女的就业机会更多，社交圈更广，思想愈发开化，他们对于家庭的经济贡献远远超过了坚守传统观念和经营方法的父辈。2000 年对中国城乡老年人口状况进行的抽样调查表明，农村老年人在家庭中的地位远不如城市老年人，他们在家庭中当家做主的仅占到 40% 左右，而城市老年人的这一比例为 60% 左右。农村家庭子女当家做主的比例与老年人口的该项比例基本持平。这一现象说明，在核心家庭教育中，老年人在家庭中的传统权威、核心经济地位和决策地位逐渐被子女所替代，父代与子代间的代际关系由传统的领导与服从逐渐趋于平等，甚至还有一种逆向发展的趋势。

根据中国健康与养老追踪调查 2013 年追访数据可知（见表 2－3），在国家机关、企事业单位工作的子女与其父母的居住距离普遍较远。相比较而言，虽然从事第一产业的人员较第二、第三产业工作人员与父母的居住距离更近，但他们在经济上也多与父母相互独立，拥有更多的经济自主权。由此也印证了在市场经济和新型城镇化等因素的作用下，农村年轻劳动力的经济、居住、决策等独立意识越来越强，代际间的经济和伦理关系也随之发生改变，传统的"父权制""家长制"的核心地位被撼动。

而在夫妻关系中，随着改革开放的不断深入，妇女受教育程度的提高、经济收入和家庭地位的上升等因素，她们与自己丈夫的家庭地位愈发趋于平等。就家庭事务而言，绝大部分农村夫妻能够相互讨论、收支共理。越来越多的妇女走出家庭，投入自己的工作事业中，而放弃了原本由她们承担的子女、老年人生活照料工作。

表2-3 2013不同职业的子女与父母居住方式分布情况

职业 居住方式	机关、企事业单位负责人	专业技术人员	办事人员和有关人员	商业、服务业人员	农、林、牧、渔、水利业生产人员	生产运输设备操作及相关人员
与父母同住且经济上不独立	8%	15%	12%	13%	19%	15%
与父母同住但经济上独立	22%	26%	27%	25%	28%	28%
与父母相邻或分家同住	2%	2%	3%	2%	7%	4%
与父母同村/同社区	11%	9%	10%	12%	24%	12%
与父母同住一县/市/区	31%	15%	20%	19%	16%	13%
不与父母同住一县/市/区	25%	32%	27%	29%	6%	28%
国外	0%	0%	1%	0%	0%	0%
总计	100%	100%	100%	100%	100%	100%

面对越来越多的年轻人思想逐渐独立，离开父母进入大城市打拼发展，越来越多妇女走出家门拥有属于自己的工作、职业，原本子孙环绕膝下的农村老年人现在却独自留守在农村，远走他乡的子女受到距离、工作等因素的限制，不得不压缩照顾老年人的时间和精力，家庭养老中的家庭照料、精神慰藉功能愈发名存实亡。

2.3.3 代际分居解构了同居共爨的养老方式

按照国际规定，65周岁以上的人确定为老年；而在我国，60周岁以上的公民为老年人。就理论而言，在我国60周岁以上的老年人即可享受养老待遇，在家颐养天年。然而现实却并非如此，在我国农村地区仍有大量老年人在60岁之后仍然从事力所能及的耕种工作,也并未真正意义上进入养老阶段,生活仍旧自给自足,甚至还会在经济上贴补子孙的生活。

如表2—4所示,根据中国健康与养老追踪调查2013年追访数据显示,按照我国老年人的年龄限定标准(60周岁以上的公民),我国有20.28%的老年人在过去一年中没有从子女处获得养老经济支持。与此同时我们注意到,60周岁以上的老年人在过去一年中给予未住在一起的孩子经济支持的比例为4.64%(详见表2—5)。也就是说有一部分老年人在给予自身养老经济的同时,还要给予未住在一起的孩子一定的资金。由下列数据不难看出,部分农村老年人并未在真正意义上进入养老阶段,他们的养老经济供养出现了很严重的缺口。

表2—4 农村老年人过去一年从未住在一起的孩子处获得的经济支持 单位:%

支持额度(元) \ 出生年份	1910—1948年	1949—1953年	1954—1963年	1964—1968年	总计
0	13.11	7.17	16.73	17.89	54.90
$0 < X \leq 1\,000$	5.32	3.55	8.10	6.94	23.90
$1\,000 < X \leq 5\,000$	3.01	2.24	5.78	4.78	15.80
$5\,000 < X \leq 10\,000$	0.46	0.77	1.23	0.77	3.24
$10\,000 < X$	0.69	0.31	0.46	0.69	2.16

表2—5 农村老年人过去一年给未住在一起的孩子的经济支持 单位:%

支持额度(元) \ 出生年份	1910—1948年	1949—1953年	1954—1963年	1964—1968年	总计
0	20.18	11.81	27.57	27.27	86.83
$0 < X \leq 1\,000$	0.84	0.61	1.45	0.99	3.88
$1\,000 < X \leq 5\,000$	0.91	0.61	1.29	1.37	4.19
$5\,000 < X \leq 10\,000$	0.38	0.30	0.61	0.99	2.28
$10\,000 < X$	0.46	0.53	0.99	0.84	2.82

另外,随着子女离开家庭的时间逐渐提前,"空巢"家庭的数量不仅呈上

升趋势，而且呈年轻化态势。加上现在一些青年夫妇将精力和财力都向自己的独生子女倾斜，使得原本就问题重重的家庭养老更加雪上加霜。"重幼轻老"现象让代际交换严重倾斜，老年人长期空巢生活，缺乏精神慰藉，他们的心理状况和实际养老质量都受到了严重的负面影响。

由此可见，在新型城镇化背景下，家庭养老的结构性支持不足不仅仅是因为计划生育政策带来家庭代际人口结构是"四二一"结构或"四二二"结构，还因为这种代际人口结构在新型城镇化政策引导下的城乡分居。因此，不论是在经济上，还是在时间和精力上，家庭结构的小型化都导致明显的家庭养老能力不足。在新型城镇化背景下，家庭养老功能弱化趋势进一步明显。如果家庭的养老功能随着经济社会发展而逐步实现社会化，那么家庭养老功能的弱化不会对社会发展造成影响。但是，目前我国社会发展只能说部分家庭养老功能实现社会化。因此新型城镇化战略要各项政策配套推进，特别是加大农村社会化养老政策的推进，这样社会结构转型才能成功。否则，家庭养老功能弱化必然会给中国社会发展带来严重问题。

目前，家庭养老功能的弱化所带来的最大问题不是出现在城市而是在农村。在城市，我国家庭养老功能（主要指养老的经济支持）基本上实现了社会化，即城市职工建立了规范的养老保障制度。尽管城市老年人也需要生活方面的家庭照顾和情感方面的亲情慰藉，但是与农村老年人因为生存而对经济支持方面的需求相比较而言，问题的严重程度要轻得多。更何况，随着城市家政服务业的发展，老年人的家庭照顾完全可以通过市场化的方式来解决。农村老年人则不然。一般来讲，农村老年人在经济上没有制度化的养老保障，生活上的经济需求基本上依靠家庭。在自己失去劳动能力之后，主要经济支持来源于子女。在生活不能自理的时候，家庭照顾也不能通过社会化的方式来解决。目前农村的老年家政服务不论是在观念上还是市场的有限性上都没有发展的可能。那么家庭是否能够起到生活照顾的责任呢？目前农村人口的家庭收入已经主要依靠外出打工。如果让农民在放弃维持生活主要来源的外出打工收入和照顾老年人生活方面二者之间进行选择，农民会选择放弃和疏忽对老年人的生活照顾。对此，我们不能简单地用农村养老意识下降这一原因来对农村家庭养老问题进行解读。在我国经济发展过程中，劳动力流动的一个基本趋势是由农村到城市，由落后地区到发达地区。在这种情况下，我们可以推断我国家庭养老问题最为突出的地方是落后地区的农村，而这些地区恰恰是没有社会养老保障的地方。因此，家庭养老功能弱化给社会结构带来的主要影响不仅仅表现在家庭结构的小型化和核心化而引起的养老能力有限方面，更重要的是表现在一些地区家庭养老与社会养老的双重缺失。因此，农村地区，尤其是落后地区农村社会养老保障制度的建立就显得更为迫切和重要。但是在社会养老保障制度强调权利与义务对等的发展趋势下，农村尤其是落后地区农村的农民如何能够缴纳养老保险的费用，实在是中国社会发展的一个严重问题。

第3章 新型城镇化背景下农村家庭养老的实证研究

本章选取山西省忻州市B村为个案进行了田野调查，对新型城镇化背景下的农村家庭养老状况进行实证研究。课题组选取三代人，独生子女一代，执行计划生育的父母一代和多子女的父母一代，从经济支持、生活照料和精神慰藉三个方面比较两代间的代际关系和养老期待。研究表明传统家庭养老经济支持逐渐由子代供给转向自给自足，并有逆向经济供给的趋势；子代的生活照料重心下移，由亲代逐渐转向其子代，隔代照料现象凸显。亲代为了降低未来的家庭养老风险，逐渐开始拉近与女儿的关系，并有让女儿为其养老的意愿，"养儿防老"观念在独生子女一代已经开始淡化。

3.1 山西省B村被调查对象的基本情况

山西省忻州市B村，位于原平市崞阳镇西北2.5千米处，全村共540户，总耕地面积3 400亩。长期以来，将农业种植、畜牧作为主要收入来源。近年来，全村村民集思广益，注重发展和创业。目前，养殖从业人员达130余人，养鸡11万只，总产值达33万元；养猪305头，总产值达30.5万元；交通运输业从业人员100余人，客运车辆100余辆，为全村经济的突飞猛进注入强大力量。

B村家庭代际关系处于"黏着型"阶段，养老高度依赖家庭。然而，在城镇化快速推进的背景下，B村的家庭代际关系在近年来发生了较大的变化：

越来越多的年轻人选择外出打工、经商以获得更多经济收入，农作物种植工作多由留守在家的老年人完成，农业收入占家庭收入的比重逐渐下降，家庭养老的基本条件不足，这是本课题组选择该村进行质性研究的主要原因。该村最初实行计划生育政策的亲代即将步入老年阶段，而他们的子女大多仍在异地务工、求学，村里大部分常驻村民以老年人和儿童为主。这一代人与其父母、子女的代际关系发生了怎样的变化，他们能否延续传统的家庭养老模式？这是最能反映新型城镇化背景下农村家庭养老变迁的代表性群体。他们与其子女的代际关系较前几代人而言变得愈发多样化、复杂化，"养儿防老""多子多福"等观念很难延续。因此，研究主要是以他们为对象进行展开的。

研究的主要访谈对象为B村1956年至1971年出生，且子女数量在两个及两个以下的亲代、上述部分被访者外出打工的子代、进入养老阶段的亲代，以及村委会的工作人员。考虑到访谈对象的文化程度参差不齐、老年受访者的理解能力较低等因素，笔者在本文访谈中以半结构式访谈法为主。其中，访谈第二、三类对象的意义在于从研究对象子女、父母的角度了解他们与研究对象间的代际关系，对比三代人之间的代际关系变迁；对村委会工作人员的访谈主要是从整体角度了解B村养老现状及未来发展方向，补充和丰富案例材料。

本次研究集中访谈的时间有两次，第一次是2016年7月至8月，第二次是2017年1月至3月，主要采用入户一对一个案访谈方式，以防止访谈对象受到客观因素干扰。在访谈工作正式开始之前，笔者于2016年4月做了简单的前期试调研，并结合试调查的内容对访谈提纲进行完善、修改。

结合访谈提纲的核心内容，笔者与每个访谈对象的平均访谈时间为60至80分钟。访谈对象主要包括四类人群(按访谈接触时间排序)。

第一类：B村村委会主要负责人(下文标注为访谈对象1—X)。对这类人的访谈主要是为了了解B村的整体情况，被访者包括村主任、村支书等。由于他们长期在B村工作，对于村民比较熟悉，而且对村内工作的开展有一定的话语权。

第二类：B村1956年至1971年出生，年龄在45至60周岁之间，且子女数量在两个及两个以下的亲代(下文标注为访谈对象2—X)。这类人作为调研的核心研究对象，从对其的访谈内容中可直接获得他们对自己与亲代、子代

第3章 新型城镇化背景下农村家庭养老的实证研究

之间代际关系的差异比较,从而了解该类人群对未来家庭养老的态度。

第三类:第二类访谈对象外出打工、已有经济收入来源的子女(下文标注为访谈对象3-X)。从家庭养老资源提供者的角度,了解他们与父母之间的代际关系,以及对父母未来养老问题的态度。

第四类:第二类访谈对象已进入养老阶段的亲代(下文标注为访谈对象4-X)。从亲代的视角,了解研究对象与他们之间的代际关系,以及为他们提供的养老资源、供给方式、供给频率等,并将这些内容与第三类被访者所提供的相关信息做对比,以研究对象(第二类被访者)为纽带,分析三代人之间的代际关系变迁内容及对家庭养老的影响。

本研究累计访谈13人,个案基本情况汇总如表3-1所示。

表3-1 访谈个案基本情况汇总

个案类别	个案编号	个案基本情况
第一类	1-1	Y先生,55岁,B村村主任
	1-2	L先生,48岁,B村村支书
第二类	2-1	Z女士,49岁,高中文化水平,县城某中学语文老师,家中排行第六,上有一个姐姐四个哥哥,育有一儿一女,与访谈对象3-2系母子关系,与访谈对象4-2系母女关系
	2-2	L先生,56岁,初中文化水平,某煤业集团职工,家中排行第三,上有两个哥哥,下有一个妹妹,育有一儿一女
	2-3	W女士,57岁,初中文化水平,某中学退休教师,家中排行第三,上有两个哥哥,一个姐姐,下有一个妹妹,育有一儿一女
	2-4	Y先生,53岁,小学文化水平,B村农民,家中排行第二,上有一个哥哥,下有一个妹妹,育有两个儿子,与访谈对象4-3系父子关系
	2-5	B女士,47岁,小学文化水平,县城某超市收银员,家中排行第三,上有两个姐姐,下有一个弟弟,育有一儿一女
	2-6	H女士,46岁,小学文化水平,无业,家中排行第四,上有三个哥哥,育有一个儿子

续表

个案类别	个案编号	个案基本情况
第三类	3—1	Z先生，32岁，大学文化水平，太原某公司职工，家中独子，已有一个五岁半的儿子
	3—2	Y先生，26岁，北京某大学研究生在读，家中排行老大，下有一个妹妹，与访谈对象2—1系母子关系
第四类	4—1	Z女士，71岁，B村农民，育有两个儿子一个女儿，其中大儿子因车祸去世，现与二儿子一家同吃不同住
	4—2	L女士，92岁，B村农民，育有四个儿子两个女儿，现与二儿子同吃同住，与访谈对象2—1系母女关系
	4—3	Y先生，78岁，B村农民，育有两个儿子一个女儿，现与几个孩子共同居住在B村，与访谈对象2—4系父子关系

田野调查发现：被调查群体在中国社会急剧转型的过程中，他们在家庭养老过程中是传统家庭养老向现代社会养老转型的承载者，一方面，他们受传统家庭养老观念影响，承担起照顾自己的亲代的责任，另一方面，他们又承担着子女发展、城市化或是代际社会流动的负担，面对家庭资源倒流的现状。由此可见，城镇化使子代对其亲代提供的经济供养、生活照料和精神慰藉支持从原本的平衡、和谐状态逐渐呈现出失衡趋势。随着子代"利益交换"思想的不断加深，子代对于亲代的"赡养"往往基于亲代大量不对等的前期投入，甚至让亲代放弃"被赡养"的权利，对待子女变成无私奉献。两代人传统家庭观念与现代家庭观念的碰撞，导致受计划生育政策影响下的家庭代际关系逐渐走向失衡，亲代从子代处所获得的养老资源不断减少。但即使是在经济供养减少、生活照料匮乏、精神慰藉缺失的情况下，B村受访的计划生育夫妇也没有明确表示对子女不满、认为子女不孝顺，反而给予子代"无奈的理解"，并且大多数人较为满意当前的生活状态。亲代们会十分理解子代在外生活的不易，并且试图分担他们的压力。即使子代仅能为他们提供一点供养，他们都会心存感激，甚至有些亲代认为子代在百忙之中还惦记自己，自己拖累了他们。当然，由于代际间分居现象较为普遍，他们之间的生活矛盾、摩

擦也随之减少，亲代对这方面的代际关系满意度有所提升。

3.2 家庭养老的经济供养支持变化

新型城镇化推动农村青年到城市就业和生活，他们对父母的经济支持程度直接关系到城乡关系的建构。新型城镇化是以城补乡，这一点不仅应反映在国家的财政支持上，更应该在一定程度上反映在城乡流动和在村农民的身上。他们应该是乡村振兴的主力。与此同时，子代对亲代的经济支持也是家庭养老的一个核心内容，因此，在村老年人大多还都有生产能力的情况下，代际间的经济支持关系不仅仅是家庭内部财富关系的一个表现，也是我国城乡关系的一个呈现。

3.2.1 代际间经济独立性增强

在传统农村社会中，农业收入是最主要的家庭经济收入来源，家庭成员高度依赖土地，并将其置于家庭核心地位。家庭中有劳动能力的成员，尤其是成年男子多会参与耕种，部分妇女会留在家中从事家务劳动。随着新型城镇化程度的不断加深，B 村越来越多的成年劳动力选择外出务工，以谋求更高的经济收入，但这势必会引发传统家庭耕种人手不足的问题。在对 B 村的走访时发现，大部分家庭的耕种工作都由中老年人承担，很少有年轻人参与其中。只有到了收割时节，部分离家较近、工作时间较为灵活的外出务工子女、亲友，才会回到村中协助完成秋收工作。子代在摆脱土地单一"束缚"的同时，经济收入水平也有所提高，子代与亲代之间的代际关系、经济供养方式、力度随之改变。

我有两个儿子一个闺女，大儿子前些年在外面打工出车祸死了，他俩孩子跟着他们妈在太原住；二儿子、儿媳在镇上上班，我们两家院子挨着，但他们只有周末回来住，平时住单位宿舍；闺女嫁去邻村了，因为接送孩子上下学，平日在市区租房住。(Q：从您二儿子、儿媳单位，闺女租住的房子到您家大概需要多长时间呢?)二儿子开车从单位过来大概 15 分钟不到，闺女要是坐车过来得 40 分钟，有时候二儿子会去接他们，但也得近半个小时。（Q：您二老的主要收入来源是什么？经济上和孩子们分开吗？平时消费是分开算还是合在一起？）我们老两口主要靠每年卖玉米的钱（生活），钱自己拿着，因为和二儿子家离得近所以在一起吃饭，我做饭，家里需要什么就跟二儿子说，他们给买回来。像买米面一类的东西我们会给他们钱，其他小件东西就让他们顺带给买了。家里的一些简单农活儿我老伴都自己做，二儿子有时候不忙了会回来帮忙。闺女一般一个月回来一趟，回来一般会给我和老伴从市里买些衣服或者我们需要的东西。我们老两口自己的钱其实足够，但二儿子、儿媳非要每个月给我们点生活费，我们接过来也都帮他们攒着，我们没啥花钱的地方。（Q：您二老会定期给孩子们钱吗？）不会定期给，但是像之前二儿子家买车我们出了一部分钱，前两年孙子、孙女考上大学的时候，我们奖励给他俩一人三千块。

（访谈对象 4—1）

在访谈过程中，发现 B 村家庭经济逐渐呈现出代际独立的特点，且土地不再是家庭核心、唯一的经济收入来源：在现代农村家庭中，家庭成员的经济收入不再像传统"大家庭"那样由亲代统一掌管，而是彼此间相互独立，且受计划生育影响的亲代已逐渐形成多种收入方式并存的思想，他们会利用自己的业余时间从事其他工作，以增加自己的劳动收入。收入方式的多样化，使家庭成员对土地收入的依赖度、期望值降低，由于地多，参与耕种的人手不足，一些家庭甚至将自家耕地出租以获取租金。在诸多 B 村家庭中，土地租金和有限的耕种收入一般归长期耕种且无退休金的老年亲代所有，受计划生育影响的亲代在分家后没有特殊情况为其老年亲代提供经济供养的能力有限，反而他们会更多为其子代考虑，在子代有经济需求时及时为他们提供经济支持，这与我国传统家庭代际关系中资源在代际间形成有效双向流动的特点相违背。同时，这一代人较自己的亲代而言，更加注重对子代的教育培养，不惜一切提高对子女的教育投资，并不苛求其短期内给予经济回报，这无疑拉长了亲代对子代的抚养时间，提升了抚养资本。部分受计划生育政策影响的亲代在访谈中表示，如果子代有需要，他们会为其尽可能提供经济支持，缓解子代的经济压力。综上，我国现代农村家庭较传统农村家庭而言，代际之间经济独立性增强,子代与亲代之间的经济资源供给由原先的双向均衡流动,逐渐向单一(亲代流向子代)方向转变,且呈现出亲代多付出,子代重索取的态势,代际间经济支持失衡显著。

算上家里的两位老年人,我家一共六口人,平均每个人有两亩地,一共分了十二亩地。原来这些地都是家里人自己种,但是现在我和爱人要在镇上上班,两个孩子在读大学,老年人自己种不了那么多,就租出去了七亩地,留五亩自己种玉米。每年到九、十月份秋收的时候,我和爱人会抽空回家帮忙收割,卖玉米的钱都给老年人,我们一般每个月给婆婆公公200元生活费。(Q:老年人其他的孩子会定期给他们生活费吗?)小姑子一般过节放假来的时候给婆婆300、500的,不固定。我的两个孩子因为还在上学,没有收入,我们会定期给他们一些零花钱。(Q:除了固定的工资收入,您还有其他收入方式吗?)有的,周末或者放假的时候,我和几个老师一起办补课班,也是为了增加一些收入,多攒点钱。我爱人平时没课的时候会帮着接送一些家远、不方便来学校的学生,学生家长也会给一些钱。(Q:未来您的孩子上班了,您会考虑向他们定期要生活费吗?)暂时没考虑过,我们现在多攒一些钱,一是为了未来给儿子娶媳妇买房用,第二就是攒以后的养老钱。我们(夫妻)俩现在都有医保和养老保险,以后孩子们要留在市里上班用钱的地方肯定比我们多,我们也没啥花钱的地方。

(访谈对象2—1)

3.2.2 子代对亲代的经济供养力度减小

如上文所述,子女是传统家庭养老中主要的经济供给者。尤其在我国农村地区,由于养老保险参与度及覆盖率较低,老年亲代在失去劳动能力后,经济生活来源多依靠成年子代提供。亲代在子代未成年时为其提供抚养资源,当子代成年后需要对亲代进行赡养,以维系代际间资源的均衡交换、流动,这不仅是在我国法律中明文规定的义务,同时也是我国"反哺式"养老强有力的体现。由于经济供养是老年人最基本的生存需求,因此,从某种程度上来说,子女为父母提供经济供养水平的高低,在一定程度上决定着老年人晚年的生活质量。

在对 B 村家庭的访谈中，像 2—1 一样的研究对象还有很多，他们普遍认为，如果没有遇到特殊情况（如亲代生病住院急需用钱等），他们所给予亲代的经济支持力度有限且水平较低，有些人甚至不再为其亲代提供定期经济供养，并将这部分钱"节省"下来当作自己的养老金或者给予子代，亲代对此多表示理解。农村现代家庭中的代际关系随着子代经济供养力度、频率的变迁悄然发生着改变。

我有一儿一女，都是大学毕业，现在在县城学校里当老师，他们每个月收入大概都在 4 000 元左右。我和老伴在老家帮着儿子照看孙子，我的母亲和我们一起住，儿子周末会回村里来住，平时住在县城，房子是我和老伴在他们结婚时付首付买的。我们平时基本不找孩子要钱，花在小孙子身上的钱也基本上由我们负担，孩子虽说要给钱，但他们在县城花销比较大，而且还要还房子贷款，我的工资足够一家老小在村里花的。我们好不容易把两个孩子培养成才，希望他们能过得好一些，压力小一些。每年春节的时候，他们会给我和老伴每人包个 1 000 块钱左右的红包。(Q: 请问您的母亲是一直和您住在一起吗？您是否有其他兄弟姐妹？)我有两个哥哥，一个妹妹，两个哥哥岁数比较大了，大哥身体不是很好，二哥的小孙女在市里上小学，需要人接送，二哥和二嫂就跟着孩子去市里过（生活）了。两个妹妹出嫁以后，我就把老妈接到身边来住了，方便照应。(Q: 您的兄弟姐妹是否会给您母亲养老钱呢？)给，两个哥哥每个月每人给 200，妹妹每个月给 100，如果老年人生病的话小钱我就直接给了，之前商量如果花钱多就由我们哥仨均分医药费。

(访谈对象 2—2)

从上述访谈案例来看，在 B 村，随着子女数量的减少，亲代对每个子代的教育、婚姻投资力度普遍提高，并将关注目光集中在数量骤减的子代身上。与传统家庭"长者为尊"思想不同的是，现代农村家庭中代际关系重心呈"下移"态势：受计划生育政策影响的亲代不仅缩减了对其老年亲代的经济供养支持力度，甚至不惜"牺牲"亲代和自身的利益，以换取子代更加舒适、安逸的生活，代际关系重心下移成为必然现象，这一点在 B 村独生子女家庭中表现得更为突出（如访谈对象 2—6 的家庭）：

我家只有一个男孩儿，今年上初三，之前为了方便照顾他，我辞掉了工作,家里就靠他爸给人修空调、洗衣机挣钱。(Q:那您平时会定期给父母生活费吗?大概多久去看一次父母呢?)我一般只有过年的时候才会给父母钱,每年大概500元。为了照顾孩子,我基本上一个月到两个月才能回去看一次父母,虽然父母很理解,但我自己确实(对父母)很愧疚,可是没办法啊,家里就这一个孩子,为了让他受到更好的教育,我们暂时只能这样了。

(访谈对象2—6)

3.3 家庭养老的生活照料支持变化

人在迈入中老年阶段后,身体健康状况和生活自理能力会随着年龄的增长而呈现出下降趋势,对家庭成员尤其是成年子女的生活依赖性提高。家庭养老中的生活照料功能,由于具有随时为老年人提供全面生活照顾,及时发现老年人健康问题的特点,一直是家庭养老的优势所在。一般而言,在传统的农村地区,儿子在成家后要与父母共同居住,以便照顾父母的衣食起居,保证后者的晚年生活。在传统的家庭养老模式中,子代作为家庭照料的主要供给者,成为亲代在家庭中的依靠,特别是当老年人部分丧失或完全丧失生活自理能力时。然而,伴随着外出务工、求学子代数量的增加,子代与亲代的空间距离也逐渐拉大,为老年人提供生活照料的主要资源被削减。

3.3.1 亲代日常生活照料多靠自助

在对B村研究对象进行初期走访时观察到,只要他们的疾病尚不会影响到正常生活,他们的日常生活照料供养则主要依靠自己或者老伴提供,这可能与子代外出工作不在身边,很难随时为亲代提供生活照料有关。但这势必会影响我国传统农村家庭代际间生活照料功能的正常发挥。生活照料功能缺失使亲代在逐渐适应这种"新型"现代化的家庭代际关系,并逐渐有意识地降低对子代生活照料供养的依赖程度。例如访谈对象2—3和3—1就分别从受计划生育政策影响的亲代和子代的角度,表达了目前对代际生活照料供养功能的态度:

我儿子在太原上班，孙子、孙女也在那边上学、上幼儿园，平时基本不回村里来；姑娘嫁到大同去了，在那边上班，一年到头俩孩子在家待的时间统共也就十天半个月。我和他爸已经退休了，平时就我俩在家。(Q：您和父母、公婆家离得近吗？多久去看他们一次？)我们和公公家住一个村，反正有时间路过就进去，家里有时候包饺子、炖肉啥的也给他们送过去。我母亲去年去世了，父亲现在和我二哥住邻村，有人照顾他我就省心多了，一般半个多月到一个月去看他一次。(Q：如果您或您爱人生病，是否会让孩子回到身边来照顾呢？)能不叫尽量不叫吧，其实我们挺害怕生病的，孩子请假不仅扣钱，而且领导也不愿意批(假)。一共就俩孩子，照顾我们忙不过来呀！我老伴之前有一次因为腰椎间盘突出走不了路了，给我急得赶紧给孩子打电话。结果正好赶上儿子去外地出差回不来，儿媳因为要接送孩子也没法回来，最后我和闺女，叫着我外甥一起带老头子去看的病。(Q：您为什么会想到叫您外甥陪同去看病呢？)嗨，他家就住在邻村，他又在附近村里打散工，平时家里搬个东西、头疼脑热需要去药房买药啥的我都找他或者邻居帮忙，离得近方便，这点小事也没必要让儿子、姑娘特意回来一趟。

(访谈对象2—3)

我是家里的独子，母亲很早就过世了，父亲和奶奶在村里生活，没有再婚。平时我工作时间虽然比较有规律，但下班后还要赶去接孩子，周末还要带着孩子上补习班，开车回村里需要将近两个小时的路程，带着孩子回去怕耽误他学习，又不放心把他一个人留家里，所以没有长假期的时候，我很难花时间回村里看望他们。之前我跟我爸也谈过把他们接到我身边来住，但是他们不肯，说在村里生活习惯了，换了环境不适应，他身体还行，一个人照顾我奶奶没问题。

(访谈对象3—1)

像W女士一样，对子代生活照料供养依赖度降低的亲代在B村并非个案。这一代人子女数量的骤减，势必会缩小家中生活照料供给者的选择范围。同时，为了子代能够获得更好的就业机会，享受更为安逸的生活，为孙代创造更有利的成长环境，这一代人会努力寻找身边可以"替代"子女实施生活照料供养功能的"替代者"，例如：伴侣、邻居、周围亲朋甚至是亲代自身。然而，这一代人与其亲代间的代际生活照料关系并不会随之改变，即这一代人在失去子代提供生活照料供养的同时，仍需承担对其亲代的生活照料支持。而像 Z 先生一样走出 B 村上学、工作的年轻人更是不在少数，他们回家的时间主要集中在寒、暑假和春节假期。根据笔者的观察，子代在回家后亲代也不会让他们干繁重的家务活儿，反而是亲代忙前忙后，犒劳长期在外辛苦上班上学的子代。在现代化农村家庭代际关系中，子代为亲代提供日常生活照料的能力受到两代人居住距离扩大、子代工作时间不稳定等因素的影响，整体呈下降趋势，且子代数量减少也会给亲代生活照料供给者的选择造成影响，容易引发家庭矛盾，进而影响家庭代际关系。因此，B 村受计划生育政策影响的亲代与其子代间的代际生活照料关系被破坏，代际间很难维持传统的生活照料供养，受影响的亲代在满足其老年亲代的生活照料需求的同时，还要为自己甚至子代、孙代提供生活照料支持，传统代际生活照料失衡现象在这一代人身上体现得十分明显。

3.3.2 女儿的生活照料功能显现

在我国传统农村地区，"养儿防老"观念在老年人心中较为根深蒂固，大部分亲代会将自己一辈子积攒的财产陆续传给自己的儿子，而对于女儿一般都秉承着"嫁出去的女儿，泼出去的水"的心态，不指望女儿为自己养老，大多数家庭也因此对女儿的前期抚养投资少于儿子，女儿在家中一般都不受重视，这一现象在过去的 B 村也不例外。然而，随着现代化农村家庭中越来越多的成年子代归乡意识减弱，子代对亲代的生活照料能力匮乏，女儿对亲代的生活照料作用逐渐显现。例如在 B 村的一些家庭中，女儿回家探望老年人、为老年人打扫卫生的频率比外出务工的儿子、儿媳要高，老年人们也逐渐意识到女儿在自己老年生活中的重要性。

原来我和老伴在六个孩子里其实最疼老四、老五，过去家里穷，养活一家老小都困难，加上老大出生没多久我就生了老二、老三，所以我们没让老大念完小学就让她在家帮我照顾大儿子和二儿子了，后来不到二十岁就让她嫁人了。没办法，那会儿太穷了，把闺女嫁出去少份负担啊！后来几个孩子出生时家里条件稍微好了些，都让他们至少读完了初中。（Q：在您的六个孩子中,您小女儿的学历是最高的,那您起初是否考虑过让小女儿为您二老养老呢?)没有考虑过和闺女一起住,最初我们想跟着老四或老五一起住,老二自己岁数都不小了,家里孩子还得照顾他,我们去了也是累赘。老四家里条件在几个孩子中最好,全家在太原有两三处房,但他媳妇不是很乐意我们过去,我们也就算了。老五媳妇身体不是很好,我们就不想过去给他添乱了,所以也就凑合在村里住着。二儿子离婚以后房子归他媳妇(前妻)了,就回来跟我们一起住了。前年老头子去世了,我一个人平时确实挺孤单,但好在大儿子、小闺女常回来看我,二儿子不出去干活儿的时候也在家陪我,凑合过吧!

(访谈对象4—2)

3.3.3 女儿生活照料的代际期望差异

在进行访谈的几个家庭中,老年亲代对儿子的养老期望值普遍高于女儿,而在这些子女中,受计划生育政策影响的人对其子代的养老期望值却并没有明显区分,甚至对女儿的养老期望已略高于儿子。受计划生育政策影响的亲代在子女数量减少、有限的情况下,逐渐忽略了性别差异。为了降低自己未来的养老风险,一些亲代甚至会有意识去"拉拢"自己的女儿,与女儿保持良好的代际互动。因此,在子女数量骤减的现代化农村家庭中,亲代给予每个子女的抚养投入增加,他们可选择的家庭养老供给者范围较小,在巨大养老压力的背景下,亲代已逐渐意识到女儿在自己生活照料供给中的重要性,并努力维系与女儿之间的亲密关系,保持和谐、稳定的代际关系,这与传统家庭代际关系具有较大区别。

我母亲一共生了六个孩子,我上面有一个大姐,四个哥哥。大姐比我大十七岁,我是家里六个孩子里学历最高的,高中毕业。现在母亲和我离婚的二哥同住在母亲的房子里,但是二哥经常出去打工不在家,我和大哥就抽空回去看看,顺便送点吃的过去,大概一周一两次吧。大姐和另外两个哥哥都住在其他村或者市里,离得比较远,就逢年过节偶尔回来。我的两个孩子都在上学,儿子在北京念研究生,女儿在太原上大学。(Q:对子女未来的工作、生活地点您有什么要求吗?两个孩子您更疼爱哪个?)当时给俩孩子选学校的时候想的就是女儿离自己近一些,有什么事好有个照应;儿子去北京有更好的发展,而且男孩子嘛,应该多出去闯闯。我们两口子的私心想法是女儿未来就留在太原生活,之前她找了一个南方的男朋友,我们不同意俩人就分手了。儿子的话哪里发展机会好就去哪里,看他的想法吧!一共就两个孩子,平时都一样疼,没有偏向谁的。

(访谈对象2—1)

访谈中笔者感受到,B村受计划生育政策影响的亲代与女儿间的关系逐渐变得亲密,甚至有让女儿为自己养老的意愿。虽然这一代人中的女性与其老年亲代间大多也维持着较为亲密的代际关系,大部分人会定期去探望自己的老年亲代,但是他们的亲代多秉承着与儿子共同生活、让儿子替他们养老的想法,对于女儿的养老需求和期待要远远低于儿子,这一现象在受计划生育政策影响的亲代与其子代间略有改变。亲代对女儿养老期待的提高,有助于降低家庭养老实施的风险,为亲代养老增添保障,这与传统家庭养老形成鲜明对比。

3.4　家庭养老精神慰藉支持变化

在对B村的走访中发现,大部分老年亲代对身体健康的重视程度要远远高于心理健康,他们认为只要自己身体好,不生病就是自己的福气。然而,随着农村家庭现代化发展,老年人在家中的角色转换以及家庭权威地位的丧失,悄然影响了老年人的心理状态。比较常见的是农村老年人失落和孤独感增加,这种消极情绪如得不到及时干预、纾解,很容易引发其他疾病甚至更严重的后果,影响老年人的生活质量。因此,子代及时给予亲代精神慰藉支持是十分有必要的。

3.4.1　子代对亲代的精神慰藉缺位

在以家庭养老为主要养老方式的传统农村地区,对老年人的精神慰藉供给主要依靠家庭成员提供,有养老义务的子女更是提供精神慰藉支持的核心家庭成员。然而，当笔者在对研究对象进行走访时却发现，他们在日常生活中最常接触的人往往集中在配偶、邻居、朋友之间，子女为他们提供的精神慰藉支持十分有限，且大多数研究对象并不了解精神慰藉的获得方式及重要性。

儿子一般都趁晚上吃完饭、孙子差不多睡下了给我们打电话。以前我和老伴睡得早很容易接不到电话，等醒来看到回过去的时候，可能他们那边又有事不方便打电话。所以现在我们一般晚上都不敢睡太早，就怕儿子打电话过来我们不能及时接到。(Q：您没有考虑过和孩子一起住吗？)考虑过一起住，但是并不现实。他们都在市里上班，房子也不是很大，我们住过去双方都不习惯。其实我们想让孙子、孙女回村里来上学、上幼儿园，一是我们退休了没事做能帮着接送孩子，二是两个孩子也能给我们老两口做个伴，不然平时家里就我俩也没意思。但是孩子嫌村里教学质量不如市里的好，而且怕我们惯着孩子，所以没同意。

(访谈对象2—3)

平时孩子给我们打电话，我们基本上都跟他们说些高兴的事。本来孩子在外面打拼压力就很大了，我们如果再跟他们抱怨也给他们添堵，本来上班就挺忙了，让他们干着急也没用。而且孩子好不容易来一次电话，那么短的时间我们也想多听听他们的消息，我们每天就这点事，没啥好讲的。(Q：孩子们回家后和您交流多吗？)还可以，家里现在有网了(Wi-Fi 无线网络)，他们回来老爱抱着手机上网、玩游戏，恨不得吃饭的时候都拿着手机。我们想着好不容易回来放松放松，也就不管他们了。

(访谈对象2—4)

几个孩子住得离我都比较近，他们的孩子基本上都去外面上班了，平时不和他们住在一起。他们有事没事就来我们这边转转，陪我们聊会天，帮我们收拾收拾屋子，有时也会留下和我们吃完饭再走。我白天没事就和隔壁几家人一起打打麻将，老婆子就在家做饭、收拾，她没事喜欢看电视。

(访谈对象4—3)

对于亲代而言，最直接获得精神慰藉供养的方式就是子代回家探望，两代人面对面交流互动，纾解彼此内心的忧虑。对比 B 村三代人之间的精神慰藉支持方式、态度，笔者认为B村现代家庭中子代给予亲代的精神慰藉供养缺失严重，除了个别在县城或附近邻村上班的子代回家频率相对较高以外，其他家庭的子代回家频率普遍较低，且呈现出返乡时间集中（寒暑假、春节为子代返乡高峰期）、停留时间较短的特点。同时，由于子代和亲代的生活背景差距愈发扩大，他们之间的共同语言较传统代际间明显减少，子代与亲代沟通交流的意愿降低，亲代内心的一些真实想法、态度随之被掩埋。此时，不仅"精神慰藉"成为一纸空谈，而且亲代的家庭话语权、决策权也随着家庭现代化的进程逐渐丢失。

3.4.2 亲代精神慰藉获取渠道改变

根据笔者在B村的走访及对村干部的访谈，B村现阶段并没有专门的老年活动室，原本早些年设立的老年活动中心因参与人数较少，后续资金支持不到位等原因关停了，活动中心现在处于空置状态，落满灰尘。

现在住在村里四五十岁的妇女，白天忙完各家的事情一般聚在一起聊天，边择菜、织毛衣边唠唠家常，晚上在村委会门口空地上跳广场舞；男的一般起床没啥事儿就扎堆打麻将、打扑克。地里有农活儿的时候就在地里忙，有时候自家忙完还会去帮别家。地里不忙的时候，有些人还会去县城工地上上班，反正在家也没事做，还不如出去挣点钱。

（访谈对象1-2）

我平时和学生、同事和自己爱人交流的时间比较多。和同事平时在单位几乎天天见面，聊完学生的事情有时顺带就聊起自己的事情了。而学生们就像我的孩子一样，因为我所在的学校是寄宿学校，他们周一到周五都见不到父母，很多人都喜欢在下课或晚上放学后找我聊天谈心。

（访谈对象2-1）

从笔者对B村村支书的访谈中不难看出，B村部分受计划生育政策影响的亲代，其文化水平不高，精神生活较为单调、枯燥，一般靠村内现有资源、周围人舒缓心情，排解心中忧虑。有些人则选择在空闲时段再就业，打发时间的同时还能赚取收入。而对于有固定工作的亲代而言，他们会选择向身边同事、朋友倾诉，由于他们年龄相仿，且有相似的生活经历、背景，共同语言较多，彼此间更容易获得理解。当然，最普遍的倾诉对象仍然是自己的配偶，因为配偶对家庭内部情况比较了解，且同样是家庭成员不需要避讳，更能抒发自己的真实情感。综上，由于子代很难再随时为亲代提供精神慰藉，为了排解内心的消极情绪，亲代将对子代的精神慰藉养老期待转嫁到身边其他容易接触到的主体身上。

3.5 新型城镇化对家庭养老带来的冲击

3.5.1 传统农村家庭养老运行的基础被削弱

"反哺式"传统家庭养老一直是我国农村的养老模式。它与中国农村社会家族制度、小农经济、孝文化相适应，长期起到人口继替和社会整合作用。

中国传统社会是家国一体的社会结构，家是最基本的社会单位，而家庭养老在传统社会中也被称作国家性养老。家庭作为个体与社会之间的媒介，承担着家庭养老资本输送的责任。家庭养老以"自给自足"的农业生产收入作为主要经济来源，父母掌握着家庭的土地和财产资本，以确立家长的绝对地位和权威。在这种观念的传承下，世世代代的子孙固守在自家农田上，子代潜移默化形成了一个共识，即个人利益与家族集体利益是密不可分的，个人的经济、生活必须依托于家族资本。而家中的长者往往熟知耕作知识，子代为了获得更多的收益，需要向他们学习，长者也理所当然地成为子代必须全力赡养的对象。在这种共识的作用下，农村养老多以家庭成员为资源供给主体，家庭内部"抚养—赡养"代际关系模式就此形成。在传统社会中，"孝"被看作衡量一个人道德是否高尚的重要标准，中国的孝道文化更是潜移默化渗透在每个人的心里，一代代人默认并遵从着这种观念，一次次进行着亲代抚养子代，子代赡养亲代的家庭养老循环，孝道文化长时间的传承和弘扬，维系着我国传统社会中农村家庭养老的运行和延续。除了这种来自家庭内部的孝道意识以外，传统农村地区的社会舆论则借助外界的力量，给违背孝道的子代施以压力，在外部压力的促使下使违背者归于孝道。

由此可见，家庭养老作为我国最传统的养老模式，是与一套完整的小农经济形态、家族制度传承和传统孝文化密切相关的。家庭养老方式作为主要的养老方式是与我国农村在现代化的进程中变迁缓慢密切相关的，不论是经济形态还是传统观念依然对家庭养老发挥着重要作用。但是新型城镇化的推进和家庭结构的变迁，使家庭养老赖以存在的社会基础不复存在，这给家庭养老模式带来了危机。

3.5.2 新型城镇化对农村家庭养老带来的挑战

3.5.2.1 父母过早地将家庭财富转移给子代，削弱了自我养老能力

农村子代在新型城镇化、家庭现代化的影响下，他们的生活方式和思维方式都发生了改变。在经济上和思想上，他们摆脱了"大家庭"的"束缚"，开始追求独立自主性，较之前而言更加强调个体意识。其中，代际经济支持"单向化"变迁以及代际关系重心下移在 B 村受计划生育政策影响的家庭中，最为突出的表现是亲代给予子代的婚姻支出提升，经济支持程度加深。

没办法，现在大城市里的房价太贵了，很多女孩子找对象上来就问在城里有没有房，没房自身条件再好也不考虑。别看我俩这么省钱，估计到儿子结婚的时候，买房连个首付款都不够。要是因为这个让孩子结不成婚，我们两口子心里也挺愧对于孩子的。(Q：您有几个孩子?)我有两个孩子，大姑娘前两年嫁人了，儿子现在在外地上专科，再有一年也该毕业了。(Q：您是一直上班吗?近年来工资有没有波动?)不是，这份工作是我前两年才找的，每个月工资两千多，之前我没别的工作，就在家种地、照顾老年人。后来觉得平时在家没啥事，老年人身体也还可以，就出来挣点钱给孩子攒着或者以后自己看病用。

(访谈对象 2—5)

在传统农村社会中，亲代一般会与成家后的儿子一家共同居住(如访谈对象 4—2 的家庭)，由后者为亲代提供养老所需资源，亲代也会将自己的财产转移给供养他们的儿子。然而，随着子女数量的减少以及小家庭城镇化需要，亲代为每个子代提供的婚姻支持较之前而言有较大幅度提升，其中最为明显的变化发生在有留城意愿的儿子身上：受到城市房价攀高的影响，亲代为了

提高儿子的婚姻"竞争力"及"稳定性",对于有留城意愿的儿子婚姻投入负担加重,B村大部分受计划生育政策影响的亲代呈现出平时省吃俭用,甚至动用自己的养老资金为子女添置购房款的状态。

  当时儿子在县城买房的时候,我们给出了十五万,亲家还给出了十万,剩下的十五万让小两口贷款后期自己还。虽然儿媳妇没说啥,但我们心里也觉得挺对不起人家的,嫁到我们家来连现成的房子都没有,买房不仅帮忙出首付还得还贷款。可(是)没办法呀,一下让我们拿出三四十万连借都没地方借去。所以后来我们帮着带小孙子,儿子他们说要给钱我们也不要,反正我们在家也没啥事儿,帮着孩子们分担点压力吧。(Q:您和老伴是否有退休金和医保?是否考虑过未来去养老院养老呢?)我们单位给上了医保,每个月退休费3 000多块钱,我老伴没有,但也足够我们老两口平时开销。村里谁去养老院花那份冤枉钱呀!家里住惯了可不去。我俩身体还算硬朗,孩子愿意来看就抽空来看一眼,没时间就算了,将就对付着过吧!攒下钱来还要帮儿子他们还房贷呢,能省一点儿是一点儿。

(访谈对象 2-2)

  通过上述访谈内容不难看出,当今社会子代婚后分家单独生活的现象不仅没有减轻亲代的养老压力,反而缩减了子代给予亲代的养老经济支持力度。一些亲代为了缓解子代的经济压力,不仅减免了他们本应提供的养老经济支持,反而还会尽自己的力量贴补子代。这不仅颠覆了家庭养老三大核心内容中的经济支持功能,而且还"剥夺"了原本属于亲代的养老资本,无疑让他们的家庭养老雪上加霜。与此同时,部分受计划生育政策影响的亲代在赡养其老年亲代的同时,还要肩负起照顾孙代的责任,帮助子代分担抚养(经济)压力,这无疑增添了这一代人的养老经济负担和抚养责任。

  长期以来我国农村地区老年人的养老收入来源较为单一,且较城市老年人而言,他们的劳动年限更长,与子代间经济独立性增强,家庭不再是生产和经济资源分配的核心。但子代在激烈的市场竞争中,他们的经济、精神压力增大,在计划生育政策及人口老龄化的双重作用下,他们面对沉重的养老负担心有余而力不足,子代对亲代的家庭养老经济支持水平逐渐下滑;而失去了维持生活基础资本的亲代,虽然得不到子代及时提供的经济补给,但由于祖辈长期沿用家庭养老模式,且农村养老场所较为单一固定,他们仍出于惯性、经济等原因习惯性选择家庭养老。因此,对于 B 村受计划生育政策影响的亲代而言,如若他们欲继续选择家庭养老,他们从子女处获得的经济支持水平会减弱,养老效果会降低,继续维持家庭养老则需更多依靠亲代自养来实现。

3.5.2.2 代际城乡分居使家庭生活照料供养成为空中楼阁

伴随着子代城市化进程的不断深入,子代在应对城市激烈竞争的同时,往往也忽略或推迟了对亲代的生活照料供养。在走访过程中发现,子代不与亲代同住、不与亲代同村居住的计划生育家庭比比皆是,代际间居住距离扩大成为 B 村普遍现象。在这些家庭中,一定比例的子代由于在城市求学、工作,"被迫"与亲代城乡分居,无法为其提供生活照料。尤其是子代小核心家庭的城市定居,对父母养老的生活照料基本上就成了空中楼阁。

对父母我感觉亏欠很多。我想留在北京工作发展,想把父母接到身边来照顾,但是北京房价太高了,如果父母都过来怎么住、住哪儿都是问题。父母对我找哪里的女朋友不干涉,也支持我留在北京工作;但是希望我妹妹找个山西本地人,并且留在山西工作,结婚以后离家近些方便互相照顾。对于父母未来的养老问题,他们目前没有离开老家的想法,也不希望我们为了照顾他们放弃更好的择业机会。

(访谈对象 3—2)

我一个人在村里住确实感觉有些寂寞,但是为了减轻孩子的负担也没办法。老伴给儿子带孩子去了多半年了,儿子儿媳也觉得我一个人住太孤单没人照顾,但他们工作太忙没时间看着孩子。就等孙子断了母乳后让我老伴把孙子带回村里照看。虽然子女不在身边,但有孙子陪着我们也挺开心的,没事儿逗逗孩子,一天也挺充实。想着过两年孙子回县城上幼儿园,我们老两口还挺不舍得。

(访谈对象 2—2)

在访谈过程中笔者发现,不少 B 村受计划生育政策影响的亲代已逐渐"适应"了子女不能随时陪伴在身边、及时提供生活照料的养老模式,他们的养老思想、养老观念较之前几代人而言也逐渐开放,代际间的关系也更为独立。

但从被访者的言谈中，笔者认为亲代对于这种养老现状的"认同"是一种"被动性的适应"。在对 B 村村支书的访谈中了解到，该村有 90%以上受计划生育政策影响的亲代参加了"新农合"等社会保险。但即便如此，当他们生病时一般仍会首选去药房拿药，不到万不得已不会去医院。

村里 45 到 60 岁的人一般都有两个孩子，我们这一代人还是以种地、在县城上班为主，其中有一部分人会在田里不忙的时候出去打工。前几年国家推行"新农合""新农保"，村里大多数人也都办了。去医院看病虽然能报销，但能动的觉得自己用不着去医院，不能动的没人陪着去医院。而且医院检查一通下来自己花的钱也不少呀，上班的请假还要扣钱，所以能不去医院就不去了。

（访谈对象 1—1）

当笔者询问受计划生育政策影响的亲代，如果在未来遇到生病不得不去医院甚至住院的情况，他们是否考虑过由谁陪伴在身边的问题时，大多数受访者表示暂时没有考虑过这个问题。但如果遇到类似的情况，他们会首选让配偶、身边的亲朋、邻居陪同（像访谈对象 2—3），能不耽误子女工作就不耽误，将对子女的影响降到最低。即便这样会让自己的老年生活缺少子女的陪伴，但为了子女能有更好的前程，他们宁愿牺牲自己的利益。并且出于经济、生活习惯等因素的考虑，在受访的亲代中没有人考虑过未来去养老机构养老，以弥补子女对其的生活照料缺失。

3.5.2.3 代沟加深，精神抚慰缺失使老年的晚年生活失去寄托

B 村有一部分受计划生育政策影响的亲代仍以务农为主要职业，没有所谓的"退休"时间点，但他们较自己的亲代而言，缺少了"接班"的子代，繁重的农活儿给逐渐步入老年的他们身心都带来不小的负担。加上子代长期不在身边陪伴，传统子孙围绕膝下、安享晚年生活的家庭养老模式不复存在。同时，为了防止子女担心惦记，亲代适应家庭现代化养老模式，缓解这些精神、心理负担往往只能依靠自己、身边亲友以及有限的精神文化活动。在 B 村，由于受访亲代的受教育程度普遍不高，村内娱乐设施和场所较为匮乏，他们所能接触到的精神文化休闲活动往往是单一、重复的。

肯定觉得孤单啊，逢年过节孩子们回家特别热闹，哪怕我们累点儿都觉得高兴！他们回来虽然也不像之前一样爱和我们聊天了，但是人多点儿家里

的气氛就不一样，心里高兴！可有什么办法，孩子们上班我们不能跟着去呀！有时候我们觉得在家没意思就去邻居家串串门，或者去爸妈家看看，陪他们聊会儿天，一天的时间也就打发了。

(访谈对象2—4)

前两年，我爸刚退休的时候还去其他地方打工，当时爷爷还在，和奶奶俩人互相有个照应。2015年的时候爷爷去世了，奶奶的身体也不如从前了，我爸一般就在家陪着奶奶，偶尔会去邻村干些散活儿。奶奶有些耳背，有时候我爸在家待着无聊了会到隔壁家下棋、打麻将，有几个和他年纪差不多的人，也有共同话题可聊。今年村里给通了网，我说给他换一部智能手机，可以跟他们视频，没事儿了还能上网打发时间，他嫌学起来麻烦，不想换。

(访谈对象3—1)

众所周知，老年人健康的精神状况对于他们的老年养老生活有着积极的作用，子女对老年父母的精神慰藉更是家庭养老的重要组成部分。但在大部分B村受访的亲代中，他们似乎并未在"精神慰藉"上投入过多的关注。他们认为，只要自己身体好，吃饱穿暖，不生病给孩子添麻烦就行，往往忽略了精神层面的健康问题。然而，我国日益凸显的老年人自杀现象，正是由于老年人精神健康出现问题所导致的。《2013年中国卫生和计划生育统计年鉴》的数据显示，我国人口自杀率随着年龄的提升呈现出不断上升的趋势，且农村人口自杀率一直高于城市，随着年龄的提升，这种差距愈发扩大(见图3—1)。

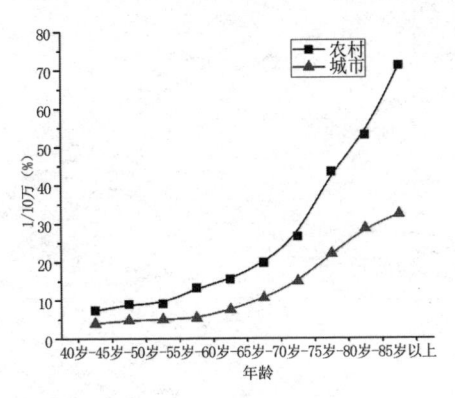

图3—1　2012年我国城乡老年人口自杀率差异对比(1/10万)(合计)　　单位：%

资料来源：《2013中国卫生和计划生育统计年鉴》

虽然 B 村受访亲代尚未意识到"精神慰藉"的重要性,也很少抱怨精神文化生活的枯燥、单一,但是这并不意味着他们就没有精神健康问题甚至自杀的隐患。随着受计划生育政策影响的亲代年龄不断提升,他们因"上需扶老,下无养老,还需供小"所承受的负担越来越重,多重压力无法排解加上农村地区养老保障和福利体系尚不健全,这些无疑会对老年人的生理、心理产生巨大的影响和负担。且随着这一代人年龄的增长,他们患病的概率也会随之提升,很多老年人正是因为无法承受疾病的困扰而出现心理问题。由于老年人的社会适应能力较年轻人而言相对较差,当他们面临上述问题时,很容易产生焦虑、抑郁等消极情绪。从图 3-1 中我们也不难看出,农村老年人在 50 岁之后自杀率快速提升,这与子代不在身边、亲代心理负担无法及时纾解是分不开的。因此,在现代化家庭代际关系的作用下,子代对亲代所提供的精神慰藉供给水平和能力已大不如前,虽然亲代试图转移慰藉资源供给方式,尝试从身边亲朋身上获取慰藉资源,但供给程度和效果较传统家庭中子代对亲代的精神慰藉供给仍有一定差距,农村家庭养老精神慰藉功能缺失所带来的养老隐患无穷。

由此可见,在新型城镇化背景下,家庭代际关系也急剧变迁,农村受计划生育政策影响的亲代,养老经济支持逐渐由子代供给转向自给自足,并有逆向经济供给的趋势,养老生活质量下降;子代的生活照料重心下移,由亲代逐渐转向其子代,隔代照料现象凸显,亲代为了降低未来的家庭养老风险,逐渐开始拉近与女儿的关系,并有让女儿为其养老的意愿,家庭养老主要承担者的"候选人"范围扩大,"养儿防老"观念逐渐淡化;B 村老年人对于精神慰藉的重视程度薄弱,亲代的晚年生活较为枯燥、乏味,存在因忽略精神健康问题而引发老年人抑郁、恐慌,甚至自杀的隐患。

第4章 农村老年人养老就医的家庭支持研究

除了老年人日常生活照料和支持外,农村家庭养老的最大压力是老年人生病就医。家庭不但要承担老年人一定的就医费用,还要担负带老年人就医、照护等具体事务。因此,本章以此为切入点,以北京大学 CHARLS 数据为依据,分析农村老年人养老就医过程中的代际支持与自我支持情况。研究发现:老年人就医在能够自付的情况下不依赖子女,但代际支持对老年人的就医有着重要影响,尤其是子女数量对老年人就医行为产生积极影响。女儿数量越多,老年人生病及时去门诊的可能性越大;儿子数量越多,老年人在需住院时能够住院的可能性越大。

4.1 农村老年群体就医问题凸显

近些年来,随着工业化、市场化和新型城镇化的不断推进,农村大量的剩余劳动力进入城市。不仅加快了一些农村地区的老龄化进程,同时也增加了农村老年人的养老危机。由于城乡二元结构以及城乡养老保障制度的二元分化,在社会养老保障方面,农村老年人口获得较少的养老资源。由于传统、政策、市场、人口特征等多方因素的共同作用,农村社会仍然将养老资源获得的主要渠道寄托在家庭上。但是由于市场化和城镇化的冲击,农村家庭结构、居住距离、代际关系等方面的转变又对家庭养老这一传统养老模式提出挑战。为应对传统家庭养老模式的衰弱,我国在建立和完善社会养老体系的同时，也提倡增强农村老年人的自养能力，减少对家庭和子女的依赖。而农村老年人自我保障和自养能力的提升有赖于其身体的健康程度，所以关注农村老年人身体健康及医疗保障问题十分重要。特别是随着人口寿命的延长以及老年人口身体机能的退化，患病成为老年人的常态，高血压、糖尿病等各类慢性疾病，甚至一些突发性老年病使老年人生活备受困扰，患病、失能以及半失能老年人的治疗和看护也为家庭人员带来经济、身体和精神上的压力。为此，近些年来，国家和社会不断提出"健康养老""医养结合"等养老模式和养老理念，以期提升老年人的健康水平和养老质量。无论是在经济支持还是在生活照顾方面，提高农村老年人口的身体素质，增强农村老年人口的生活自理能力对应对其面临的养老困境都是十分重要的。而这一构想则离不开医疗服务资源的获得与支持，所以本书由此进行了关于农村老年群体医疗问题的研究。

另外，相较于城市的老年人来说，农村老年人存在着经济保障能力薄弱、医疗保障能力不足、医疗可及性差等方面的问题，在就医时其行为的选择往往是多种约束条件共同作用的结果，很多农村老年人在就医时其行为选择往往具有消极性，很多农村老年人出现有病不医的行为，甚至很多农村家庭因为就医问题出现"因病致贫""因病返贫"的现象。为缓解农村老年人就医过程中面临的困难，近些年来政府全面推行新型农村合作医疗制度的同时也在加强地方医疗设施建设，但是由于经济发展、地域环境等条件的限制，农村医疗保障也存在着保障水平较低、保障范围有限、医疗水平有限、医疗设施不完善等方面的问题。在现阶段，尽管众多学者认为受现代化、市场化、城镇化的影响，家庭养老支持力有减弱趋势，但是在求医过程中老年人面临的经济、照护、上外求医的交通、就医认知等问题的解决仍然离不开家庭的支持和帮助。在发生重大变故或者疾病时，家庭特别是子女的支持具有不可替代作用。一些学者往往将家庭因素作为一个整体因素来考察其对农村老年人就医行为的影响。但是根据费孝通对"家"具有伸缩自如特性的论述[①]，不同的研究对于家庭的界定也具有差异性，配偶、子女、其他亲属等都是来自家庭的

---

① 费孝通. 乡土中国[M]. 北京：北京出版社，2004.

重要支持者。代际支持只是家庭支持的一个组成部分,在进行更为细致的研究时,有必要对家庭范围做出明确的界定。在进行代际支持对农村老年人就医行为的研究时,也应该将子女从家庭中抽离出来进行研究。另外,随着市场化、城镇化和现代化的冲击,近些年来关于代际关系和代际支持的研究也成为热点,许多学者认为现在许多农村地区的代际关系或者代际支持处于一种失衡状态,家庭的核心化和小型化也使得子代越来越脱离父代而独立存在,代际支持和代际关系也随之发生改变,所以将代际支持因素引入农村老年人就医过程中进行分析就具有重要意义。"在这种背景之下,子代对亲代的支持在农村老年人就医过程中如何体现"就成为本研究重点关注的问题。为了有针对性地研究代际支持在农村老年人就医过程中产生的作用,本章将子女支持因素从家庭之中抽离出来进行更为详细的分析。

4.2 农村老年人就医行为的基本情况

4.2.1 农村老年人体检情况

表4-1是对农村和城镇老年人体检情况的统计,在被调查的4 223名农村老年人中,有1 911位农村老年人在近两年内体检过,占比为45.3%;有1 588名农村老年人在近两年内没有体检过,有724名农村老年人从未体检过,共计占比54.7%。另外,通过城乡对比发现,在近两年内体检方面,城市老年人体检发生率比农村老年人体检发生率多13.7%;城市从未体检过的老年人发生率比农村老年人低7.9%;两年内未体检的老年人发生率比农村老年人低5.9%。所以在体检方面,城乡老年人存在差异,需要进一步加强农村老年人健康体检。虽然到目前为止还没有足够的数据证明老年人多长时间体验一次最为理想,但是根据相关医生的建议,60岁以上的身体健康状况较好的老年人应该至少每年做一次健康体检,患有慢性病或身体出现相关疾病的老年人应根据医嘱适当增加体检频率。农村老年人健康状况不容乐观,健康检测未能跟踪到位,所以应关注农村老年人身体健康,提升健康检测发生率,

定期检查,及早发现,及时治疗,预防疾病发生发展。

表 4-1 老年人体检情况

	农村老年人		城镇老年人	
	人数(人)	百分比(%)	人数(人)	百分比(%)
在过去两年内体检过	1 911	45.3	2 184	59
从来没有体检过	724	17.1	341	9.2
两年内没有体检过	1 588	37.6	1 174	31.7
合计	4 223	100	3 699	100

4.2.2 农村患病老年人门诊情况

从国家出台慢性病医疗保险政策以来,慢性病病人多办理慢性病医疗保险,但是慢性病医疗保险的使用,多在定点医院进行购药和报销。由于慢性病患者多服用处方药物,需要医院开具处方方可买药,但是处方是一次性使用的,所以很多患慢性病的患者需要经常去医院进行检测及开药,这一频率多在一个月之内。所以在本研究中我们以月为单位,将慢性病老年人和上个月生病的老年人一起作为每月需要参加门诊的病人,描述其门诊参与情况。根据表 4-2,在患有慢性病以及上个月生病的 3 350 位农村老年人中,上个月参加门诊或者有医生上门进行医疗服务的老年人仅有 774 位,占比仅 23.1%。在农村地区,很多老年人受经济、身体、交通、认知、医疗水平等因素的限制,出现"小病拖、大病扛""有病不医"的情况,老年人的就医需求较高,但是就诊率却很低,出现应就诊而未就诊、应住院而未住院的比例较高。[①]

[①] 姚兆余,陈雪玲,王翌秋.农村老年人医疗服务利用及影响因素分析——基于江苏地区的调查[J].中国农业大学学报(社会科学版),2014(2):96-107.

第 4 章　农村老年人养老就医的家庭支持研究

表 4－2 是否是慢性病和上个月生病的患者与上个月是否门诊交叉制表　单位：人

		上个月是否门诊或上门医疗服务		合计
		否	是	
是否是慢性病和上个月生病的患者	否	840(99.2%)	7(0.8%)	847(100%)
	是	2 576(76.9%)	774(23.1%)	3 350(100%)
合计		3 416(81.4%)	781(18.6%)	4 197(100%)

4.2.3　农村患病老年人住院情况

根据表 4－3 可知，在 2014 年一年时间内，经过医生诊断需要进行住院的农村患病老年人共计 285 位，其中只有 90 位老年人进行住院治疗，占比仅为 31.6%。而未住院的老年人则有 195 位，占比 68.4%。这一"应住院而未住院"比例较高的现象，需要引起各部门的关注，从社会保障、市场服务提供以及家庭支持等各方面着手提升需要住院的农村老年人的住院率。

表 4－3　2014 年是否有需要住院的情况与是否住院 交叉制表　　单位：人

		是否住院		合计
		否	是	
去年是否有需要住院的情况	否	3 413(84.2%)	641(15.8%)	4 054(100%)
	是	195(68.4%)	90(31.6%)	285(100%)
合计		3 608(83.2%)	731(16.8%)	4 339(100%)

4.2.4　农村老年人就医行为的相关因素分析

根据表 4－4 可以看出，不同特征的农村老年人在体检、门诊和住院方面存在一定的差异性。首先，不同年龄的农村老年人在生病看门诊方面存在不同，低龄老年人和高龄老年人看门诊的比例要高于中龄老年人。可以进行的解释是，低龄老年人和高龄老年人生病去看门诊的影响因素存在一定的差异。相较于中龄老年人来说，低龄老年人对于医疗资源的可获得性更高一些，身体条件和经济条件能够允许低龄老年人更便捷地获得门诊服务。而对于高龄老年人来说，由于其身体条件较差，在门诊方面存在更高的需求，所以在生病时看门诊的行为比例要高于中龄老年群体。

在性别方面,女性相较于男性在生病时去看门诊的比例更高一些,由于两者在体检方面不存在差异性,我们无法认为农村老年女性的健康意识要优于男性,所以可以进行的解释是,农村老年女性的身体健康状况要比农村老年男性较差一些,因此在门诊方面的人口比例要高于男性,但是两者之间在住院方面不存在差异。学者宋璐等人在对农村老年人口医疗费用支出的性别差异进行研究时发现,有医疗支出的农村老年女性比例要高于农村老年男性,但是农村老年女性的医疗支付水平较低,在住院这种需要大额支出的项目上,女性老年人无论人数比例还是支出水平都低于男性老年群体。[①] 所以可以进行的解释是农村老年女性生病就诊的需求大于农村男性老年人,在支付水平可以自己承担的门诊上,女性比例高于男性,但是在住院方面由于支付水平的限制,农村老年女性住院人口比例与男性住院人口比例差异并不明显。

在教育程度方面,识字和不识字的老年人在是否体检上存在显著的差异性,识字的老年人可能在认知和经济方面优于不识字的老年人,更能够认识到体检的重要性,并且有经济能力和认知能力去实施体检行为。也有研究发现,受教育水平较高的老年人其医疗保健支出水平较高。[②] 但是在门诊和住院方面,这种受教育水平较高的农村老年人医疗保健的认知优势无法体现出来,是否看病和住院,多依据身体疾病状况和承担能力进行判断,而这种承担能力又可以从其他的方面进行补充,所以识字和不识字的老年人两者之间不存在明显的差异性。

在健康评价方面,农村老年人对自身身体素质状况评价的好坏不同,与其在门诊和住院行为上存在显著的差异。身体健康状况较好的农村老年人对门诊和住院的需求较小,所以进行门诊和住院的人口比例较低。这也与大部分学者的研究相一致,老年人的健康状况显著影响其医疗支出和医疗服务利用,健康状况越好的老年人医疗支出水平越低。[③] 是否有医疗保险在体检和门

[①] 宋璐,左冬梅.农村老年人医疗支出及其影响因素的性别差异:以巢湖地区为例[J].中国农村经济.2010(5):74-85.

[②] 胡宏伟,张小燕,郭牧琦.老年人医疗保健支出水平及其影响因素分析——慢性病高发背景下的老年人医疗保健制度改革[J].人口与经济,2012(1):97-104.

[③] 王新军,郑超.医疗保险对老年人医疗支出与健康的影响[J].财经研究,2014,40(12):65-75.

诊行为上存在差异性,但是在住院方面的差异性却并不明显。同样的,是否有养老保险也只在体检行为方面存在较大的差异性。这可能与我国农村地区医疗保险和养老保险的保障水平有关,虽然农村地区的医疗保险和养老保险的覆盖范围不断扩大,但是其保障水平却较为有限,在体检、门诊方面,由于所需费用较低,农村老年人所需承担的自费部分往往处于自身能够承担的范围之内,医疗保险和养老保险能够发挥其切实的作用。但是在疾病较为严重需要住院的情况下,尽管医疗保险能报销一定的费用比例,但是剩下的自费部分往往是农村老年居民重点关注的对象,而这部分费用则决定着老年人口是否能够获得住院治疗,医疗保险和养老保险的作用则被稀释。

表4-4 控制变量部分交互分析表

变量		体检		门诊		住院	
		是(%)	x^2	是(%)	x^2	是(%)	x^2
年龄	低龄老年人	43.8	1.859	24.1	6.101**	30.3	0.926
	中龄老年人	45.6		19.8		37.3	
	高龄老年人	37.3		21.4		31.6	
性别	女性	44.1	0.005	25.1	6.927***	29.4	0.718
	男性	44.2		21.2		34.1	
是否识字	否	41.6	7.406***	23.5	0.043	33	0.322
	是	46		23.2		29.8	
婚否	否	43.5	0.375	23.6	0.26	31.6	0.000
	是	44.5		22.8		31.6	
健康评价	较差及以下	46	2.324	30.1	58.471***	38.2	15.386***
	良好及以上	43.5		18.4		14.8	
医疗保险	否	35.9	11.668***	18.2	4.849**	34.6	0.124
	是	45		23.7		31.3	
养老保险	否	40.6	4.247**	22.7	0.075	37.5	0.837
	是	45.5		22.6		29.4	

*$p<0.1$,**$p<0.05$,***$p<0.01$

由此可见,农村老年人总体的身体健康状况并不乐观,相较于城市,农村老年人定期体检的比例较低;有慢性病以及上个月生病的农村老年人就医需求较高,但是就医满足率则较低,两者之间存在一定的矛盾;经过医生诊断需要住院的农村老年人住院的发生率也非常低,所以农村老年人"应就诊而未就诊、应住院而未住院"的情况较为严重,需要引起相关部门的关注和重视。

笔者在农村进行田野调查时,对农村老年人就医的情况进行了调查,结论大体相同。老年人"应就诊而未就诊、应住院而未住院"的情况较为普遍,尤其是年龄大(85岁以上)的老年人。农村子女普遍认为"到这岁数了,生病了,给老年人看病不值得了"。一些人为了面子,也会带老年人去医院,但都是应付舆论,并不真正认真治疗。有些根本不带老年人去医院,村里人问起老年人得了啥病,都直接回答"老年病"。还有子女在照顾老年人的时候,认为老年人拖累了子女,影响了子女的生计。甚至在母亲病重喊痛之际,要求其忍着些。农村老年人是受城乡结构、家庭结构、阶层结构等多重社会结构重合下的弱势群体,他们的健康及生活照顾应引起国家的高度重视。

4.3 就医行为及影响因素研究

4.3.1 国外就医行为及影响因素研究

国外学者关于就医行为的研究多基于 Andersen 就医行为模型[1]和 Grossman 健康需求模型[2]来建立自己的理论研究框架。1968年,Andersen 提出就医行为模型并将其影响因素划分为三大类,分别是倾向性因素、需求因素以及使能资源因素,形成较为完备的医疗服务利用行为影响探究体系,后

---

[1] ANDERSEN R. A behavioral model of families' use of health services[R]. Chicago: Center for Health Administration Studies, University of Chicago, 1968.

[2] GROSSMAN, M. On the concept of health capital and the demand for health[J]. The Journal of Political Economy, 1972, 80(2): 223-255.

来的很多学者也多在这一模型基础之上根据自身研究需要进行修改。Grossman 在 1972 年综合家庭效用理论和家庭生产理论，从健康人力资本的视角来阐述医疗需求的解决过程，以此建立了健康需求模型。其基本理念是健康是人力资本的重要组成部分，但是随着人体的逐渐衰老，人力资本也在不断地减少，但是我们可以通过时间成本和金钱成本的投入来减缓这一过程。后来的学者也针对该理论模型对于健康过于简单确定性的假设以及医疗服务利用和健康正向相关的关系进行了批评和修改，并且该理论模型也忽视了对医疗保险这一重要影响因素的涉及，许多学者在实际研究中对此进行了修补和完善，例如 Newhouse 等将内生的医疗保险变量引入 Grossman 健康需求模型，探究医疗保险对于个人医疗行为的影响。[①] 也有学者在这一模型基础之上对医疗服务利用行为进行预防性医疗服务利用、基本性医疗服务利用以及选择性医疗服务利用，这样此模型就能够顺应不同阶层的社会群体的特殊性进行有针对性的研究。[②]

在对就医行为的影响因素分析上，很多学者也多从社会人口学因素、经济因素、社会保障等因素出发进行分析，对青年群体与老年群体、男性与女性、不同教育程度的群体、不同婚姻状态的群体在医疗服务利用上存在的差异性进行研究。另外，家庭经济水平[③]、医疗保障水平[④]、医疗服务价格、居住地到医疗机构的距离[⑤]等因素也在考察范围之内。

根据国外关于就医行为的研究，我们可以在理论框架建立和影响因素的分析的方法上进行借鉴，并根据我国国情、人口特征、医疗保障水平、医疗设施水平等实际情况进行研究的调整和改进。

[①] J NEWHOUSE, Phelps C. Coinsurance, the orice of time, and the demand for Medical services[J]. Review of Economics and Statistics, 1974, 56(3): 334-342.

[②] HELLER P. A MODEL OF THE demand for medical and health services in peninsular malaysia[J]. social science and medicine, 1982, 16(3): 267-284.

[③] SRIVASTAVA D, MCGUIRE A. Patient access to health care and medicines across low-income countries[J]. Social Science and Medicine, 2015(133): 21-27.

[④] MICHAEL, D HARD and KATHLIEEN MCGARRY. Medical insurance and the use of health care services by the elderly[J]. Journal of Health Economics, 1997(16): 129-154.

[⑤] DZATOR, ASAFU-ADJAYE, J. A study of malaria care provider choice in Ghana[J]. Health Policy, 2004, 69(3): 389-401.

4.3.2 国内关于农村老年人养老就医行为研究

根据相关文献，我们可以看出，学者研究的重点内容多集中于对农村老年人医疗需求、医疗消费支出和医疗服务利用影响因素的探究。本书对这些影响因素的研究归纳总结如下。

大部分学者集中于制度化保障对医疗行为影响的研究，即关于医疗保障对于农村老年人就医行为影响的研究。关于此方面的研究，国外学者主要集中在医疗保险对于人们医疗行为的影响。大部分学者认为医疗保险在医疗保健支出方面是减轻家庭负担的一个强有力的保障。参加医疗保险的人会比不参加医疗保险的人医疗费用支出更低，并且使家庭医疗费用支出趋于合理。[1]同时也有学者认为，医疗保险能够刺激人们医疗服务需求的增加，但是对于不同经济水平的居民或者老年人来说其影响效果也不尽相同。[2]

相关学者主要从农村医疗保障的实施对农村老年群体医疗服务利用、医疗消费和医疗需求等角度出发来研究农村老年人的就医行为。如探究我国三种基本医疗保险对中老年人医疗服务利用的影响，探究其医疗服务利用上是否存在差异，并分析其变化趋势。[3]秦俊兴等在相关研究中则指出，农村医疗保障增进老年人医疗卫生服务利用率5%～20%不等，不仅显著促进了老年人在健康体检、两周患病采取措施、两周患病后就医方面的卫生服务利用，也显著降低了老年人应住院未住院的概率。并且城乡老年人本质上不存在卫生服务利用倾向的差异。[4]刘国恩等也认为医保制度对提高老年人就医程度、促进老年人及时就医率等方面具有重要作用。[5]杨清红从城乡比较方面做了分

---

[1] NGUYEN K T, KHUAT O T, MA S, et al. Impact of health insurance on health care treatment and cost in Vietnam: a health capability approach to financial protection[J]. Am J Public Health, 2012, 102(8): 1450-61.

[2] FINKEISTEIN A, MC KNIGHT R. What did Medicare do? The initial impact of Medicare on mortality and out of pocket medical spending[J]. J Public Economy, 2008, 92(7): 505-15.

[3] 李晨阳, 孙维帅, 章湖洋, 等. 我国三种基本医疗保险中老年人医疗服务利用比较及变化趋势研究[J]. 中国卫生经济, 2016, 35(7): 15-18.

[4] 秦俊兴, 胡宏伟. 医疗保险与老年人卫生服务利用的政策评估[J]. 广东财经大学学报, 2016(1): 105-112.

[5] 刘国恩, 蔡春光, 李林. 中国老年人医疗保障与医疗服务需求的实证分析[J]. 经济研究, 2011(3): 95-107.

析：医疗保障对老年人医疗服务需求利用的影响存在着明显的城乡差异，农村老年人中无法及时就医的比例占 9.6%，而城镇老年人无法及时就医的比例仅为 1.1%。并且在农村有医疗保障的农村老年人及时就医率比无保障的农村老年人的及时就医率高 18.5%。杨清红等[1]人则从医疗保障对老年群体消费支出的影响的视角进行分析，指出医疗保险能够增加老年人的医疗利用水平，影响老年人的消费行为，但是却显示出了一定的城乡差异，需要提升农村老年人的医疗保障水平，释放农村老年群体的医疗服务需求，提升其对医疗服务的利用程度。

在非制度因素对农村老年人医疗行为影响的研究方面，根据 Andersen 模型对于医疗服务利用行为影响因素的分类，一部分集中在考察人口学变量的影响上，如年龄、性别、教育程度、婚姻状况等；另一部分集中在农村老年人需求因素影响的考察上，包括感知需求和评估需求，如身体健康状况自评、生活习惯、慢性病状况等。这两部分基本不作为研究重点，不再做详细论述。大部分学者的研究多重点关注"使能因素"部分。如从家户人口规模、居住安排、社会支持、经济状况、交通成本、医疗服务价格来探究农村老年人医疗服务利用的影响因素，并指出这几个变量均对其有重要影响。也有学者从老年人就医时所面对的距离可及性、经济可及性以及基础医疗设施状况、医疗服务水平等方面来分析老年人医疗服务利用的可及性问题，并进行城乡比较。

对于这部分的研究，许多学者缺乏系统性的探讨，多是关于资源相关因素的罗列。例如在探究家庭支持对老年人医疗行为的影响时，存在着分析较为片面的现象，多集中于对经济支持因素的分析。但是家庭资源部分，无论是经济支持还是家人对于老年人的生活照料和精神慰藉等，在相关研究中都较少被提及，而这又是影响农村老年人就医行为的重要因素。另外，在研究中尽管相关影响因素均有涉及，但是缺乏条理性。例如对于家庭经济因素部分，往往以家庭年收入、家庭人均收入或家庭经济水平等作为变量进行统计分析，没有根据行为主体的居住状况将个人经济收入、子代经济支持等进行

---

[1] 杨清红，刘俊霞. 医疗保障与老年人医疗服务需求的实证分析[J]. 上海经济研究，2013(10)：64-74.

辨析，因为家庭的概念具有一定的模糊性，需要我们进行判别，而这对于我们分析农村老年人医疗资源获得方面具有重要的意义。

4.3.3 从代际支持视角来研究农村老年人养老就医

在中国传统社会中，大家庭是一种社会理想，"父母在不分家"是中国传统社会的基本规范。并且由于在农村地区土地成为家庭经济收入的唯一来源，而土地财产的所有权属于家庭中的父辈，所以长辈在家庭决策和日常生活中具有绝对的权威。为了家族香火的延续，父母有抚养子女、为子代娶妻生子的义务，而子女长大后具有孝敬父母的义务。这些家庭内部行为都是在强有力的社会规范和社会道德的约束之下进行的。并且由于父母在家庭中的权威地位以及社会道德的约束，代际关系趋于一种平衡状态，并且对老年人的赡养问题也不存在矛盾和风险。从中国古代至现在，农村老年人养老问题除了人民公社时期实行的集体保障之外，基本沿袭了传统的家庭养老的模式。在20世纪80年代以后，也开始出现了其他的多元的养老保障方式作为补充，但是家庭养老这一保障方式在农村养老过程中始终扮演着主导角色。根据学者宋健[①]的观点，农村现有的家庭养老保障方式仍然有其存在的客观基础，可以从经济和社会两个层面来看，从经济方面来看，农村的经济发展水平仍然较低，农业经济和自给自足自然经济形式的农村生产方式使农村老年人"活到老干到老"，另外，农村地区福利差、保障水平低，老年人的经济来源主要是子女支持。从社会层面来看，城乡二元结构造成了养老保障制度上的城乡差异，并且政府和社会尚未承担起对农村老年人养老的任务，家庭在提供生活照料和精神慰藉方面具有无法替代性。

作为农村老年人养老内容的重要部分，老年人的就医问题也应该被纳入这样的现实背景之中，即在农村地区，家庭养老模式在老年人养老过程中始终扮演着无法替代的角色，老年人的衣食住行依然离不开家庭各方面的支持。老年人生病时是否看医生，受到经济能力、照顾支持等方面因素的影响，很多学者也由此角度出发，将家庭因素作为一个整体因素来考察其对农村老年

---

① 宋健. 农村养老问题研究综述[J]. 人口研究杂志，2001, 25(11): 64-69.

人就医行为的影响。如从家庭人均收入、家庭负担率[①]、家庭规模、家庭消费性支出[②]等角度进行考察。本书认为，家庭作为老年人就医的重要影响因素是一个比较综合的概念，如果从较为宏观的角度进行研究，家庭作为一个分析单位是可取的。但是与此同时，对来自家庭的支持也可进行更为详细的分析，配偶、子女、其他亲属等都是来自家庭的重要支持者。在我国工业化和市场化不断推进的过程中，农村地区的家庭规模、家庭结构和家庭功能都发生了一定改变。家庭规模的小型化、家庭结构的核心化，以及农村劳动人口的外流，促使子女越来越独立于父母而存在。由于现代社会意识的影响，妇女地位上升，夫妻关系越来越成为家庭关系的主轴，子女在结婚以后和父母分家的现象日趋普遍，并且在城镇化和工业化进行中，青年一代与老年一代在居住距离上也在不断加大。所以有必要将子代和亲代分离开来进行分析。不同于将父母和成年子女共同放入一个"家庭"的范畴做整体性的分析，本书在对农村老年人的就医行为进行考察时，更倾向于从代际支持的视角进行研究，将子代的支持从整体中抽离出来，有针对性地研究其对农村老年人就医行为的影响。

4.3.4 关于代际支持对农村老年人就医行为影响研究

子代对亲代的代际支持是指子女为老年父母提供的经济支持、生活照顾、精神慰藉等方面的支持。在中国传统文化内，中国人的代际关系是子女必须要回报父母的养育之恩，赡养老年人是子女的责任，"父慈子孝"是中国传统社会倡导的一种美德，也是传统代际关系的一种道德约束。费孝通先生是我国最早提出代际关系的人，他将中国代际关系和西方的代际关系分别概括为"反馈模式"和"接力模式"，在西方文化中，则只强调亲代对子代的养育责任，但是却不强调子代长大后对亲代的赡养义务，与中国古代的"反哺"式的交换

[①] 姚兆余，陈雪玲，王翌秋.农村老年人医疗服务利用及影响因素分析——基于江苏地区的调查[J].中国农业大学学报（社会科学版），2014(2)：96-107.

[②] 赵杨，冯宇彤，陈琳，等.老年人群医疗服务利用公平性影响因素研究[J].中国卫生政策研究，2017，10(2)：74-80.

型的代际关系不同，这是一种自上而下的代际关系形式。[1] 近些年来，除了对代际关系和代际支持本身的研究成为学界的研究热点之外，代际关系和代际支持对农村老年人各方面产生影响的研究也不胜枚举，如养老、生活质量、生活满意度、幸福感、劳动参与、认知功能、精神健康、身体健康等。但是关于农村老年人就医行为代际支持方面的研究较少，尽管也有研究涉及，但是基本只是作为影响因素的一部分进行简略分析。

首先，在子女提供的非正式生活照料方面，在对农村老年人医疗费用支出的研究中，陈丽强等主要从非正式照料的角度来分析其对老年人医疗费用支出的影响[2]，将老年人的非正式照料来源分为配偶、子女、其他亲属三类，自变量处理为是否获得非正式照料，缺乏详细的分析和探究。学者龚秀全主要是从居住安排和社会支持角度对上海老年医疗服务利用进行研究，在研究中将"子女数量""是否与子女居住在一起"两个变量作为老年人获得非正式照料来源的一部分，子女与其他的可能照料人员如配偶、保姆等共同作为老年人医疗服务利用的重要支持者。[3] 学者朱斌等则通过数据分析发现，子女与父母的联系次数能够显著提高老年人的门诊服务使用率，子女对老年人非经济性的代际支持能够显著提高生病老年人及时就诊的发生率。[4]

在子女提供的经济支持方面，学者薄赢较集中地研究了代际之间在经济、非经济方面的交换对农村老年人的医疗消费的影响。研究发现来自子女的经济支持对老年人医疗消费的影响有限，对子女进行经济支持则对老年人医疗消费具有挤出作用，给予子女的非经济支持则增加了老年人患病率的负面影响。[5] 学者周律和孙茜等通过研究发现，由子代向亲代货币转移与农村老年人门诊服务利用的数量并不相关，但是净货币转移与农村老年人健康状况产生

---

[1] 费孝通. 家庭结构变动中的老年赡养问题——再论中国家庭结构的变动[J]. 北京大学学报（哲学社会科学版），1983(3): 6-15.
[2] 陈丽强，宁秀满. 非正式照料对老年人医疗费用支出的影响及政策建议[J]. 中国卫生政策研究，2016, 9(6): 56-61.
[3] 龚秀全. 居住安排与社会支持对老年人医疗服务利用的影响研究——以上海为例[J]. 南方经济，2016(1): 11-27.
[4] 朱斌，毛瑛. 代际支持、社会资本与医疗服务利用[J]. 社会保障研究，2017(3): 48-59.
[5] 薄赢. 代际支持对农村老年人医疗消费的影响——基于2011年CHARLS数据的分析[J]. 消费经济，2016, 32(5): 16-22.

的交互作用,对农村老年人门诊情况产生影响。所以只有老年人在有真正的就医需求的时候,子女提供的经济支持才对农村老年人就医行为产生一定的促进作用。[1] 学者朱斌等也有类似的发现,即子女提供的经济支持显著提高了老年人的门诊和住院费用。[2]

学者廖小利等则将农村老年人就医过程分为两个阶段来分别探究代际支持对老年人医疗服务利用的影响。研究发现,在第一阶段即农村老年人决定"是否就医"时,来自子女的经济支持、生活照料、精神慰藉三个方面的支持均对老年人就医产生正向的影响;但是在第二阶段,只有子女提供的经济支持对农村老年人的就医费用产生正向的影响,生活照料支持对老年人就医费用产生负向的影响,精神慰藉的支持则对农村老年人医疗支出未产生影响。[3]

通过相关的文献综述发现,在关于代际支持对农村老年人就医行为影响的研究中,学者多从代际支持的角度来进行考察,即从子女对父母的经济支持、生活照顾、精神慰藉三个方面来研究其对农村老年人就医行为的影响,但是对代际支持的其他潜在因素进行的研究则涉及较少,如子女性别上的差异、教育程度差异、子女经济收入上的差异等带来的影响,而这些因素作为潜在因素虽然不对农村老年人就医产生直接的作用,但是却从潜在的层面对农村老年人就医行为产生一定的影响。例如,子女的教育程度不仅可以反映子女的社会经济地位,也可以表现子女对于体检、门诊、住院等就医内容的认知程度,受教育程度较高的子女可能更能认识到体检对于老年人的重要性,会有较大可能促使老年人进行健康体检。子女经济收入状况则可以反映其对老年人就医的支持力,经济收入越高的子女,其对老年人就医提供经济支持的可能性则越大。所以本研究不仅从直接影响因素(子女对老年人提供的经济支持、非经济支持)来考察代际支持对农村老年人就医行为的影响,还从潜在因素的视角(子女性别、子女教育程度、子女经济收入)来考察其对农村老年人就医行为的影响。使从代际支持的视角出发对农村老年人就医行为影响的

---

[1] 周律,孙茜,孙韩钧,等.代际货币转移对中国农村老年人卫生服务利用的影响研究[J].人口与发展,2013(1):73-82.
[2] 朱斌,毛瑛.代际支持、社会资本与医疗服务利用[J].社会保障研究,2017(3):48-59.
[3] 廖小利,罗军飞,罗阳.代际支持对农村老年人医疗服务利用的影响研究——来自湖南的实证[J].人口与发展,2017(6):87-95.

考察更具综合性和全面性。

4.4 农村老年人就医的影响因素分析

4.4.1 研究设计与变量分布

在老年人就医影响因素的回归模型建构上,借鉴美国学者罗纳德·安德森于1968年创造的"安德森模型",利用该模型的"倾向特征""使能资源"和"需求因素"三个方面来构建老年人体检、门诊和住院的影响因素,作为模型的自变量。为了更好地分析代际对农村老年人就医支持的影响分析,研究中把"倾向特征"(年龄、性别、是否识字、婚否)、"需求因素"(健康状况得分、生活自理能力得分、健康状况评价)作为个体特征纳入分析模型,把社会保障制度、集体老年福利、个体经济状况和子女的支持等作为"使能资源"(具体变量:是否有养老保险、是否有医疗保险、政府和集体是否会支付体检费用、个人资金持有对数、男孩数量、女孩数量、孩子平均受教育年限、子女年平均收入、一周之内是否见到子女、去年子女经济物质支持对数)。用"两年内是否参与健康体检""上个月生病是否就医""去年需要住院是否住院"作为就医行为的因变量,来建构回归模型。具体变量定义如表4-5所示。

表4-5 变量的定义与描述

变量	变量的含义与赋值	均值	标准差
自变量			
个体倾向特征			
性别	女性=0;男性=1	0.53	0.50
老年人年龄段划分	低龄老年人=1;中龄老年人=2;高龄老年人=3	1.25	0.46
是否识字	否=0;是=1	0.63	0.48
婚否	否=0;是=1	0.66	0.48

第4章 农村老年人养老就医的家庭支持研究

续表

变量	变量的含义与赋值	均值	标准差
自变量			
个体倾向特征			
需求因素			
生活自理能力得分	PADL 和 IADL 得分之和，共 11 项指标，每项得分 1~4 分，得分越高自理能力越差	13.70	6.30
精神健康状况得分	CHARLS 调查利用抑郁量表设计 10 项指标之和，每项得分 1~4 分，得分越高精神健康越差	19.18	5.85
对自身健康评价	较差及以下=0；良好及以上=1	0.64	0.48
使能资源			
社会保险制度			
是否有医疗保险	否=0；是=1	0.91	0.29
是否有养老保险	否=0；是=1	0.83	0.37
集体老年福利			
政府和集体是否支付体检费用	否=0；是=1	0.20	0.40
自我养老能力			
个人资金持有对数	老年人与配偶的现金、存款金额总和取对数	6.73	2.20
子女代际支持			
男孩数量		1.91	1.17
女孩数量		1.74	1.27
孩子平均教育年限		7.31	3.21
子女去年平均年收入对数		10.69	2.18
是否在一周之内见到孩子	否=0；是=1	0.73	0.45

续表

变量	变量的含义与赋值	均值	标准差
自变量			
个体倾向特征			
子女给予经济物质支持对数	去年获得子女经济和物质支持金额总和取对数	7.03	2.82
因变量			
两年内是否进行过体检	否＝0；是＝1	0.44	0.50
上个月生病时是否看门诊	否＝0；是＝1	0.21	0.41
去年需住院时是否住院	否＝0；是＝1	0.17	0.37

4.4.2 农村老年人体检行为影响因素分析

基于以前学者的研究，对农村老年人的体检行为的回归模型依次将自变量和因变量纳入分析框架之中，建立二元 logistic 回归分析模型，结果如下（见表4－6）。

在农村老年人的体检影响因素中，从个体特征和需求的角度分析，农村老年人是否识字与其体检行为产生正向相关关系，识字的老年人的体检行为可能性是不识字老年人体检行为可能性的1.256倍。这说明农村老年人的认知因素作用于其体检行为，并且识字的老年人在获得体检行为的便捷性上要高于不识字的老年人。老年人身体健康状况自评越差，越有可能参加体检。在医养结合理念成为主流的养老观念时，健康保护的观念在农村老年人心中也是存在的，尤其是农村有一定文化程度的老年人更为主动地认识到这一点，而且老年自我健康感受也是促动他们进行体检的一个重要因素，老年人感觉自己身体出现问题时，也会进行体检。

在老年人进行体检的社会支持上，医疗保险制度有着正向的影响作用，影响更为明显的是政府或集体对农村老年人提供的免费体检福利。这说明从现实需求来看,农村老年人并不是没有体检需求,更多是受经济条件限制,不能进行定期付费体检。由此可见,现有农村老年人的体检行为受医疗保险制度影响,特别是政府或者社区提供的免费体检福利对农村老年人的体检行为影响很大,政府支持因素显著性较为明显。从代际支持的角度来说,男孩数量和女孩数量的多少对于农村老年人近两年内是否体检的影响并不显著。代际支持对农村老年人体检行为的影响主要集中在子女经济支持方面,包括子女年平均收入对数这一潜在的影响因素和子女对老年人的经济物质支持这一实质因素两个方面。特别是子女给予老年人经济物质支持对农村老年人是否体检的影响较大($p<0.01$)。由于农村经济水平较低,体检这种预防性医疗行为往往被很多老年人认为是浪费钱的行为,在经济条件有限的情况下,这一预防性医疗行为则经常被忽略。为农村老年人提供充足的经济保障,则促使其能够支付体检花费,对于收入较低的农村老年人来说,子女的经济支持则是十分重要的。所以子女给予的物质经济支持对农村老年人的体检行为产生积极的促进作用。

表4-6 农村老年人就医行为影响因素二元 logistic 回归分析

变量	模型一(体检) B	S.E	Exp(B)	模型二(门诊) B	S.E	Exp(B)	模型三(住院) B	S.E	Exp(B)
个体特征									
性别(以女性为参照)	-0.044	0.102	0.957	-0.111	0.114	0.895	0.434	0.401	1.544
老年人年龄段划分(以低龄为参照)									
中龄老年人	-0.187	0.139	0.83	-0.367**	0.155	0.693	-0.473	0.543	0.623
高龄老年人	-0.6	0.825	0.549	-0.164	1.1	0.848			

续表

变量	模型一(体检) B	S.E	Exp (B)	模型二(门诊) B	S.E	Exp (B)	模型三(住院) B	S.E	Exp (B)
个体特征									
是否识字(以否为参照)	0.196*	0.107	1.216	0.196	0.12	1.216	−0.012	0.394	0.988
婚否(以否为参照)	−0.045	0.108	0.956	−0.053	0.118	0.949	0.363	0.407	1.437
健康评价得分(以较差及以下为参照)	−0.226**	0.1	0.797	−0.542***	0.106	0.581	−0.809**	0.395	0.445
生活自理能力得分	0.003	0.009	1.003	−0.002	0.01	0.998	0.107***	0.036	1.113
精神健康状况得分	0.007	0.008	1.007	0.032***	0.009	1.033	0.02	0.028	1.021
社会保险制度									
是否有医疗保险(以否为参照)	0.331*	0.175	1.393	0.508**	0.208	1.662	−0.31	0.624	0.734
是否有养老保险(以否为参照)	0.061	0.121	1.063	−0.169	0.133	0.844	−0.394	0.441	0.674
老年养老福利									
政府和集体是否会支付体检费用(以否为参照)	4.095***	0.207	60.028						
自我养老能力									

续表

变量	模型一(体检)			模型二(门诊)			模型三(住院)		
	B	S.E	Exp(B)	B	S.E	Exp(B)	B	S.E	Exp(B)
个体特征									
个人资金持有对数	0.027	0.022	1.028	−0.073***	0.024	0.93	−0.057	0.092	0.944
子女代际支持									
男孩数量	0.051	0.045	1.053	−0.002	0.05	0.998	0.346*	0.184	1.413
女孩数量	0	0.039	1	0.075*	0.043	1.078	−0.009	0.166	0.991
孩子平均教育年限	0.025	0.015	1.025	0.009	0.017	1.01	0.02	0.059	1.02
子女去年平均年收入对数	0.042*	0.023	1.043	0.021	0.025	1.022	−0.046	0.081	0.955
是否能在一周之内见到孩子(以否为参照)	0.107	0.1	1.113	−0.071	0.111	0.931	−0.302	0.391	0.739
子女给予经济物质支持对数	0.056***	0.018	1.057	0.031	0.02	1.031	0.293***	0.106	1.34
常量	−2.673	0.427	0.069	−1.929	0.475	0.145	−4.467	1.654	0.011
伪决定系数	0.406			0.059			0.251		

* $p<0.1$,** $p<0.05$,*** $p<0.01$

在农村老年人的体检行为的社会支持和家庭支持比较中,模型表现出显著性,而老年人的自我经济状况并没有表现出显著作用。加之对农村老年人体检费用可能支付者的描述分析(见图4-1),我们可以看到,老年人体检费用支付者是自己和子女的比例之和仅为28.1%,而支付者为政府和单位或村集体以及其他的比例之和高达69.4%。可以说明，农村老年人在体检方面更多地享有政府、单位、村集体等提供的免费体检福利，自己出资进行体检的行为比例较低。通过数据，我们也发现在调查统计的4 223个样本中，近两年内参与过体检的老年人仅为1 864人，占比44.1%，而未参加过体检的老年人则占比55.9%。由此可以判定，农村地区的医疗建设水平仍旧需要进一步提高，在农村老年人支付水平有限的情况下，需要政府和集体加大投入，促进农村老年人的健康体检参与行为。

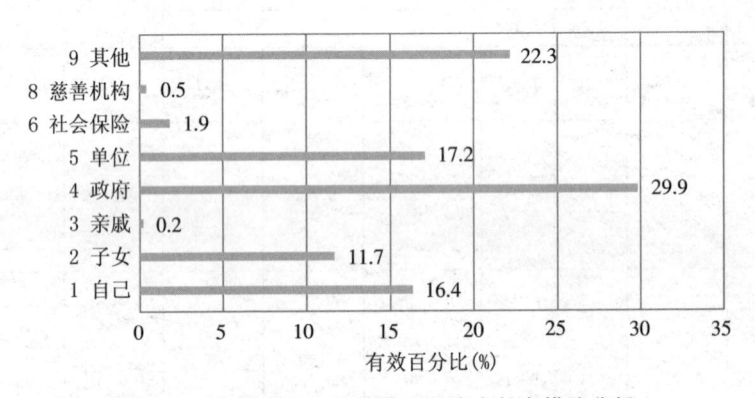

图4-1 农村老年人体检费用可能支付者描述分析

4.4.3 农村老年人门诊行为的影响因素分析

在农村老年人门诊行为的影响因素中，老年人对自身健康评价得分越高，其门诊行为越少；精神健康状况越差，其门诊行为相应较多。在年龄方面，中龄老年人相较于低龄老年人的门诊行为较少。从自我养老支持来分析，从门诊资源的可获得性上来看，低龄老年人要优于中龄老年人。医疗保险和老年人个人资金状况对老年人的门诊行为都有明显影响。由此可见，在门诊花费不大的情况下，农村老年人主要通过合作医疗和自身持有资金来支持其门诊就医，较少依赖子女。与体检方面不同的是，农村老年人的个人资金持有与门诊行为存在负向相关关系。可以进行的解释是，老年人资金持有较高代表着其劳动能力较高，因为在退休工资并不普遍的农村地区，老年人自己的资金来源往往依靠劳动获得，所以也反映了其身体健康状况较好，对门诊需

第4章 农村老年人养老就医的家庭支持研究

求较小,但是体检更多有免费福利,所以形成了两方面影响上的差异性。

通过表4-6的模型二研究发现,在子女支持方面,很多因素对农村老年人门诊情况影响并不显著,只有女孩数量对农村老年人生病看门诊的情况产生正向影响($p<0.1$)。这说明在对父母日常生活的照料中,女孩相较于男孩起到更多的作用。但是,代际支持对农村老年人是否去门诊就医的影响并不明显。一般情况下,看门诊往往是发生在疾病较轻的情况下,更多的是涉及看病、买药、日常照看等内容,在儿子(男性)大多外出务工的情况下,这种涉及日常生活的琐碎事务更多是由女儿来完成的。根据子女在老年人养老方面的性别分工研究,门诊花费数额较小,很多老年人在抱着不给子女添麻烦的心态下,在医疗保险能够报销的基础上,自费部分基本能够自行解决,所以门诊方面,子女的经济收入和支持等作用并不明显。

在农村老年人门诊模型二中,模型的拟合状况较差,表中因素对老年人门诊情况的解释力仅有5.9%。经过对农村老年人生病未看病的原因分析发现,老年人在生病的时候,是否就医很大一部分受思想观念的影响。在4 339位有慢性病和上个月生病的农村老年人中,上个月去看门诊的老年人仅有923位,占比21.3%,而未去就诊的老年人则占比78.7%,未就诊老年人占据相当高的比例(见图4-2)。生病而未就诊的老年人中有45.2%认为"生病不严重,没有必要就诊"。学者在相关研究中也发现,老年人多患病,且病情复杂,但老年人的感知需要和服务利用之间并没有必然联系,相较于病种而言,其自身定位和健康信念在寻求和利用医疗服务上具有更大的影响[1],由于在本研究中,并未涉及农村老年就医观念的探究,但是对生病是否进行门诊行为,老年人的就医观念往往发挥着十分重要的作用,由此导致了本模型的解释力较低。

---

[1] 黄文静. 社会学视角下老年人的医疗和照顾需要研究[J]. 中国全科医学, 2017, 20(7): 842-851.

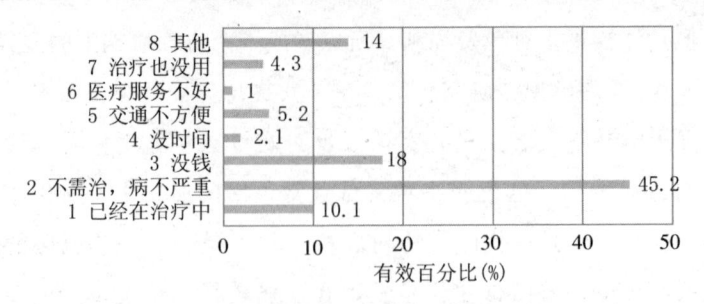

```
8 其他                    14
7 治疗也没用   4.3
6 医疗服务不好  1
5 交通不方便   5.2
4 没时间      2.1
3 没钱                          18
2 不需治,病不严重                              45.2
1 已经在治疗中         10.1
```

图4-2 农村老年人生病而未就诊原因描述分析

4.4.4 农村老年人住院行为的影响因素分析

通过表4-6的模型三研究发现：住院这一需要大量资金支持的医疗行为，其影响因素主要体现在需求因素和代际支持两个方面，而农村医疗保障制度并不能发挥作用。一方面老年人健康状况自我评价越差，生活自理能力越差的老年人，越有可能会有住院行为，这是从需求的角度来看。但是从代际支持方面，在需要住院的情况下，农村老年人对儿子的依赖性更高。男孩数量与老年人住院情况成正向相关关系（$p<0.1$）。另外，住院需要一定的自付比例，而其对于老年人自身经济状况来讲压力较大，需要来自子女经济物质方面的大力支持，因此子女经济支持与老年人住院正相关（$p<0.01$）。这与相关学者的研究相一致，即在农村老年人遇到重大疾病或意外事故时，儿子的支持作用才会显现出来，并且在代际支持性别分工方面，儿子的重要作用更多的是表现在经济支持方面，而女儿的重要作用则更多地表现在日常生活照顾和精神慰藉方面。与"是否有医疗保险"对老年人进行门诊产生显著性影响不同的是，"是否有医疗保险"对农村老年人住院的影响并不显著。这说明住院对于农村老年人来讲，即使医疗保险报销70%～90%住院费用，那10%～30%的自付比例，加上一些不能报销的医疗费用，对于老年人来讲也是自我经济状况所不能承受的。所以即使医疗保险能够报销住院行为产生的大部分费用，但是对于收入水平较低的农村老年人家庭来说，家庭经济支持是否能够承担剩余部分费用才是决定农村老年人是否住院的关键。这一现象与学者陈在余等人的研究发现相一致，即"新农合"对于降低农村老年人灾难性医疗支出并无显著影响，

其发生率主要取决于家庭人均收入水平以及自身的健康状况。[①]

4.5 研究结论与反思

4.5.1 农村老年人养老的社会医疗保障支持分析

随着年龄的增加、新陈代谢的减慢以及人体机能的老化，老年人健康和医疗问题在我国严峻的老龄化背景下需要引起高度的重视。然而在我国，老年医疗服务制度、理念、体系发展相对滞后，由于城乡之间、区域之间的医疗资源分布差距较大，我国农村地区的医疗资源相对匮乏，医疗人才队伍、医疗设施建设等重要资源多集中于经济较为发达的城市地区，再加上医药市场的一些医药价格过高，"看病难、看病贵"的问题也成为重要的民生问题之一。另外，针对农村医疗问题，国家推行了新型农村医疗合作政策，近些年来这一政策的覆盖范围逐步实现全民覆盖，为很多农村居民带去了实惠和利益。但是，这一政策也存在保障程度较低、报销程序烦琐、制度规定不断变化等问题。门诊报销与否与老年人有病是否去看关系很大。目前取消保险门诊，加大住院报销比例，其有利的一面是减轻大病致贫和大病致困等现象，但是其弊端是农村老年人有小病不去看，直到不得不去医院时才去看病。这在一定程度上加大了患病率和住院率。而且当身患重大疾病需要手术住院时，即使医疗保险能够报销一部分费用，但是面对不能报销（或是报销很低比例）的高昂进口医药，以及不能报销的住院费用等依然使很多老年人无力承担。对于很多农村家庭来说，"因病致贫""因病返贫"的现象依然存在。土地收入、社会养老保险所带来的收入对于支付老年人重大疾病所带来的医药消费来说杯水车薪，在个人自身收入、社会保障有限的情况下，农村老年人就医只能依赖于子女方面的支持。在看病和报销方面，由于去医院看病和医疗报销需

[①] 陈在余，李薇，江玉. 农村老年人灾难性医疗支出影响因素分析[J]. 华南农业大学学报（社会科学版），2017，16(1)：45-53.

要一系列的资料和程序，对于很多高龄且不识字的农村老年人的来说，这一过程相当麻烦和困难，不知该如何挂号、看病，报销成为很多老年人就医的阻碍，所以子女及家人的陪同和帮助必不可少。当农村老年人存在就医需求，外在保障有限、自身能力不足的情况下，子女就成为农村老年人的主要支持者。

通过对农村老年人体检、门诊和住院影响的回归分析，我们发现社会保障与家庭保障两个重要主体对农村老年人的养老就医行为产生影响。医疗社会保障在农村老年人们观念相对薄弱的疾病预防上投入较大，如免费体检和普通门诊，对老年人的体检行为和门诊都有着比较明显的影响，但是当农村老年人患大病需要住院时，这些因素的影响并没有显示出显著性。其原因并不在于国家的合作医疗公共财政对大病报销投入得少，而是即使小比例的住院自付，对于农村家庭老年人来讲，也是不小的负担。因此，老年人生大病能否住院治疗，更多地取决于家庭子女对老年人的经济支持。由此可见，农村社会养老在医疗保障方面存在着福利倒置的情况。即真正利用了合作医疗的农村老年人并不是最为弱势的农村老年人，而是农村中经济条件较好家庭的老年人。因为这部分老年人能够担负起医疗自付部分的医疗费用。因此，农村医保制度还有很大的可进步空间。地方政府、村委和相关部门应重点关注和帮扶的经济条件不好，或是无子女支持的老年家庭，在其生病时能够及时发现进行及时的帮扶，并在经济上多为这些老年人提供一定的补贴。对于全体农村老年人来说，应加快农村地区经济发展，提升老年人医疗保障水平，减轻老年人家庭就医经济负担，完善医药市场供给，使农村老年人能够做到有病可医、有病及时医、有病放心医。响应国家和社会不断提出的"健康养老""医养结合"等养老模式和养老理念，提升老年人健康水平和老年生活质量。

4.5.2 农村老年人养老医疗的家庭支持分析

在老年人医疗行为的家庭支持方面，在门诊方面，子女支持的影响并不显著，反而是在住院方面，来自子女的经济支持对此产生显著影响。这说明在老年人就医过程中，当医疗保险报销之后，老年人能够负担的情况下，来自子女的经济支持较少。一般门诊费用较低，在老年人自己能够承受的范围之内，所以子女经济支持的影响作用没有显现出来。但是当老年人需要住院且花费较高时，在老年人自身经济能力无力支付的情况下，则不得不依赖来自子女方面的经济支持。这进一步验证了林世勋和倪波的"子女经济支持填补理论"。

在代际支持上，子与女也存在差别。女儿数量与农村老年人门诊情况是正相关，儿子数量没有通过显著性检验。这说明女儿在老年人生病看门诊方面起到一定的积极作用，农村老年人看病对女儿的依赖性更高一些。但是儿子数量与农村老年人住院情况存在正相关关系，而女儿数量的显著性没有通过检验。说明农村老年人在产生重大疾病的状况下更加依赖儿子，儿子数量在农村老年人住院方面起到积极作用。女儿数量对生病的农村老年人是否去门诊有显著的影响，儿子数量则对生病老年人是否住院有显著的影响，说明在日常生活照顾与陪伴的过程中，女儿提供了更多的支持，但是在重大疾病方面，农村老年人更加依赖于儿子的支持。儿子仍然还是老年人主要的依靠对象，但是女儿的参与会增加农村老年人的获得性资源。这进一步验证了在农村老年人赡养中"儿子出钱、女儿出力"的子女性别分工模式，即儿子在经济方面的直接效应大于女儿，而女儿在生活照顾方面的直接效应大于儿子。[①]也同时说明子与女在老年人赡养功效和赡养内容上存在差异性，儿子经常是在父母发生重大疾病或者意外时才会对其养老有所重视，而女儿则会在日常的生活照料和精神慰藉方面为父母提供一定的支持。[②] 相对于传统的儿子养老而言，有女儿参与的分工方式会使老年人获得来自子女的更多的经济支持。

根据学者唐灿等对支撑儿子和女儿对老年人进行赡养的两套不同伦理压力系统的解读，我们可以对结果进行这样的分析，即儿子受"名分"和"责任"的伦理压力影响，多履行较为正式的责任和义务，例如在父母住院的时候，继承父母财产的儿子有提供较高医疗费用的义务，在农村地区，住院消费往往是一笔明明白白的账目，儿子们如何分摊和支持，多有记录和见证。但是

---

① 许琪.儿子养老还是女儿养老？基于家庭内部的比较分析[J].社会，2015(4)：199-219.
② 李俏，宋娜.农村子女养老中的性别差异：需求、功效与变动逻辑[J].社会保障研究，2017(6)：38-45.

在日常的生小病看门诊的情况下，零碎的支出和日常照顾多无法清晰计算。女儿承担的是"情分"和"良心"的压力，在赡养关系中责任和义务的规定，多以非正式和模糊的方式被建构。[①] 看门诊这种就医行为需要日常看望和琐碎的数额较低的部分经济支持，在农村老年人自身无法完全承担的状况下，这种带有非正式性和模糊性的支持形式大部分则由女儿来提供。

由此可见，中国传统家庭养老模式在慢慢发生着一系列的变迁，代际之间、子女之间的关系模式、责任分工都发生了很大的变化。根据合作群体理论在代际支持方面的应用，家庭内部老年人因为具有一定权威和家庭资源支配权利，成为家庭支持中心，子女以自身资源种类的差异性为基础，通过分工与合作满足老年人资源所需。在目前的农村地区，由于农业种植不再是家庭的唯一经济来源，土地也不再是财产继承的核心，成年子女越来越独立于父母而生活，老年人逐渐失去了资源分配者的角色。但是很多老年人就医过程中所需的经济支持和生活照顾仍旧来源于子女，并且儿子和女儿根据自身资源的情况，共同为老年人提供支持。说明传统的家庭观念以及相关的法律和道德舆论仍然对农村子女产生一定的约束力，只是在现代化影响和儿子养老支持力衰弱的背景下，将传统的"养儿防老"和现代的"男女平等"结合起来，以女儿养老支持力形成补充，共同完成家庭所需承担的养老责任。

[①] 唐灿，马春华，石金群.女儿赡养的伦理与公平——浙东农村家庭代际关系的性别考察[J].社会学研究，2009，24(6)：18-36，243.

第 5 章　新型城镇化背景下传统家庭养老模式的嬗变

子女养老功能究竟有着怎样的变迁和分工？本章通过对全国数据中的儿子与女儿在经济支持、生活照料和精神慰藉等方面作用的比较研究，发现传统的家庭养老已慢慢地由量变到质变。主要表现在老年人自养比例提升，女儿养老功能逐步增强，儿子养老功能下降。研究对进城和返乡的常住子代家庭养老模式进行了类型化的区分，并从多重社会结构失衡、儿子养老的结构性困境和市场工具理性对传统家庭价值理性的嵌入三个方面分析了传统家庭养老嬗变的社会机制。

5.1　传统家庭养老模式

家庭养老作为我国传统养老模式，多年来一直是社会学学者研究的一个主要议题。家庭养老从宽泛意义来讲，既包括老年家庭的自我养老、夫妻互助，也包括代际间子代对亲代的赡养。20世纪我国老年人自养的比例很低，家庭养老更多地体现为代际间的赡养。比较有影响力的是费孝通提出的中国家庭养老的"反哺模式"，并与西方的"接力模式"进行比较分析。在家庭养老传统中，子代大多是指儿子，很少指女儿。但是随着女性地位的提升，女儿养老也成为家庭养老的一个重要主题。儿子养老是与承祧、祭祀和财产继承为一体的。承祧通过"从父姓""从夫居"来延续家族、祭祀祖先，这是农民实现"延续香火"这一"宗教"性质的生命价值之所在。而儿子作为家庭"香火"的继承者，不仅仅有继承家庭财产的权利，也有赡养父母的义务。这样一种家庭制度，在以"家"为本位的中国乡土社会中，通过家庭权利机制、道德机制以及法律机制得以长期贯彻和执行。女儿在这种家庭制度中，其地位一直是被边缘化的。但实际上，从女儿生命情感记忆来讲，报答父母养育之恩的"娘家情节"以及"顾娘家"行为一直都是存在的。这一点在潘光旦的早年社会调查中得到验证。潘光旦在其关于家庭的问卷调查中发现，女性比男性更多地将赡养父母作为个人婚姻的目的。对女儿"娘家情节"，费孝通先生解释为"在从夫居社会中，女人在成年时加入到一个陌生的社会团体（指夫家）后的心理反应"。尽管如此，在传统的父权、夫权家庭权利结构中，女儿与娘家的联系，情感纽带所承载的"顾娘家"行为在家庭制度的束缚下依然有限。因此，整体来看，在相当长的时间里，我国农民一直都秉持着"养儿防老"的观念和实践。

5.2 儿子与女儿在家庭养老中的地位嬗变

20世纪90年代以后，随着市场经济体制的确立，农民工群体不断扩大，农村家庭结构发生了巨大的变化。家庭成员的职业身份、收入结构、居住方式、养老观念以及代际关系都发生了变化，家庭养老功能弱化。因此，家庭养老研究更多地体现为社会结构和家庭结构变迁背景下家庭代际关系变迁和养老功能分析。由于亲子关系作为家庭养老行动的结构性条件，考察家庭代际关系成为这一时期研究的主要关注点。围绕家庭代际关系，有学者认为传统反哺模式依循着一种交换原则，也有学者认为其具有反哺模式与交换模式并存的特征。与此同时，受传统观念的影响，在考察农村地区的代际关系或代际支持问题时，更多是将儿子作为老年人生活的主要支持者，往往忽略了女儿在老年人赡养与帮扶中的作用。但是在现代化过程中，随着家庭结构的核心化、农村青年劳动力外流以及养老观念的变迁，依赖儿子赡养的农村家庭养老制度面临困境，儿子的工具性意义在减弱。由于妇女外出打工比例低于男性，地理上的优势以及妇女家庭地位、经济条件的提升，使得女儿的工具性意义不断上升。与儿子养老相比较，有研究认为女儿养老是出于父母对

第5章 新型城镇化背景下传统家庭养老模式的嬗变

自己的抚养,更多注重代际间的延期交换,赡养的逻辑是情感,女儿养老则没有回报,是通过"顾娘家"的自愿行为,是非正式的且没有名分,是在温饱基础上给父母提供物质资源和精神赡养。尽管近年来家庭养老,尤其是代际支持研究是社会学研究的一个热点,但是除了一些女儿养老的定性研究和区域性调查研究之外,很少有对子与女在家庭养老的功能进行全国范围的定量比较研究。那么女儿在家庭养老中究竟发挥了怎样的功能?我国传统的家庭养老内涵是否发生了变化?

有学者通过个案访谈和问卷调查数据分析,发现新时期女儿在家庭养老中的作用增强,并对女儿养老与儿子养老的异同进行了比较分析。从供养时间来看,儿子养老是从父母失去劳动能力以后;女儿养老是从自己成家以后。[①] 从供养方式来看,儿子养老是按照习俗传统的正式养老,或轮养或提供口粮和看病就医等,是有名份的;女儿养老是通过"顾娘家"的自愿行为,是非正式的且没有名分。从供养水平来看,儿子提供给老年人的保障是解决基本的温饱;而女儿养老是在此基础上提供给父母物质资源和精神赡养。[②] 从供养伦理来看,儿子养老会考虑老年人在儿子成年之后对其的付出,具有较强的交换理性,功利性较强;女儿养老主要是出于父母对自己的抚养,更多注重代际间的延期交换,赡养的逻辑是情感,女儿养老则没有回报。[③]

总体来看,学者对子女养老的研究大多基于某一地的数据调查和个案分析,对于全国范围内是怎样的一个情况缺少总体性的调查数据分析;同时,对于家庭养老中子女性别作用比较缺少具体全面的数据测量,多基于定性和区域经验分析;此外,对如何看待家庭养老中的女儿角色和功能增强这一社会事实的研究也较为缺乏,因此,本书主要在前人研究的基础对上述问题进行研究,建构新时期农村女儿养老的现实图景,并分析其形成的社会机制,以及对传统家庭养老制度的影响。

[①] 高华. 刍议当前农村家庭养老中的新性别差异——对晋东S村的实地调查[J]. 人口与发展, 2012(2): 72-81.

[②] 唐灿,马春华,石金群. 女儿赡养的伦理与公平——浙东农村家庭代际关系的性别考察[J]. 社会学研究, 2009, 24(6): 18-36, 243.

[③] 章洎. 农村多子女家庭养老代际交换的性别差异——基于湖北省钟祥市L村一个典型案例[J]. 社会科学论坛, 2014(3): 236-240.

5.2.1 在养老经济支持上的比较

从描述统计来看，女儿每年给老年人的经济支持高于儿子，女儿每年对父母经济支持的平均值为 4 561 元，儿子则为 3 567 元。从最大值来看，女儿对父母的最大经济支持是 72 000 元，儿子最大经济支持的 58 000 元。从不给予父母经济支持情况来看，30.2%的儿子在父母 60 岁以后没有给父母任何经济支持，而女儿的这一比例仅为 19.1%，二者相差 10.1 个百分点。女儿与儿子对父母经济支持的具体情况如表 5-1 所示，从表中我们看到，不给父母经济支持和每年经济支持在 10 000 元以上的儿子比例都高于女儿，而提供经济支持在 4 000 以下时女儿比例高于儿子。在家庭养老的经济支持上，女儿更为普遍，其支持大多是用于日常生活开销，不是重大开支。

表 5-1 子女每年养老经济支持不同分组所占比例比较表

身份	经济支持分组							单位(元)
	0	1~2 000	2 001~4 000	4 001~6 000	6 001~8 000	8 001~10 000	10 000 以上	合计
儿子	30.2%	51.7%	9.3%	4.6%	1.2%	0.9%	2.1%	100%
女儿	19.1%	65.3%	9.8%	3.2%	0.8%	0.5%	1.2%	100%
子代	27%	55.6%	9.5%	4.2%	1.1%	0.8%	1.9%	100%

为了验证是否在老年人随着年龄增长逐步失去劳动能力时，儿子起着比女儿更为重要的作用，研究把老年人按年龄进行了分组，而后比较子女在经济支持上的不同。从子女对不同年龄段老年人养老经济支持的性别比较(表 5-2)中可以看出，随着老年人年龄的增加，子女赡养老年人的经济支持结构并没有变化。即使是 1938 年以前出生的老年人，依然有 26%的儿子不给老年人任何经济支持。但是能够从数据看出，老年人年龄越大，给予老年人经济支持的子女比例数越大。同时，通过老年人年龄与子女经济支持的相关性分析(相关系数是 0.053**，双侧 sig 值 0.007)也发现：老年人年龄越大，子女对其经济支持也越大。

第 5 章 新型城镇化背景下传统家庭养老模式的嬗变

表 5-2 子女对不同年龄段老年人养老经济支持在不同分组中所占比例比较表

老年人出生年份	子女身份	每年经济支持分组						单位(元)
		0	1~2 000	2 001~4 000	4 001~6 000	6 001~8 000	8 001~10 000	10 000 以上	合计
1938年以前	儿子	26.0%	62.1%	7.7%	2.0%	0.5%	0.7%	1.0%	100.0%
	女儿	18.6%	70.5%	8.5%	1.6%	0.0%	0.0%	0.8%	100.0%
	子代	24.2%	64.2%	7.9%	1.9%	0.4%	0.6%	0.9%	100.0%
1939—1948年	儿子	29.2%	55.9%	8.6%	3.8%	0.6%	0.5%	1.5%	100.0%
	女儿	17.5%	68.8%	8.4%	3.4%	0.4%	0.8%	0.8%	100.0%
	子代	25.8%	59.6%	8.5%	3.7%	0.5%	0.5%	1.3%	100.0%
1949—1956年	儿子	33.2%	42.9%	10.7%	6.5%	2.1%	1.2%	3.2%	100.0%
	女儿	20.5%	60.9%	11.4%	3.4%	1.4%	0.8%	1.7%	100.0%
	子代	29.3%	48.5%	10.9%	5.6%	1.9%	1.0%	2.8%	100.0%

在初步描述性分析的基础上，为了验证农村家庭养老在经济支持方面是否具有性别差异，研究将子女性别与为老年人提供的经济支持进行 t 检验：具体结果见表 5-3。

表 5-3 子女性别与对不同年龄段老年人养老经济支持的 t 检验

		F	Sig.	t	df	Sig.(双侧)	差分的95%置信区间	
							下限	上限
1938年以前出生的老年人	假设方差相等	0.341	0.560	-0.071	531	0.944	-0.592.357 06	551.119 63
	假设方差不相等			-0.050	145.521	0.960	-0.838.214 09	796.976 66
1939—1948年出生的老年人	假设方差相等	3.017	0.083	-0.420	923	0.675	-261.381 77	403.510 20
	假设方差不相等			-0.485	674.315	0.628	-216.767 25	358.895 67
1949—1956年出生的老年人	假设方差相等	15.335	0.000	2.187	1 160	0.029	58.430 80	1 076.651 71
	假设方差不相等			2.557	1 019.588	0.011	132.015 92	1 003.066 58
全部老年人	假设方差相等	1.122	0.291	-0.796	184	0.427	-902.237 64	383.493 80
	假设方差不相等			-0.674	86.160	0.502	-1 024.392 49	505.648 64

总体来看，子女性别与老年人养老经济支持的 t 检验结果显示，儿子与女儿对老年人经济支持的方差齐性，其显著性 sig 值为 0.291，大于 0.05。故观察 t 检验的双侧 sig 值应为 0.427，大于 0.05，即在 0.05 的显著性水平之上，表示性别不能够显著体现对父母经济支持的差异。该结果表明，儿子与女儿对于父母的经济支持情况已无明显差异。这与大多数学者提出的农村养老依然是"儿子为主，女儿为辅"的结论不同，表明女儿对老年人的经济赡养参与增强。

从子女性别与对不同年龄段老年人养老经济支持的 t 检验结果来看，双侧 sig 值分别为 0.944，0.675，0.011，这说明儿子和女儿对 1938 年前出生和 1939—1948 年出生老年人的经济支持并没有明显差异，而对 1949—1956 年出生父母的经济支持上，儿子与女儿对老年人的经济支持是有差异的，其显著性 Sig.（双侧）为 0.011＜0.05，均值差值为 567.541 25（元）。这说明儿子对老年人的经济支持高于女儿，并且具有显著性。这与学者提出的"儿子大多在老年人失去能力时才提供经济支持，而女儿是出嫁成家以后就开始的"经验研究不同。为什么儿女对 1949—1956 年出生父母的经济支持上有明显差异，且儿子平均比女儿多 567 元？由于这一年龄段父母的子女很可能未成家，工作又未成家的子女很可能由父母为其保管财产，这可能是导致儿子对这一年龄段父母经济支持力度明显比女儿多的原因。初步统计了一下，这一年龄段父母的子女中，儿女婚姻状况存在明显差异[Sig.（双侧）为 0.003＜0.05]，儿子有 9.5% 处于未婚状态，女儿处于未婚状态时比例为 6.6%，分居离异和丧偶的儿子比例为 4.3%，女儿处于这一状态时比例为 3.7%。儿子的在婚状态比例为 86%，女儿处于这一状态的比例为 89.4%。这也就是说，未成家的儿子比例明显高于女儿。儿子挣钱给了父母，并不一定是给父母用来养老的，很可能是由父母为自己攒的成家钱。即使孩子告诉父母可以用，但是在中国孩子没成家，是许多父母最大的心事，大部分父母是不会动用这些钱的。尤其是在农村大龄男性在婚姻市场中处于劣势的情况下，父母更加不会动用儿子挣的成家钱。

5.2.2 在生活照料上的比较

在生活照料方面，肯定自己过去一年在日常活动（或其他活动）方面给父母或配偶的父母提供帮助，如家务劳动、做饭、洗衣、外出、购物和财务管理等的，共有703人。其中男性占36.8%，女性占63.2%。在照料自己父母的过程中，儿子照料父母所花费时间多于女儿。从表5-4中我们可以看到，儿子给母亲的生活照料时间均值最高，每年约986小时，其次是女儿给母亲提供的生活照料时间，每年均值约750小时。儿子对父亲的照料时间远远超过女儿对父亲的照料时间。由此可见，农村养老在生活照料方面，仍然是儿子养老占优势。

表5-4 对父母生活照料时间的性别差异

父母	儿子		女儿	
	均值	标准差	均值	标准差
父亲（周/年）	29.290 9	21.419 08	18.101 1	21.204 89
父亲（小时/周）	22.325 7	36.097 18	17.573 1	30.327 41
父亲（小时/年）	714.651 4	1 460.839 21	328.704 3	949.494 14
母亲（周/年）	30.409 3	21.185 28	36.244 7	306.395 81
母亲（小时/周）	32.623 0	46.547 11	23.362 6	51.139 40
母亲（小时/年）	985.680 6	1818.273 10	750.215 7	6 483.310 26

儿子和女儿对父母提供生活照料的时间是否具有明显差异呢？本书进行了子女对父母提供生活照料时间差异t检验结果（见表5-5）。从检验中我们看到，对于父亲的生活照料，儿子与女儿存在着明显差异，Sig.（双侧）值为0.014，明显小于0.05，具有统计学意义。因此我们可以说在照顾父亲方面，儿子提供的生活照料要明显多于女儿。但是对于母亲的生活照料，儿子与女儿差异不显著，Sig.（双侧）值为0.625，明显大于0.05，没有统计学意义。因此我们可以说在照顾母亲方面，儿子与女儿提供的生活照料没有明显差异。

表 5-5　子女对父母提供生活照料时间差异 t 检验表

		F	Sig.	t	df	Sig.（双侧）	差分的 95% 置信区间 下限	差分的 95% 置信区间 上限
父亲	假设方差相等	10.618	0.001	2.756	295	0.006	110.378 00	661.516 25
	假设方差不相等			2.472	161.780	0.014	77.648 69	694.245 55
母亲	假设方差相等	0.022	0.882	0.489	482	0.625	−709.934 44	1 180.864 30
	假设方差不相等			0.587	358.690	0.557	−553.060 41	1 023.990 27

5.2.3　在精神慰藉上的比较

在精神慰藉方面，人们一般认为"女儿是父母的小棉袄"。传统孝文化中也有"父母在，不远游"的古训。到了现代社会，一首《常回家看看》唱红大江南北也表明子女经常看望老年人对老年人有着很大的精神慰藉作用。即使在法律上，也规定子女要定期看望父母。因此，本书以多长时间去看望一次父母来测量子女在精神慰藉上的养老作用。在备项中，由看望频率的高低分别设置了 10 个选项（①差不多每天，②每周 2-3 天，③每周一次，④每半个月一次，⑤每月一次，⑥每三个月一次，⑦半年一次，⑧每年一次，⑨几乎从来没有，⑩其他）。比较子女看望老年人的频率，能够清楚看出子女在看望老年人方面存在明显差异，女儿的频率明显高于儿子。具体见表 5-6。

表 5-6　子女对父母提供精神慰藉的差异

精神慰藉对象	儿子 均值	儿子 标准差	儿子 频数	女儿 均值	女儿 标准差	女儿 频数
父亲	2.47	2.450	187	4.97	2.342	354
母亲	2.65	2.480	504	4.98	2.433	804

关于这种差距是否具有统计意义，本书做了子女对父母亲见面频率的差异的 t 检验。从表 5-7 中我们看到，女儿和儿子在于父母见面频率上存在明显差异。在经济支持和生活照料上方面，儿子和女儿对父母的养老并没有这样明显差异。为什么在慰藉方面，儿子和女儿有这么大的差异呢？这与农村

的婚嫁风俗有着明显的关系。一般来讲,我国农村目前的婚嫁风俗依然是儿子娶媳妇到本村或本地,而女儿都是外嫁到外村或是外地。尤其是随着人口流动的加快,女儿外嫁的距离越来越远,这对女儿看望父母的频率有着很大的影响。父母与儿子和女儿居住方面存在明显差异,因此子女性别与和父母见面频率之间存在着明显差异。

表 5-7 子女与父母亲见面频率的差异的 t 检验

		F	Sig.	t	df	Sig.（双侧）	差分的95%置信区间 下限	差分的95%置信区间 上限
父亲	假设方差相等	0.320	0.572	-11.636	539	0.000	-2.926	-2.081
	假设方差不相等			-11.476	364.221	0.000	-2.933	-2.075
母亲	假设方差相等	1.657	0.198	-16.727	1 306	0.000	-2.602	-2.056
	假设方差不相等			-16.654	1 053.129	0.000	-2.604	-2.055

5.3 女儿养老社会事实形成的社会机制

从实证分析中我们看到,在中国,女儿已经承担了和儿子同样的养老责任,在中国传承了上千年的传统家庭制度以及儿子养老的社会传统为何在21世纪出现了这样的转变?其内在的社会机制是什么?

对此,很多学者研究提出家庭现代化的变迁为女儿赡养父母提供了条件。如农村家庭权利结构变化,代际平等,夫妻平权,妇女在家庭中地位提升,掌握家庭经济权利等都为女儿承担父母养老提供保证。同时,从内在动力来讲,女儿的"娘家情节"作为内在动力驱使女儿完成"顾娘家"的赡养行为。因此,认为"女儿赡养就是农民利用家庭的'现代'资源补充传统体制缺失的生动例证"[1]。为此,有些学者大力赞扬和支持女儿养老,并提出促进农村女儿养

---

[1] 唐灿,马春华,石金群.女儿赡养的伦理与公平——浙东农村家庭代际关系的性别考察[J].社会学研究,2009,24(6):18-36,243.

老的建议。① 家庭内部结构变迁对女儿养老社会事实形成提供了前提和基础，但是我们是否就能够认为它是促成女儿赡养行为的社会机制呢？"娘家情节"是在传统社会中女性在包办婚姻中从夫居，使其"加入到一个陌生的社会团体（指夫家）后的心理反应"。但是在现代社会，男女自由恋爱，婚后二人小家庭有自由的生活空间。"加入到陌生团体中的心理反应"还会有多大？追求平等、自由和权利的现代女性为什么会既接受承担赡养父母的责任，又放弃继承财产的权利？究竟是什么促使女儿接受赡养父母的责任并且践行之呢？

5.3.1 多重社会结构失衡

中国传统的家庭养老是与家庭制度密不可分的，是父权制家族继替和代际反哺内在结构的一种平衡。但是，在我国社会双重转型的过程中，城乡结构、性别结构、代际结构等不平衡越来越突出。城镇化吸引越来越多的农村年轻人到城市打工、就业和生活，这样使农村年轻一代与老一代分居模式越来越普遍，代际城乡分居对传统家庭养老带来挑战。计划生育政策和长期以来的男性偏好使农村性别比例失衡，农村婚姻市场中女性要求越来越高，娶媳妇的标配是楼房和现代家居、电器等，使父母一代财富积累很早就转移到了下一代小家庭。父母作为养老交换的财产继承失去基础。现代科技的快速发展，使财富积累越来越有利于年轻一代，年龄已不再是财富积累的优势条件，亲代在家庭中的经济地位和权威也在这一社会转型中遭遇结构性危机。亲代在家庭中的权利、地位以及财富积累下降都使传统家庭养老失去结构性的支撑。因此，传统的家庭养老尤其是儿子养老在中国现代社会转型过程中，遭遇了多重社会结构的挤压，儿子养老的家庭结构逐步被解构。

5.3.2 儿子养老的结构性困境

在现代化过程中，随着家庭结构的核心化、农村青年劳动力外流以及养老观念的变迁，依赖儿子赡养的农村家庭养老制度面临困境，儿子的工具性

---

① 杨国才，杨金东. 社会性别视角下女儿养老研究[J]. 云南民族大学学报（哲学社会科学版），2013(1)：55-62.

意义在减弱。与儿子养老相比，女儿由于在小家庭中的地位提升，出于父母对自己的抚养，基于情感逻辑，通过"顾娘家"的自愿行为回报父母。早期大多是非正式的，且没有名分，是在温饱基础上给父母提供物质资源和精神赡养。但在儿子养老遇到现实挑战的情况下，女儿养老通过事实建构、攀比、面子等机制逐步建立起来。

儿子养老除了前述的多重社会结构困境外，最为突出的是计划生育政策带来的农村无儿户（仅有女儿）家庭的增多。在传统家庭养老制度下，这样的家庭要实践女儿养老是必须通过女婿入赘到娘家来实现的，这样女儿养老才能成为一种正式的、被社会承认的家庭养老。而没有入赘女婿的这种家庭，其养老在计划经济体制下是通过五保户集体养老获得保证的。但是，计划生育政策带来的农村无儿户增加，以及农村集体经济涣散导致五保户体制几乎失效。因此，在村域社会中，最先全部承担起养老责任的女儿是这种无儿户（仅有女儿）家庭的女儿。他们的小家庭虽没有入赘到娘家，但是却在日常生活、逢年过节，以及父母生病等需要子女照护时，全权承担养老责任。在传统观念中，这种家庭被村民称为"绝户"，即没有了传宗接代的香火，有着很强的歧视意义。但是，当这样家庭的女儿养老实践比儿子养老还要细腻、周到和反哺效果好时，就改变了人们对女儿养老的传统认知，而且逐步在村域内建构了一种观念，即便是嫁到外村，一样也可以尽为父母养老的责任。这就在村域内建构了一种女儿养老的观念，这种观念不再是"顾娘家"的一种情感回报，而是养老家庭责任的一种承担，是由非正式向正式的转变。这样的社会事实通过村域内社会舆论的建构、宣传，女儿对父母的养老支持，尤其是经济支持在村里给爸妈争面子、长脸，进而形成熟人邻里间的攀比，在一定程度上对村域中的外嫁女儿带来无形的养老压力。所以，农村家庭的女儿养老由原来的生活照料和情感慰藉功能也逐步转变成在经济上对父母的养老支持。从前面的数据统计中我们可以看到，女儿养老在经济支持上已与儿子无异。这无疑表明女儿养老不再仅仅是情感上的一种回报，也越来越成为一种家庭的责任。

5.3.3 市场经济工具理性

随着农村市场经济的发展，农村家庭经济分化明显，农村婚嫁成本高，一些农村父母在完成儿子定亲成家的大事后，几乎没有什么财产了。在这种情况下，赡养父母所能继承的家产没有了，养老似乎就成为一种"负担"。且子代与亲代分居单过，助长了这种观念。因此，在农村，老年人只要能劳动，基本都通过自我劳动、农业耕作等方式维持自养。儿子养老是解决老年人生活不能自理或是生病等特殊情况下的一种义务与责任。女儿养老的实践，是在市场经济条件下，家庭网络完善家庭养老工具理性功能的策略性选择。在农村家庭养老的调查中，我们能够深刻地感受到，在儿子养老失去所谓的财产继承情况下，父母的养老责任的承担更多是在子女小家庭间相互协商的结果。在协商过程中，子女如何分担养老责任，既不完全受现代法律、传统家庭制度、村规民俗等规范性的约束，也不完全受子女家庭养老实践的累积性责任影响。而是子女间形成以父母血缘关系为纽带的核心小家庭网络，在传统家庭养老失去保障和社会化养老制度缺失的背景下，一种互助协商的结果。在这样的家庭网络中，小家庭间经济条件、互动关系、养老认同等共同作用于家庭网络内部养老责任承担。这种家庭网络既涵盖了按照父系继嗣形成的子代群体，也容纳了由婚配构成的姻亲群体，是以一种关系模式复制了传统大家庭的养老功能。

5.4 传统家庭养老模式的演变

家庭是老年人赖以生活的地方，家庭养老在几千年的历史长河中更是形成了一种我国特有的养老文化。农村的少子化，使得这种养老模式的人力资本缺失，代际支持基础薄弱，尤其是当亲代生病需要照料时，子女数量减少和新型城镇化影响所带来的问题就更为凸显。新生代农民工即使将亲代接到身边照顾，但繁忙的工作和职场竞争压力，也让子代对亲代的照料力度大大缩减；而亲代出于对子代的理解，或是出于理性小农的家庭生计考虑，也会

第5章 新型城镇化背景下传统家庭养老模式的嬗变

通过半工半农的家庭分工模式来促进家庭利益最大化。由于我国农村地域广阔，经济社会发展不平衡，受传统家庭养老文化的影响也不尽相同，因此，在农村家庭养老模式的建构上，应从各地农村实际出发，结合具体情况，建构适宜本地的家庭养老模式。

在重塑家庭养老模式的过程中，课题组重点考虑了两个重要维度，一是农村场域的发展变迁，即向城镇化和本地乡村现代化两个方向发展。在西部偏远农村，外出人口较多，且其留城意愿强烈，那里的农村空心化倾向明显，农村公共基础设施缺失，农村会呈现衰败迹象；而东部沿海农村，由于区域性经济发展较好，农村发展得到了城市资源的反馈，在新型城镇化和乡村振兴趋势下，农村吸引了大量的回乡青年，产业经济社会发展比较平衡，乡村集体经济支持下的老年本地福利水平较高。二是家庭代际关系维度。代际关系如何对家庭养老有着重要的影响，研究将代际关系分为紧密型和松散型，不同家庭代际关系在不同乡村场域下，自发形成了不同的家庭养老模式（见图5-1）。

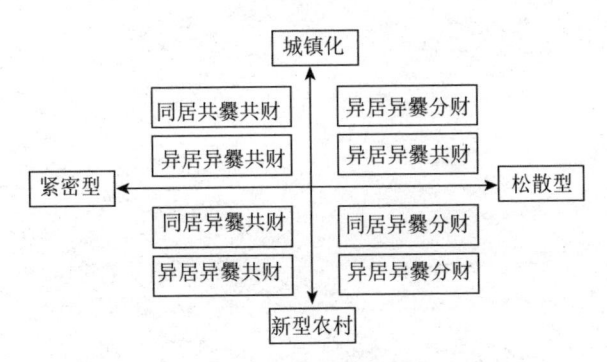

图5-1 新型城镇化背景下家庭养老模式图

家庭代际间养老模式从居住、就餐和家庭财富三个主要方面进行了模式分析。在传统村庄时期，代际间的家庭养老从居住来看，代际间居住主要是在同村，但由于受住房和经济条件限制，大多是代际间共同居住，但由于代际间关系不同，在就餐和经济上代际间表现是不同的，紧密型的代际关系表现为同爨共财，而松散型代际关系家庭虽然同院居住，但会表现为异爨异财。在传统村庄变迁过程中，西部偏远农村的年轻人外出打工，尤其是在城市常住，使代际间养老模式出现变化，紧密型的代际关系开始时会表现为异居异爨共财。但随着两代人共同努力，子代在城市站稳脚跟，亲代也会迁居城市，照看孙辈，以作为养老代际交换，因此，继续表现为同居共爨共财。而松散型的代际关系在城镇化的过程中，也会一开始表现为异居异爨共财，但是松散型代际关系家庭模式的共财更多体现为亲代向子代单向输出，而当子代在城市立稳脚跟后，代际间模式表现为异居异爨分财。在乡村振兴背景下，东部发达地区的农村，年轻人返乡创业的逐步增多，代际间同乡分居模式比例提升，但松散型和紧密型家庭代际关系在就餐和家庭财富类型上表现不同，分别为异爨分财和共爨共财。代际间家庭养老模式更多是各地根据家庭内部的关系和外部环境（如城镇化政策）自发做出的一种决策。它既是代际关系建构的结果，也在重建着家庭代际关系，是我国在城镇化背景下家庭养老模式的创新。

第6章　农村社会养老保障政策与老年人生活满意度分析

如何解决好农村地区"老有所养、病有所医、老有所乐"问题，让所有老年人共享改革和发展的红利，是社会主义制度优越性的体现。在人口快速老龄化的背景下，我国农村地区养老资源尤其短缺，养老资源是否得到有效利用，主观福利效应成为一个重要指标。它不仅在很大程度上决定了社会养老保障的可持续性，对提高农村整体福利水平也具有重要意义。因此，本章比较不同养老保障项目的主观福利效应强弱，以及在不同地区间的差异性，为最大限度地发挥养老资源作用，制定更精准的农村养老保障政策提供建议。

对农村社会养老保障的考察不仅包含制度性的社会保险项目，如农村居民养老保险制度、新型农村医疗保险制度等，也包括农村社会基本养老服务项目。在我国社会保险制度建构的过程中，农村居民由于土地承包为依托的传统家庭保障在社会转型过程中占据主导地位，因此社会养老保险、社会医疗保险制度发展晚于城镇职工社会保险制度。但是，在人口老龄化日趋严重的现实背景下，如何为农村老年人提供社会化的养老服务这一现实问题成为不同地区急需解决的现实问题。因此，本章使用宽泛意义养老保障概念将政府提供的基本养老保障进行政策梳理，进而比较不同农村地区老年人的福利获得差异，以呈现我国农村地区老年人的养老保障现状。

6.1 农村社会养老保障政策

6.1.1 农村居民养老保险制度

在我国城市地区开展社会养老保险制度改革的同时，为了更好地保障广大农村居民的老年生活，我国政府多年来也在不断完善农村养老保险制度。农村养老保险制度发展历程主要分为三个阶段，即老农村养老保险制度阶段、新型农村养老保险制度阶段和城乡居民基本养老保险制度阶段。

从1987年到1999年是老农村养老保险制度阶段。1987年，民政部在经济较发达的农村地区开展了养老保险试点工作，实行以农民单方面缴费为主的县级农村社会养老保险制度。1992年，民政部出台了我国历史上第一个农村社会养老保险方案。然而由于"老农保"制度在福利性、互济性方面的不足，加之保障功能有限，1999年，国务院叫停"老农保"制度。此后十年，农村养老保险制度处于空白阶段。

2009年到2014年是新型农村养老保险制度实施阶段。2009年9月，国务院发布《国务院关于开展新型农村社会养老保险试点的指导意见》，我国开始实行新农保政策，费用由国家、集体和个人分摊，体现了社会保险的普惠性、社会性，较之"老农保"更具有互济性和福利性，体现了政府的主体性。"新农保"开始在缴费档次选择上，设置100~3 000元的缴费档次，缴费越多，政府补贴越多，激励农民积极参保。有些地区在推进过程中，把居民参保与家里老年人享有基础养老金相关联，大大推进制度覆盖面。但是，制度推进过程中也出现了一些问题。由于农民收入相对较低，大多数农民选择了最低档次缴费，加之缺乏对新制度的信任，以及政策宣传不到位，农民不了解相关收益等原因，一些有经济负担能力的居民也选择了最低档次缴费。在补贴方面，各地经济发展差异较大，一些地方集体经济几乎为零，尤其在西部地区，导致集体补贴不足甚至缺失。还有一些规定，如"鼓励其他社会组织为参保人提供资助"，因主体模糊而没有起到实效。这些地方的农村居民除中央政府的补贴外，无法享受其他补贴，参保积极性较低。另外，捆绑原则也导致一部分老年人未享有基础养老金。

2014年，为推进城乡统筹发展，新型农村养老保险和城市居民养老保险合并为城乡居民养老保险。最初基础的养老金是每人每月55元，2015年基础养老金上调提高至70元，2018提高至每人每月88元。地方政府的补贴依实力而定，所以，大部分欠发达地区由于地方补贴少，基础养老金要低于东部地区。例如，浙江省温州市2018年的基础养老金为每人每月190元，东北地区的吉林省每人每月103元，西部的陕西省2019年的基础养老金为103元。2023年，全国最低标准是云南和陕西，每人每月113元，最高是上海，每人每月1 300元，仍然存在较大的地区差异。除北京、天津分别为每人每月887元和307元外，其他大部分省份都是集中在100～200元左右。虽然由于生活成本差异，基础养老金存在差距也是正常现象，但也可以看出农村基础养老金的地区差距过大。

农村老年人养老金的另一来源是高龄津贴，一般发放给年满80周岁的老年人，高龄津贴的标准是由地方政府决定的，地方财力和政府重视程度是影响高龄津贴水平的重要因素。一些西部地区，尽管财力较弱，但是政府对高龄老年人较为重视，高龄老年人总人数相对少，也推行了相对较高的高龄津贴。例如，宁夏2011年的80～89岁的所有农村老年人高龄津贴已达110元，90～99岁为150元，100周岁以上农村老人的高龄津贴为350元。

6.1.2 农村合作医疗保险制度

在计划经济时期，我国农民的医疗保障主要是传统合作医疗，通过建立基层医疗网络，由"赤脚医生"负责具体的医疗业务。伴随十一届三中全会后的我国农村经济体制改革，引发一系列的连锁反应，缺乏有效的资金筹措机制等多因素导致农村合作医疗基金日益缩减。20世纪八九十年代传统合作医疗制度大面积解体后，90年代，农民基本处于没有医保的状态，因病致贫的问题越来越突出。2003年，我国农村地区建立了新型农村合作制度，经历了初步建立到快速发展再到全面巩固的阶段，制度保障、资金筹集和管理模式等全面创新，提升了农民的受益程度。2003年时个人缴费只有10元，大大吸引了我国农村居民,到 2004 年 12 月,仅两年的时间,参合率达 72.6%,在 2008 年已经超过了 90%。[①]

随着政策的不断完善,新农合的福利待遇不断提升,补贴标准逐步提高,报销门槛变低,报销比例不断上升。但福利待遇提升自然是与缴费标准提升相伴而行的。近些年来,新农保的个人缴费部分逐年上升,2018 年参合农民个人缴费标准为 180 元/人,2020 年新农合个人缴费为 280 元,2021 年达到每人每年 320 元。一些地区自愿缴纳长期护理险,例如河北省邢台市收费为 325 元,其中含长期护理险 5 元。由于地区差异,新农合的缴费标准也有所区别,东部地区的浙江省已达 600 元,这对于低收入家庭确实是一笔不小的负担,许多农民开始抱怨交不起医保。

新农合还存在其他的问题,例如,由于对大病和小病的界定方式比较单一,只是通过是门诊还是住院来界定,在医疗领域发生着严重的资源浪费行为,一部分农民在小病就诊时经常选择"门诊转住院",希望获得更高的补偿比例。各级政府对起付线、封顶线等标准的设定也不利于农村居民在医疗保险上福利获得感的提升。一般来说,镇级及以上住院设有 100 到 5 000 元的起付线,县内住院要交纳 1 000 元左右的押金,县外则更高。在这样的情况下,低收入老年人可能选择不住院或简单治疗。另外,一些常见的慢性病还没有纳入门诊报销范围,"跨省报销"仍然面临困难等,种种原因使得老年人从新农合上受益有限。[②]

6.1.3 基本养老服务保障

一直以来,除少数五保老年人能够享受集体供养,我国农村老年人的养老照料服务一般都由家庭满足。近年来,农村老龄化的持续加深,失能、空巢老年人越来越多,使得农村老年人对社会养老服务的需求增加。从近年来国家发布的政策文件看,国家对特困人员给予了较大的关注,政策导向了农村留守、失能和贫困老年人。从 2017 年开始,先后下发了十多个文件,提出

[①] 常玉奇. 我国农村合作医疗制度的发展历程与时代展望[J]. 经营与管理,2022(01):155-160.

[②] 常玉奇. 我国农村合作医疗制度的发展历程与时代展望[J]. 经营与管理,2022(01):155-160.

要加强农村留守老年人的探访工作、丰富其精神生活,对深度贫困地区的留守老年人提供关爱服务,向贫困家庭的老年人无偿或低偿提供集中托养服务,加强对深度贫困地区老年服务中心、养老床位的建设,优先为不能自理的老年人提供服务,等等。

在中国养老保障体系建设过程中,养老保险制度和医疗保险制度等经济保障类福利占据了主体地位,呈现"重现金,轻服务"的特点。国家近年来才开始重视养老服务体系的构建。为满足日益增长的养老服务需求,老年工作重心开始向养老服务方面倾斜,养老服务设施和养老机构建设取得了较大进步。党的十八大以来,中央多次会议都提出加快建设社会养老服务体系、发展养老服务产业。十九届四中全会指出,积极应对人口老龄化,加快建设居家社区机构相协调、医养康养相结合的养老服务体系。为此,一些地方探索出了比较成功的养老服务模式。例如,河北省平山县温塘镇景家庄村集合了社会工作、老年医学和护理学三个专业人力的"空巢老年人总和服务项目"。[①]江苏射阳的"金色华年"项目,以中心城区养老机构、社区综合为老服务中心、乡镇敬老院、村级幸福小院、邻里互助、家庭养老床位形成六级纵向网格化养老服务网络,这种模式接地气,容易推广。[②] 2021年,中共中央一号文件继续关注农村养老问题,提出要大力发展普惠型农村养老服务和互助性养老,健全县乡村衔接的三级养老服务网络,推动村级养老服务设施建设。2021年11月,中共中央、国务院发布的《关于加强新时代老龄工作的意见》指出,要健全相关政策体系,促进老年人养老服务、健康服务、社会保障、社会参与和权益保障统筹发展。要健全养老服务体系,创新居家养老服务模式、规范和发展机构养老。扩大养老保险覆盖面并健全基本养老保险待遇调整机制。要完善老年人健康支撑体系,扩大教育、文体服务的供给,促进老年人的社会参与。2022年2月,国务院印发的《"十四五"国家老龄事业发展和养老服务体系规划》提出,"十四五"时期要织牢兜底性养老服务网,完善老年健康支撑体系。

---

① 杜鹏. 中国农村养老服务现状与发展方向[J]. 中国社会工作, 2018(26): 26-27.
② 郑婕, 王国强, 唐钧. 射阳经验: 专业机构支撑下的农村养老服务[J]. 民主与科学, 2021(06): 52-55.

我国人口基数大，地域辽阔，存在着地区经济差异。由于地理环境、资源投入、政策支持等因素的影响，我国存在明显的地区经济差距。不同地区农村老年人在福利获得上也存在差距。针对农村地区，是否应该在全国各个地区的农村都侧重于养老服务的发展？在现金福利与服务性福利推进的过程中，各地应该根据具体情况，有序推进更能给农村老年人带来较大的主观福利感受的福利项目。

6.1.4 农村老年人的福利获得状况

为了了解全国农村老年人各项社会保障获得情况，统计分析了全国农村老年人样本的调查数据，结果表明（见表6-2）：全国农村人均养老金额为260元，东部地区最高，但均值也仅为366元，中部为186元，低于西部的219元和东北地区的222元。由此可见，农村大部分老年人参加的应该还是较低档次的养老保险。我国城乡居民养老保险政策实施规定，对于缴费居民，个人缴费100元的，国家财政补贴30元，按这样类推的话，交2 000元应补助600元，但实际上仅补助200元，不利于调动老年人参加高档次养老保险的积极性。对于地方补贴标准，地方政府可根据实际情况提高，各地不同的档次补贴在30~200元之间。所以在政府补贴少的地区，农民的缴费档次则会更低。另外，可从统计数据可以看出西部和东北部农村地区的人均养老金金额要高于中部地区，因为养老金供给不仅和地区经济发展有关，还和政府重视程度有关，虽然西部和东北地区经济发展落后，但可能老龄化问题暴露明显，国家加大了对落后地区的转移支付，给予了较多的经济补贴，还有一些西部地方政府特别关注高龄老年人的养老问题，给予了较高的高龄补贴。东部地区人均养老金最高，和经验相符，主要和东部一些省份基础养老金的待遇高有关。

对于农村老年人来说，主要参加的是新农合和城乡居民医疗保险，根据本研究样本的统计，总覆盖率为83.9%，这一统计数据或许和实际情况相比偏低。因为农村老年人在生大病时，主要是依赖子女提供经济支持，一些子女为减轻父母看病的经济风险，会为老年人缴纳医疗保险，但老年人自己并不知晓。针对回答没有参加医疗保险的老年人，数据中统计了未参加任何医

第6章 农村社会养老保障政策与老年人生活满意度分析

疗保险的原因(见图6-1),通过描述统计发现,除了其他原因外,"认为保险费太贵"了占比最高。城乡居民医保的保险费近年来一直在上涨,大大增加了农村人的负担。且新农合的非积累制(今年不使用,年底就会清零),也使得许多低收入家庭或者身体条件较好的老年人开始动摇,如果一年都不生病或者只生了感冒发烧类的小病,完全自费的钱也可能还没有交保险的费用多,那么这笔钱就相当于只买了个安心。调查数据显示:东部地区医保的覆盖率最低,仅为76.2%;人们的参保意愿和自身抵抗风险的能力呈负相关关系。抗风险能力越高,参保意愿就会降低。东部老年人的家庭储蓄量最高,身体健康评价和自理能力也最好,抵抗疾病损失风险的能力较强。同时,东部地区的医疗保险费最高,例如,在东部的浙江地区,如果费用仅由两位老年夫妻支付,则夫妻两人在医保上一次性要缴费1 200元。西部和中部的参保率和全国平均水平大致相当,分别为86.8%和87.6%。样本中东北地区农村老年人的医保参保率在四个地区中最高,达到了94.3%。原因之一可能和东北过去的国企制度有关,原因之二是与东北地区的政策宣传力度有关。城乡居民基本医疗保险的缴费标准虽然在逐年上涨,但其待遇和国家补助部分也有一定的提高,支付限额、支付比例越来越高,报销药品种类、慢性病种类等范围逐渐扩大。如果参加医疗保险,对于身体状况差,经常有医疗支出的老年人收益远远大于支出。政策宣传能够帮助老年人了解个人支付和待遇标准,提高老年人的参保意愿。

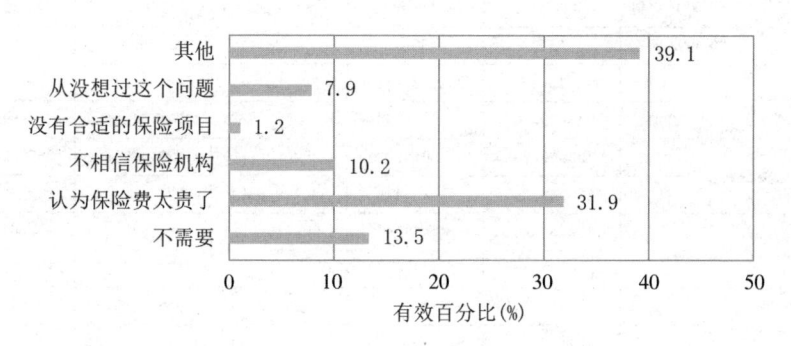

图6-1 未参加医疗保险的原因

原因	有效百分比(%)
其他	39.1
从没想过这个问题	7.9
没有合适的保险项目	1.2
不相信保险机构	10.2
认为保险费太贵了	31.9
不需要	13.5

在养老服务方面可以看出,农村老年人享受各类社会服务的比例都比较低,

最高的是文化娱乐类社会服务，比例为49.3%，享受健康保健类社会服务和生活照料类社会服务的老年人占比分别为32.4%和30.3%。一般情况下，文化娱乐类活动所需的成本较低，例如，简单的广场舞、太极剑等活动只需有一片场地和一个音响，由感兴趣的老年人或村里负责人组织一下即可，老年人自愿参与，多数活动是免费的。而健康保健类服务和生活照料类服务需要的人力、财力更多一些，需要村组织足够的重视以及当地充足的财力人力支撑。

分地区来看，生活照料类服务在各地覆盖率大致相同，西部地区比其他地区略高一些。生活照料类服务对人力的要求高，除了经济支撑以外，该服务的覆盖还和政府的重视程度等因素有关。西部农村生活照料服务覆盖率略高，和国家近些年在养老服务上对深度贫困地区，对留守老年人的扶持有关，体现了国家政策的成效。健康保健类服务在东部地区的覆盖率明显较高，为35.5%，比最低的中部地区高了5.7%，其他地区差距较小。东部地区财力丰厚，医疗护理资源相较其他地区更充足，为健康保健服务提供了支撑，且东部地区老年人的健康养生意识更强。文化娱乐活动的组织者和参与者一般是经济充裕、时间自由或喜爱热闹的人。这一服务在西部地区的覆盖率明显特别低，与最高的中部相比差了4%。这和西部地区农村老年人经济压力大以及不同地区的文化氛围、老年人性格有关。

表6-1 农村老年人生活满意度及社会福利获得情况描述统计

福利项目		全样本	西部	中部	东部	东北
养老金	每月均值	260元	219元	186元	366元	222元
	标准偏差	617	508	428	799	609
医疗保险	未参加	970(16.1%)	229(13.2%)	226(12.4%)	493(23.8%)	22(5.7%)
	参加	5 043(83.9%)	1 505(86.8%)	1 596(87.6%)	1 581(76.2%)	361(94.3%)
生活照料类福利	无	4 193(69.7%)	1 196(69%)	1 282(70.4%)	1 450(69.9%)	265(69.2%)
	有	1 820(30.3%)	538(31%)	540(29.6%)	624(30.1%)	118(30.8%)
健康保健类福利	无	4 063(67.6%)	1 187(68.5%)	1 279(70.2%)	1 337(64.5%)	260(67.9%)
	有	1 950(32.4%)	547(31.5%)	543(29.8%)	737(35.5%)	123(32.1%)
文化娱乐类福利	无	3 049(50.7%)	924(53.3%)	898(49.3%)	1 036(49.9%)	191(49.9%)
	有	2 964(49.3%)	810(46.7%)	924(50.7%)	1 038(50.1%)	192(50.1%)
总计		6 013	1 734	1 822	2 074	383

第6章　农村社会养老保障政策与老年人生活满意度分析

整体上讲，农村老年人参加养老保险的档次较低，每月养老金收入平均水平较低。养老金水平由于地方财力及政府重视程度不同而存在地区差异，东部最高，中部最低，西部和东北地区虽然经济落后，但是由于地方政府对高龄老年人的重视、国家转移支付的力度以及东北地区传统的国企制度，老年人的经济保障水平比中部要高。除东北地区外，其他地区医疗保险覆盖率过低，其主要问题在于缴费过高，报销范围急需继续扩大。最后，服务性社会福利覆盖率偏低，尤其是健康保健类服务和生活照料类服务，由于人力和财力的限制，各地的覆盖率仅在30%左右。文化娱乐服务在50%左右的农村地区都有覆盖。总体来说，各地区的养老服务覆盖差距很小，这一方面说明国家政策对西部深度贫困地区的倾斜有所成效，另一方面也说明东部地区虽然经济发达，但是农村的老年人并没有很好地共享到经济发展的红利。

6.2　农村老年人的生活满意度

6.2.1　生活满意度的内涵与界定

生活满意度与生活质量这一概念紧密联系。加尔布雷斯在《丰裕社会》中指出，生活质量是一种主观体验，包含了个体对人生际遇的满意程度以及在社会中实现自我价值的体验。[1] 现在学术界普遍认为个体的生活质量是由许多个维度构成的，包括个体的身心健康、情感支持、一定的经济条件、生活环境等方面，其中主要包括个体的生活满意度和主观幸福感这类指标。不同的学者对生活满意度的界定也不尽相同。

国外学者对生活满意度的界定：Kitagawa[2] 和 Larson[3] 认为，生活满意

---

[1] 参见方坤，周丹，卫平民等. 国内外生活质量评价研究综述[J]. 江苏卫生事业管理，2016，27(02)：133-135.

[2] KITAGAWA S, KITAURA R, NORO S. Functional porous coordination polymers [J]. Angewandte Chemie International Edition，2004，43(18)：2334-2375.

[3] LARSON M S. The rise of professionalism：A sociological analysis[M]. Berkeley：University of California Press，1979.

度是个体根据内心的标准对目前或者大部分时间生活状况的主观认知和评估，是衡量个体生活质量和心理幸福感的重要参数。Scott 认为，生活满意度是个体需求的满足程度或者愿望实现的程度，也可以用来评价老年人的心理健康。[①] Shin 和 Sok 认为，生活满意度体现了个人的心理平衡程度，体现了个人和外界的互动效果，一方面受到自身因素的影响，如性别、年龄等，另一方面受到外界因素的影响，如社会环境和社会支持等。[②]

国内学者对生活满意度的界定比较统一：大多数学者都认为生活满意度是一个综合性指标，包括个人身心健康、经济状况、所处社会环境、所拥有的各方面的社会支持，在此基础上对自身生活状况的主观感受和评价。风笑天认为，生活满意度是民众对生活的"理想状态"与"现实状态"之间差距的主观认知与评价，是个体对期望与生活现实之间差距的主观感知表现。[③] 在综合以上学者观点后，本章认为，老年人的生活满意度是指老年人根据自己心中制订的标准和所处的现实生活的差距，对自己的生活做出的综合性、稳定性的评价，这一指标可以很好地反映老年人的生活质量和身心健康状况。

6.2.2 农村老年人的生活满意度状况

通过 2018 年 CHARLS 的描述统计来看（见表 6-2），东、中、西和东北各地区农村老年人生活满意度大多分布在"比较满意"这一维度，其次是"非常满意"，占比 33.2%。全国只有 4.9% 左右的农村老年人对生活极其满意。有 7.8% 左右的农村老年人对生活不太满意，还有 2.8% 的农村老年人对生活一点也不满意。这两部分老年人应当成为家庭、社会和国家的重点关注对象。当老年人对生活失去了信心和希望，极易采取自杀这一极端行为。这一现象应当引起我们的关注，通过关怀服务或经济支持改变这些处于极度困难中的老年人的生存状态。

[①] SCOTT D, WILLITS F K. Environmental attitudes and betaehavior a pennsylvania survey[J]. Environment and Betaehavior, 1994, 26(2): 239-260.
[②] SHIN S H, SOK S R. A comparison of the factors influencing life satisfaction between Korean older people living with family and living alone[J]. International nursing review, 2012, 59(2): 252-258.
[③] 风笑天. 生活质量研究：近三十年回顾及相关问题探讨[J]. 社会科学研究, 2007(6): 1-8.

第6章 农村社会养老保障政策与老年人生活满意度分析

表6-2 农村老年人生活满意度描述统计

单位：人

	全样本	西部	中部	东部	东北
一点也不满意	170(2.8%)	50(2.9%)	57(3.1%)	49(2.4%)	14(3.7%)
不太满意	468(7.8%)	140(8.1%)	140(7.7%)	151(7.3%)	37(9.7%)
比较满意	3 085(51.3%)	960(55.4%)	893(49.0%)	1039(50.1%)	193(50.4%)
非常满意	1 997(33.2%)	498(28.7%)	651(35.7%)	729(35.1%)	119(31.1%)
极其满意	293(4.9%)	86(5.0%)	81(4.4%)	106(5.1%)	20(5.2%)
总计	6 013(100%)	1 734(100%)	1 822(100%)	2 074(100%)	383(100%)

经统计，全国农村地区老年人生活满意度均值为3.3。从图6-2来看，不同地区间的农村老年人生活满意度存在差异，通过方差分析发现，这一差异通过了显著性检验($P<0.01$)。经济越发达，老年人的生活满意度越高。西部地区和东北地区的农村老年人生活满意度低于全国平均水平，都为3.25，中部地区农村老年人生活满意度均值3.31，与全国平均水平大致相当，东部地区农村老年人生活满意度在四个地区中最高，均值为3.33。东部经济发达，老年人生活条件较好。而西部地区经济发展滞后，老年人的生活质量较差，尤其是农村老年人，收入更少。东北地区近些年经济发展放缓但老龄化程度却持续上升，2018年时，辽宁省老龄化程度居全国第一，人均GDP全国排名第14，黑龙江省和吉林省的人均GDP分别处于全国倒数第二和倒数第四，经济发展与老龄化程度提高不同步，老年人的养老质量必然受到影响，进而影响了生活满意度。

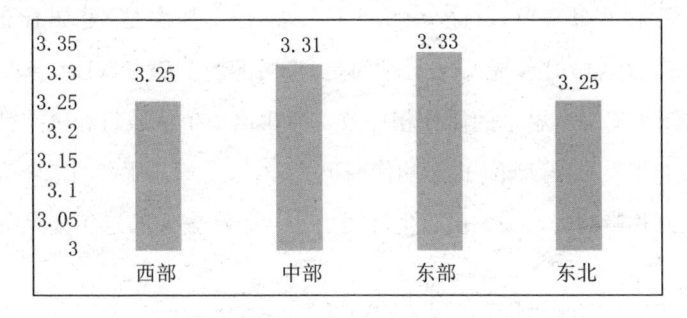

$F=4.301, P=0.005$

图6-2 不同地区农村老年人生活满意度

6.3 农村老年人福利获得对生活满意度的影响

6.3.1 福利项目影响的差异分析

表6-3中国模型2是在控制变量的基础上加入社会福利变量,从中可以发现,从整体上来讲,相比于经济保障类养老保障,服务性养老保障对农村老年人的福利效应更强。具体来看,"每月养老金金额"和"是否参加医疗保险"两项经济保障解释变量在全样本的回归结果中没有通过显著性检验,养老金的金额对老年人生活满意度的影响不显著。随着经济社会发展,农村老年人的经济来源不单局限于养老金、养老储蓄、土地转租、子女经济支持,甚至一些健康老年农民的打工收入,等等,相对于此,人均200元的养老金对于老年农民改善生活的作用有限。参加医疗保险对老年人生活满意度影响也不显著。其原因一方面是医疗保险缴费标准不断提升,给老年人造成了压力;另一方面,作为困扰老年人的慢性病,有很多相关药物并没有纳入医保,老年人体会不到医保福利。也有研究指出,医疗保险对农村老年人慢性病医疗负担的降低程度显著低于城市老年人,所以医疗保险也没有给农村老年人带来明显的福利获得感。[1]

养老服务的获得均显著提升了农村老年人的生活满意度,其影响力水平最高的是"文化娱乐类服务"(Beta=0.064,$P<0.01$),其次是"健康保健类服务"(Beta=0.045,$P<0.01$),影响力最小的是"生活照料类服务"(Beta=0.035,$P<0.1$)。这与阳义南、李思华的研究相一致,即相比于生活照料和医疗保健,娱乐活动服务对老年人心理健康正向影响作用更大。[2] 文化娱乐服务与老年人的生活满意度可能是互相影响的,一方面,生活压力小、生活安逸的老年人参与文化娱乐

---

[1] 章蓉,李放. 医疗保险是否改善了老年人的慢性病医疗状况?——基于CHARLS数据的实证分析[J]. 科学决策,2021(09):102-113.

[2] 阳义南,李思华. 社区养老精神慰藉服务对老年人心理健康的影响——基于多指标多因素结构方程模型[J]. 四川轻化工大学学报(社会科学版),2021,36(03):1-15.

服务的可能性高；另一方面，文化娱乐服务对老年人的精神健康会起到重要作用，可以帮助老年人排解孤单感，丰富其精神生活，进而起到提高其生活满意度的作用。而其他两项服务的福利效应要低于文化娱乐服务，和其收费的性质有关。生活照料服务中的老年餐桌、代为购物、定期上门巡视等项目尽管也具有一定的福利性，但是由于老年人的消费能力有限，影响了其满意度。健康保健类服务中有收费项目，例如家庭护理。也有免费项目，例如国家每年为65岁以上老年人提供的免费体检项目，以及有些企业和社会组织开展的公益养生讲座等。生活照料服务的福利效应低于健康保健服务，这是由于对多数农村老年人来讲，相对于生活照料问题，其健康问题更为紧迫，样本中老年人对自己健康状况的评分较低。到了老年阶段，老年人更加注重健康，身体的舒适能够给老年人带来较高的生活满意度。健康状况越好，老年人的生活满意度越高(Beta=1.90，$P<0.01$)，且这一变量的影响力在所有变量中最大，所以健康保健类服务相对于生活照料服务给农村老年人带来了更多的福利获得感。

其他控制变量中，自理能力越差，生活满意度越低(Beta=-0.026，$P<0.1$)，精神状况越差的老年人，生活满意度越低(Beta=-0.19，$P<0.01$)。这和我们的普遍认知相符合。数据表明：精神状况对农村老年人生活满意度的影响大于自理能力。在现代化技术飞速发展的社会中，互联网、智能化设备普及，老年人的知识水平、学习能力跟不上时代发展，在日常生活中会遇到各种困难，他们会感觉到落后于时代，尤其是农村老年人。即使是在家里，手机或多或少都成了年轻人与老年人沟通交流的障碍，老年人从现代家庭中得到的情感慰藉越来越少。再加上老年人失去劳动能力后的不适应，空虚感、孤独感等都随之而来，这些负面情绪如果不能得到缓解，将会使老年人的生活满意度降低，再一次说明农村老年人的精神状况值得引起重视。另外，家庭资产越多，老年人的生活满意度越高(Beta=0.03，$P<0.05$)。如果有需要，能够得到家人长期照料的老年人比无法得到家庭长期照料的老年人生活满意度高(Beta=0.083，$P<0.01$)。这与我国学者贾

仓仓等[①]、郑超等[②]的研究相一致，与国外学者 Chen 和 Silverstein[③] 的研究结果相悖。说明我国农村老年人在照料方面依赖家庭的传统持续存在。而子女提供经济支持对老年人生活满意度的影响没有通过显著性检验。与我国学者张文娟等的[④]研究相反，或许和近些年农村老年人自身经济独立能力提高有关。和以往一些研究相一致：女性比男性的生活满意度要高(Beta=0.022，$P<0.1$)，年龄大的老年人生活满意度高(Beta=0.079，$P<0.01$)。[⑤][⑥] 和以往的研究结论不同的是，受教育程度高的老年人反而生活满意度较低。农村老年人普遍受教育程度比较低，在他们过往的生命历程中，受教育程度对其经济收入和社会地位获得影响不大，甚至为负。而在他们晚年时，受教育程度差异相对于社会发展需求来讲，几乎可以忽略不计，故而会呈现出相反的生活满意度。

表6-3 社会福利获得对农村老年人生活满意度的影响回归模型

	全样本		西部		中部		东部		东北	
	模型1	模型2	模型3	模型4	模型5	模型6	模型7	模型8	模型9	模型10
(常量)	2.411***	2.345***	2.176***	2.029***	2.66***	2.58***	2.4***	2.412***	2.133***	1.256***
	(0.161)	(0.168)	(0.32)	(0.335)	(0.302)	(0.321)	(2.257)	(0.267)	(0.658)	(0.738)
每月养老金金额		0.009		0.050**		0.007		−0.015		0.080*
		(0.012)		(0.023)		(0.025)		(0.018)		(0.049)
医疗保险(未参加)		0.019		0.004		0.007		0.009		0.090**
		(0.026)		(0.054)		(0.054)		(0.038)		(0.169)

---

① 贾仓仓，何微微. 子女代际支持对老年人健康的影响——基于内生性视角的再检验[J]. 人口与经济，2021(03)：52-68.

② 郑超，才学韬. 家庭照料、医疗支出与老年人生活满意度[J]. 山东大学学报(哲学社会科学版)，2020(04)：134-145.

③ CHEN X SILVERSTEIN M. Social support, social change and psychological well-Betaeing of the elderly in China: Does the type and source of support matter? [J]. Reasearch on Aging, 2000(22): 43-65.

④ 张文娟，李树茁. 子女的代际支持行为对农村老年人生活满意度的影响研究[J]. 人口研究杂志，2005，29(05)：73-80.

⑤ 李建新. 老年人口生活质量与社会支持的关系研究[J]. 人口研究杂志，2007，31(03)：50-60.

⑥ 孙永生，叶诃润. 社会支持视角下老年人主观幸福感影响因素研究[J]. 老龄科学研究，2016，4(12)：62-68.

第6章 农村社会养老保障政策与老年人生活满意度分析

续表

	全样本		西部		中部		东部		东北	
	模型1	模型2	模型3	模型4	模型5	模型6	模型7	模型8	模型9	模型10
生活照料类服务(无)		0.035*		0.031		0.012		0.053*		0.059
		(0.034)		(0.063)		(0.069)		(0.053)		(0.126)
健康保健类服务(无)		0.045***		0.031		0.039*		0.069***		0.029
		(0.021)		(0.039)		(0.040)		(0.035)		(0.085)
文化娱乐类服务(无)		0.064***		0.051**		0.053**		0.068***		0.144***
		(0.02)		(0.037)		(0.037)		(0.033)		(0.079)
性别(男)	0.022*	0.019	0.004	0.001	0.028	0.027	0.036	0.030	0.039	0.019
	(0.021)	(0.021)	(0.040)	(0.040)	(0.039)	(0.039)	(0.036)	(0.036)	(0.088)	(0.087)
年龄	0.079***	0.068***	0.084***	0.072***	0.079***	0.073***	0.074***	0.063***	0.071	0.063
	(0.002)	(0.002)	(0.003)	(0.003)	(0.003)	(0.003)	(0.003)	(0.003)	(0.007)	(0.007)
是否在婚(否)	0.009	0.011	-0.003	0.001	0.030	0.032	-0.011	-0.010	0.044	0.053
	(0.027)	(0.027)	(0.049)	(0.049)	(0.051)	(0.051)	(0.047)	(0.047)	(0.116)	(0.115)
健康状况	0.190***	0.195***	0.184***	0.187***	0.164***	0.171***	0.211***	0.215***	0.203***	0.208***
	(0.011)	(0.011)	(0.022)	(0.022)	(0.021)	(0.021)	(0.017)	(0.017)	(0.043)	(0.043)
自理能力	-0.026*	-0.022	-0.019	-0.012	-0.051**	-0.044	-0.003	-0.005	-0.059	-0.050
	(0.003)	(0.003)	(0.005)	(0.005)	(0.005)	(0.005)	(0.005)	(0.005)	(0.012)	(0.012)
精神状况	-0.19***	-0.19***	-0.17***	-0.169***	-0.2***	-0.2***	-0.19***	-0.192***	-0.26***	-0.25***
	(0.002)	(0.002)	(0.003)	(0.003)	(0.003)	(0.003)	(0.003)	(0.003)	(0.007)	(0.007)
教育程度(小学以下)										
小学	-0.025*	-0.030**	-0.030	-0.035	-0.028	-0.031	-0.020	-0.024	0.000	-0.030
	(0.025)	(0.025)	(0.046)	(0.046)	(0.048)	(0.048)	(0.043)	(0.043)	(0.098)	(0.098)
初中	-0.05***	-0.054***	-0.075***	-0.085***	-0.033	-0.037	-0.048**	-0.048**	-0.001	-0.021
	(0.031)	(0.031)	(0.065)	(0.065)	(0.054)	(0.054)	(0.051)	(0.051)	(0.122)	(0.122)
高中及以上	-0.023*	-0.026*	-0.048**	-0.057**	-0.023	-0.023	-0.018	-0.018	0.039	0.019
	(0.047)	(0.047)	(0.105)	(0.106)	(0.083)	(0.084)	(0.073)	(0.073)	(0.197)	(0.196)
家庭资产对数	0.030**	0.023*	0.059**	0.043*	-0.006	-0.009	0.033	0.029	0.076*	0.085*
	(0.019)	(0.019)	(0.039)	(0.040)	(0.037)	(0.038)	(0.029)	(0.029)	(0.087)	(0.087)

131

续表

	全样本		西部		中部		东部		东北	
	模型1	模型2	模型3	模型4	模型5	模型6	模型7	模型8	模型9	模型10
过去一年子女经济支持	0.005 (0.002)	0.002 (0.002)	−0.026 (0.004)	−0.024 (0.004)	0.025 (0.004)	0.020 (0.004)	0.009 (0.003)	0.004 (0.003)	−0.008 (0.008)	−0.005 (0.008)
家庭照料(无)	0.083*** (0.023)	0.104*** (0.037)	0.059** (0.043)	0.077** (0.068)	0.103*** (0.043)	0.104*** (0.076)	0.084*** (0.04)	0.116*** (0.059)	0.124*** (0.101)	0.148** (0.149)
N	6013	1733	1822	2074	383					
R^2	0.112	0.119	0.099	0.112	0.107	0.112	0.12	0.131	0.205	0.241
调整后 R^2	0.111	0.117	0.093	0.104	0.101	0.104	0.115	0.123	0.179	0.205

6.3.2 福利项目影响的区域差异分析

表6−3中模型3、模型5、模型7和模型9分别是控制变量对西部、中部、东部和东北地区农村老年人生活满意度影响的回归模型，模型4、模型6、模型8和模型10分别是社会福利获得对西部、中部、东部和东北地区农村老年人生活满意度影响的回归模型。可以发现，加入社会福利变量后，模型的解释力均上升，西部、中部、东部和东北地区调整后R方分别上升1.1%，0.3%，0.8%和2.6%。除中部地区可能是保障水平低的原因外，其他地区呈现经济越落后，社会福利的福利效应越强的规律。

经济保障类社会福利方面，养老金的金额仅对西部地区(Beta=0.05，$P<0.05$)和东北地区(Beta=0.08，$P<0.1$)农村老年人生活满意度有显著正向影响。根据边际效用递减规律，高收入群体从收入中获得的边际效用小于低收入群体。西部各省和东北地区经济发展落后于中部和东部，而人均养老金的水平比中部地区要高，且西部和东北地区的生活成本不高，那么这200元左右的养老金对东北和西部地区农村老年人来说，在一定程度上能够起到改善生活的作用，尤其对经济条件较差的老年人福利效应更强。有研究指出，

新农保对土地养老的替代效果在低收入家庭中更加明显。[①] 西北省份养老金替代率呈现出整体水平高于全国大部分省份的现象。[②] 结合控制变量的影响发现，家庭资产储蓄量也仅对西部地区和东北地区农村老年人生活满意度起到了显著的正向影响作用。进一步说明经济支持对西部地区和东北地区农村老年人的福利效应更强。"参加医疗保险"仅显著提高了东北地区农村老年人的生活满意度(Beta＝0.09，$P<0.05$)。东北地区的医疗保险参保率也是四个地区中最高的，由此说明东北地区老年人在医疗保险中的福利获得满意度高。

在服务性社会福利方面，文化娱乐类服务对四个地区农村老年人的生活满意度都起到了显著的正向影响作用。健康保健类服务只对中部和东部地区农村老年人生活满意度起到了正向影响作用，且对东部地区农村老年人生活满意度的影响力(Beta＝0.069，$P<0.01$)大于中部地区(Beta＝0.039，$P<0.1$)。这可能是由于健康保健类的服务中有些是预防性的服务，而不是必需品，且像上门护理这些服务，大多数是需要收费的，东部和中部的老年人在保障基本生活后，健康保健意识更高，购买力更强。所以，可能由于购买力的限制以及需求小的原因，在西部和东北地区提供收费性质的健康保健类服务并没有给老年人带来较强的主观福利效应。结合生活照料类服务的影响可以进一步印证这一猜想。生活照料类服务仅显著提高了东部地区农村老年人的生活满意度(Beta＝0.053，$P<0.1$)。虽然国家政策上养老服务向经济落后地区倾斜，但是生活照料类服务的收费项目更多更贵一些，不可能完全免费，如照料中心的看护、帮助洗澡等。东部地区老年人的购买力最强，在有需要时能够购买这一服务。在控制变量中，健康状况、精神状况和家庭照料对各个地区农村老年人生活满意度的影响都具有稳定性，和全国样本回归结果大致相同。

6.3.3 提升老年人生活满意度的福利发展建议

为提升老年人的生活满意度，应合理配置福利资源，尽可能地提供有效

[①] 秦昌才. 新农保对家庭养老的替代效应——基于CFPS的微观证据[J]. 东岳论丛, 2019(06): 87-95, 192.

[②] 吴家俊. 各省份城乡居民基本养老保险基础养老金保障水平比较[J]. 天水行政学院学报, 2018, 19(02): 61-67.

福利。从回归结果来看，养老保险和医疗保险等经济保障的福利效应不明显。在资金不足的情况下，英国德国等纷纷将重心向养老服务倾斜，缩减了老年人物质福利上的高额开支。但我国和发达国家不同，我国目前的养老金和医疗保障水平还处于低水平的状态，不能够保障农村老年人的基本生活。为保障和提高我国农村老年人的日常生活，应继续提高基础养老金待遇，尤其是中西部和东北地区的养老金待遇，缩小地区间的差距。应调整居民养老保险不同缴费档次的补贴标准，激励居民提高缴费档次。对于医疗保险，不宜再提升个人缴费金额，否则参保率会进一步下降。应调整报销范围，简化报销手续，结合各地的医疗服务成本合理设置起付线、封顶线以及住院缴费的押金。各地也应加大宣传力度，让居民了解相关待遇。提高物质福利离不开资金支持，我国也可以学习其他国家的做法，在确保风险极低的情况下，将一部分养老金用于投资，使其升值；发挥老年人的能力，使其再就业。例如，在农村，由于年轻人外出务工，有很多被闲置的耕地，村集体可进行组织协调让有能力的老年人接管，创造收益。地方政府应支持当地产业发展，提高地方财力，为提高老年人的物质福利奠定经济基础。

  根据统计结果发现，我国农村老年人的心理健康水平总体较差，这也是影响其生活满意度的重要因素。因此，我们不可忽略农村老年人的精神状态和心理健康问题。文化娱乐服务是提高老年人生活满意度的重要举措，并且这类活动的成本较低，便于提供。村集体应该大力调动老年人的自我组织能力，利用本社区空置的场地和设施进行符合本地民俗的地方文化娱乐活动，鼓励全民参与，营造积极向上的文化氛围，有条件的村可以聘请专业的老师指导活动。另外，应该鼓励邻里之间进行沟通和互相慰藉。扩大健康保健类服务的覆盖范围，并在不同地区设置不同的收费标准，西部、东北地区等较落后地区可考虑无偿提供。福利行政向地方分权，以便于各地因地制宜制定适合自己的福利体系。在高龄和空巢老年人较多的地方，多提供生活照料服务。考虑到生活照料需要的人力较多，成本高，应在有条件的村庄发展互助养老，倡导低龄老年人参与。前期要对这些参与照料的低龄老年人进行培训，规定照料的标准，保证照料的质量。对于专业的照料机构，可以提供税收优惠和其他的费用减免政策。尤其在中西部和东北地区，应减免对老年人的收费，提高其购买力和购买意愿。在东部地区可适当收费，提高服务提供的可持续性。另外，为了应对失能老年人增多，照料需求增加，国外的长期护理险是值得借鉴的方法。将社会保险和社会服务结合起来，待遇形式包括护理服务和现金给付，无护理需求的老年人则可选择现金。目前，我国一些省份也推出了长期护理险，和韩国一样，采用了低起步的收费方式，个人缴费在医疗保险的基础上加收。但可能受传统文化的影响，我国农村老年人偏向于向子女寻求照料，对社会照料接受程度低。因此，应该加大宣传力度，使老年人敢于尝试社会养老，吸引老年人参加。在待遇给付上，学习德国的方法，让老年人自由选择。日本将长期照料和医疗服务相结合，设立了长期照料的床位。这也是我国很多地方目前正在探索的模式，今后还应继续摸索，主要表现为支持养老照护企业，对其经营和收费进行监管，加大对专业护理人才的培养，并倡导积极正确的从业观，吸引专业人才从事老年照料和护理行业。

第7章 农村老年人的养老需求分析

为了建构适合农村老年人需求的养老模式,本章对农村老年人的养老需求从经济需求、生活照料和精神慰藉三个方面进行了总体性分析。在此基础上,从健康和年龄分层两个视角进行深入分析。研究发现:健康状况与养老需求密切相关,健康状况越差,养老需求越为强烈。不同社会年龄的老年人,养老需求也不相同。越高年龄组的老年人,家庭结构越复杂,子女数越多,获得来自子女和其他亲人的照料越多,但与低年龄组老人相比,从子女处获得的经济支持大致相当。越高年龄组的老年人,无配偶的情况越普遍,各项养老需求越强烈,而他们思想观念却越趋保守,对机构和社会养老的认可程度越低,越需要得到家庭和社会关注。

7.1 养老需求的界定及其影响因素研究

7.1.1 养老需求的界定与内容

国外学者将养老需求归纳为"3M":一是money(钱),即物质需求或经济保障;二是medical(医疗保障),或称医疗保险;三是mental(精神需要),包括精神慰藉、心理满意度等。《贝弗里奇报告》中指出,老年人有三种保障需求:医疗、丧葬补助、退休金或工伤养老金。其中医疗包括住院、牙科、眼科、护理和家庭疗养、医后康复等。对身体有疾病或丧失劳动能力者,还有

第 7 章 农村老年人的养老需求分析

上门医疗和慈善医院治疗的需求。

国内对于养老需求还没有统一的定义。大体来说,养老需求研究中的关键是老年人在自身的老年阶段,物质和精神两方面由于存在某些资源不足而产生了对外界供给的需要。如孟鹏认为,所谓的养老需求就是指老年人在养老方面在物质和精神文化等方面的特殊需要。① 田奇恒、孟传慧指出,老年人的养老服务需求是指老年人需要并希望社会提供的物质和精神方面的资源保障与服务支持。② 基于此,刘一玲还提出养老需求对外界而言就是供给的内容,是老年人由于生理、心理以及社会生活环境的变化导致其在老年阶段自身资源相对不足或出现困境,从而产生有赖于其他社会成员提供的各种物质和非物质的需求。③

关于养老需求内容的分类,大多数学者将养老需求分为物质生活需求、日常生活照料需求、健康保健需求和精神及文化生活需求四个方面,或不将健康和医疗方面单独列出而是并入经济需求或照料需求中。此外还有一些针对特定老年人群体或特定养老方式的需求分类,如卢名华等对农村老年人的养老需求内容进行了划分,他们认为,在农村这一特定的环境中,老年人的养老需求应包括基本生活需求(吃、穿、住),生活照料与医疗需求,精神慰藉与文化娱乐需求。④ 夏敬哲将农村居家养老服务的需求分为日常生活服务需求、医疗保健服务需求、精神慰藉服务需求和休闲娱乐服务需求等四个层面。⑤ 穆光宗则是将养老需求的内容扩大为养老方式需求、社会参与需求、维权服务需求等。⑥ 也有学者将养老内容细化,如卢名华、安和平等将养老需求具体化为家务料理、老有所为、情绪调适、权益保障、婚姻服务、住房调换

---

① 孟鹏. 威海市 A 镇农村空巢老人的养老需求问题及对策研究[D]. 济南:山东大学,2014.
② 田奇恒,孟传慧. 城镇空巢老人社区居家养老服务需求探析——以重庆市某新区为例[J]. 南京人口管理干部学院学报,2012,28(1):30-33,68.
③ 刘一玲. 农村老年人养老需求及其影响因素研究——基于桂林市 X、L、G 县的调查[D]. 桂林:广西师范大学,2010.
④ 卢名华,安和平. 对贵州农村养老需求与养老保障体系建设的浅探[C]//贵州省社会学学会."社会学与贵州'十一五'社会发展"学术研讨会暨贵州省社会学学会第四届会员代表大会论文集,贵州大学人口研究中心,2005.
⑤ 夏敬哲. 河北省农村居家养老服务需求研究[D]. 石家庄:河北经贸大学,2012.
⑥ 穆光宗. 挑战孤独空巢家庭[M]. 石家庄:河北人民出版社,2002.

和临终关怀等方面。

学者们通过对这些需求的探究，得出了进一步的结论。由于老年人个体之间存在差异性、所处的社会环境有所不同，他们所需要的外界支持也不尽相同。但在学界得到普遍共识的是，农村老年人最主要的需求是医疗保障和健康服务，且年龄与医疗保健需求呈正相关关系，身体状况与医疗保健服务需求呈负相关关系。但学者们对其他几方面的需求由强到弱的排序，则是见仁见智。刘一玲通过对桂林市 X、L、G 县不同民族农村老年人的调查得出结论：农村老年人的主观需求由强到弱依次为医疗需求、经济供养需求、精神需求和生活照料需求。① 夏敬哲的研究则发现医疗保健服务需求和日常生活服务需求是当前农村老年人最迫切的居家养老服务需求，其次为精神慰藉服务需求和休闲娱乐服务需求。② 卢名华等调查发现，贵州农村老年人的养老就连基本的生活保障都难以维持，医疗需求难以保障，而对于精神慰藉和文化娱乐需求则更是奢望。③ 刘湘玲对湖南省浏阳市农村的调查显示，农村老年人对社会养老保险存在一种敬而远之的态度，更多倾向于医疗保险，同时，对经济支持的需求超过了对精神慰藉的需求。④

7.1.2 多元视角下的养老需求研究

除了对老年人需求内容上的总体研究外，学者还从不同的视角对养老需求进行了具体分析。如从养老模式角度研究我国老年人的养老需求，且研究结果较为一致：在养老方式的选择上，我国老年人的首选是家庭养老，对机构养老的偏好比例有所上升，社会化养老和自立养老等养老模式也将逐渐兴起。初炜等在某次抽样调查中发现，样本中有 79% 的老年人选择家庭养老，

---

① 刘一玲. 农村老年人养老需求及其影响因素研究——基于桂林市 X、L、G 县的调查[D]. 桂林：广西师范大学，2010.
② 夏敬哲. 河北省农村居家养老服务需求研究[D]. 石家庄：河北经贸大学，2012.
③ 卢名华、安和平. 对贵州农村养老需求与养老保障体系建设的浅探[C]//贵州省社会学学会. "社会学与贵州'十一五'社会发展"学术研讨会暨贵州省社会学学会第四届会员代表大会论文集，贵州大学人口研究中心，2005.
④ 刘湘玲. 当前农村老年人的社会保障需求——一个社会交换理论的视角[D]. 长沙：湖南师范大学，2006.

9.8%的老年人选择居家养老，11.2%的老年人选择机构养老。[①] 杨敏、钱英通过研究发现，年龄、子女数量、文化程度、月收入等均是影响老年人养老意愿与方式选择的重要因素。对于高龄老年人，因受传统养老观念的影响，更渴望得到家人的帮助，选择居家养老模式。[②] 此外，吴翠萍从居住意愿的角度提出，我国多数城市居民老年时将独自（与配偶）居住，依靠社会化养老或自我服务可能会成为城市居民安度晚年的主流形式。[③] 罗亚萍等在对居民养老方式现状时调查中发现了过渡式养老方式——自立养老，是除家庭养老外的主要养老方式[④]。

在城乡分类视角下对农村老年人养老需求进行的研究也有很多，结论大多指向农村老年人在各方面养老服务中都存在缺失。章芸芸在对农村地区老年人的生活照料的研究中发现，大部分农村老年人生活是能够自理的，他们日常所获得的照料数量还不能满足需求，同时在照料过程中缺乏精神方面的支持。[⑤] 钟涛、吴国清通过对南京市和平村的调查发现，农村老年人大多生活拮据；生活照料大多以配偶或自身为主，得不到子女照顾；娱乐休闲单调且消费少。[⑥] 许晓晖在对吉林省农村老年人的调查中指出，农村无子女老年人的主要需求是生活照料和医疗护理，而有子女老年人的主要需求则是文化娱乐和权益保护咨询。[⑦]

张雨明从性别角度出发，研究了中国女性老年人的生活现状和需求，发现与男性老年人相比，她们更需要经济自立、有效的医疗保险，更需要社会

[①] 初炜，胡冬梅，孔祥金，等.农村老年人群养老需求模式及其影响因素分析[J].中国社会医学杂志，2008(1)：24-27.
[②] 杨敏，钱英.城市社区老年人养老方式选择及其影响因素研究展[J].护理研究，2012，26(1)：37-39.
[③] 吴翠萍.城市居民的居住期望及其对养老方式选择的影响[J].人口与发展，2012，18(1)：49-57.
[④] 罗亚萍，史文静，肖阳.城市居民养老方式的变化趋势、存在问题及对策研究——基于对西安市居民养老方式的调查[J].西安交通大学学报（社会科学版），2013，33(1)：78-84.
[⑤] 章芸芸.农村地区老年人日常生活照料及影响因素研究[D].武汉：华中科技大学，2007.
[⑥] 钟涛，吴国清.论农村老年人口的养老保障需求——对南京市溧水县和平村养老状况的调查[J].山东省农业管理干部学院学报，2008(1)：14-15.
[⑦] 许晓晖.老年社会工作在农村居家养老中应用的现状[J].中国老年学杂志，2010，30(22)：3365-3368.

照顾资源和参与社会的机会等。①

此外还有学者按人群性质、社会角色等对老年人进行分类，按不同地区、地域进行养老需求研究。

由此可见，目前我国对于农村老年人养老需求的研究较多，涉及的角度很广，针对各个类别的老年人群体的需求及影响因素进行了较为深入的研究和探索。由于本书是从养老模式创新的视角进行的对策研究，所以在现有研究的基础上，主要从老年人养老需求的整体状况分析和从健康视角和年龄视角两个维度出发对老年人的养老需求进行细致分析，为后面政策建议的提出奠定扎实基础。

7.2 农村老年人的养老需求分析

7.2.1 经济支持需求分析

农村老年人的经济需求与他们的经济供养能力密切相关，因此研究分析了老年人的收入情况，包括以工资、社会或政府提供的津贴补助、农产品年产值、畜牧产品年产值、亲人支持等(见表7-1)。总体来看，农村老年人家庭人均年收入11 618元。其中，农产品是农村老年人家庭获取经济供养支持的最主要方式，在总收入的比例中占51.37%，超过一半。有83.3%的农村老年人家庭在过去一年都从事了林业或种植业，也有60.3%的农村老年人家庭在过去一年养过牲畜。由此可见，老年农民大多数是靠种植业及养殖业来维持生活的，这是他们重要的经济来源。这与很多学者田野调查得出的"中国农业是'老年农业'"的社会经验相一致。在农民收入中占比第二高的就是农村老年人的工资收入，占总收入的25.68%。但与绝大多数老年农民从事农业比较来看，仅10%的农村老年人有工资收入。由此可见，有工资性收入的老年

---

① 张雨明.中国女性老年人的生活现状与需求研究——与日本比较[D].上海：华东师范大学，2008.

第7章 农村老年人的养老需求分析

农民,其经济状况要好于从事农业和畜牧业的老年人。在亲人支持方面,主要包括过去一年从不居住在一起的子女及其他亲戚处获得的财物。如表7-1所示,亲人支持占农村老年人总收入的13.97%。在亲人支持中,子女支持的频率最高,通常以钱物两种方式给予,并不固定周期。而在农村老年人的经济收入中,政府提供的津贴补助所占比例最少,仅占总数的8.99%。在领取收入类型方面,67.3%的老年人都领取了基础养老金,有0.6%的老年人领取了无保障老年人生活补贴,有0.1%的农村老年人领取了工伤保险金,0.5%的农村老年人领取了独生子女老年补助,0.2%的农村老年人领取了医疗救助金,4.3%的农村老年人领取了政府给个人的其他补助,1.8%的农村老年人获取了其他收入。由此可见,农村老年人的经济支持更多是来自自己的劳动收入,而其他的社会支持,包括政府、家人等支持的所占比例不高。

表7-1 农村老年人经济收入与社会支持情况

项目	均值(元)/年	比例
工资收入	2 983	25.68%
津贴补助	1 044	8.99%
农产品收入(种植、畜牧、水产)	5 968	51.37%
亲人支持	1 623	13.97%
合计	11 618	100%

农村老年人的经济收入是否满足自己的经济需求与他们的消费密切相关。因此,为了了解农村老年人的经济支持需求,对农村老年人家庭消费支出情况进行了分析(见表7-2)。具体包括:日常生活支出、医疗保健支出、教育支出、家庭设备支出等。统计显示:农村老年人家庭每年人均消费9 007元。其中,食品支出所占的比例为26.6%,可以很明显地看出食品支出占家庭总支出比重最大,说明农村老年人家庭消费比较单一。家庭设备支出是每个家庭必不可少的生活开销,其中包括邮电、通信、水费、电费、煤气以及煤炭、柴草等费用,这一类家庭开销也是占据了消费中的很大比重,约16.5%。由于老年人年龄的不断增长,导致他们生理机能退化,身体抵御疾病风险的能

力下降,从而在一定程度上增加了医疗支出,医疗支出在家庭总支出中也占有很大比重,约13.3%。老年人的教育支出主要是隔代教育支出,占农村老年人家庭消费的14.3%。此外,老年人生活支出还包括衣着支出、日常用品支出、交通支出,分别占总支出的8.7%、9.5%、10.9%,可见老年人家庭对这三方面的消费相对要少一些。

表7-2 农村老年人家庭人均消费情况

项目	均值(元)/年	比例
食品支出	2 400	26.6%
衣着支出	785	8.7%
日常生活支出	858	9.5%
交通支出	986	10.9%
教育支出	1 292	14.3%
家庭设备支出	1 486	16.5%
医疗保健支出	1 200	13.3%
合计	9 007	100%

从老年人的收入和支出对比来看,农村老年人年均收入多于年均支出,但这是否表明农村老年人的经济需求得到满足,或是现有经济支持能满足其养老需要呢?似乎不能这样简单地得出结论。从老年人收入所占比例情况来看,大多数老年人没有工资性收入,这也就意味着大部分老年人的收入加起来还没有达到支出所需。而且,很多老年人支出是根据收入情况量入为出的,他们不会信用卡透支消费,也不会超前或是借钱消费。因此,更多的老年人是有多少花多少,没钱就通过压缩自己的消费来达到一种收支平衡。由此可见,农村老年人的收入主要靠自己的劳动获得,大体上与自己的消费持平。一旦出现较大的经济支出,如医疗、养老照护等,其经济支持的需求还是会很大的。

7.2.2 生活照料需求分析

从表7-3可知，大部分农村老年人口基础日常生活①没有太大的障碍，但在工具性日常活动②以及综合躯体功能③上有一定比例的农村老年人口有障碍。

具体而言，在基础性日常生活活动方面，69.98%的农村老年人觉得没有困难，6.26%的农村老年人觉得有困难，但仍可完成，2.46%的农村老年人觉得有困难，需要人帮助，1.68%的农村老年人表示无法完成。总体来看，农村老年人在基础性日常生活活动方面没有太大障碍。在工具性日常生活活动方面，78.3%的农村老年人觉得没有困难，都可以完成。但是值得注意，10.32%的农村老年人是无法完成的，这说明他们在这方面身体是有障碍的，需要帮助才能完成。在综合躯体功能方面，有51.3%的农村老年人是没有困难的，这说明有将近一半的老年人都或多或少在运用躯体动作时产生困难，有9.6%的老年人是无法完成基本动作的。尤其是提5千克重的东西方面，有15.4%的农村老年人是无法完成的，这就说明如果老年人是自己独自生活的话，基本上只能完成基础性日常生活活动，工具性日常活动或综合躯体活动方面就会产生一定障碍。

老年人在逐渐变老的过程中，身体的总体状况肯定是越来越差，越来越需要生活照料的，在这些被访者对自身健康状况的评价中，认为自己健康状况不错的只有27.8%，认为自身健康状况一般的有48.3%，认为自身健康状况差的占31%。在生活照料的支持者中，已结婚并且与配偶居住在一起的农村老年人占67.6%，也就是说老年夫妻之间可以在日常生活中相互照料、相互照应；但是仍有27.3%因配偶逝世而独居的农村老年人，他们在获得配偶

---

① 基础日常生活活动能力(basic activities of daily living，BADL)是指人们必须反复进行的、最基本的适应生活的活动，即衣、食、住、行和个人卫生等基本动作，本研究中的BADL包括穿衣、洗澡、吃饭、下床、上厕所这5项内容。

② 工具性日常生活活动(instrumental activity of daily living，IADL)是指为了生活能够使用较高级技能和工具的能力，本研究中主要包括做家务、做饭、买杂物、打电话、吃药这5项内容。

③ 综合躯体功能(gross physical function，GPF)是综合反映老年人躯体活动状况的指标，本研究主要包括走100米路、久坐后站立、弯腰和屈膝下蹲以及提5千克重的东西这4项内容。

照料支持方面严重缺失。其次，子女也是很重要的照料老年人的支持者，子女对老年人进行照料是他们应尽的责任与义务。统计显示，大部分子女都是居住在老年人的常住地所在的县/市/区的其他村/社区，也有一部分居住在老年人的常住地所在村/社区的其他房子里，基本上都不与老年人一起居住，这就说明子女不可能每时每刻对老年人提供生活照料。

表7-3 农村老年人日常生活完成状况

困难程度 生活项目	没有困难	有困难，但仍可完成	有困难，需要帮助	无法完成
走100米	14.90%	4.50%	1.10%	6.80%
久坐后起立	61.00%	30.50%	2.70%	3.20%
弯腰、屈膝、下蹲	55.20%	25.20%	3.50%	13.10%
提5千克重的东西	74.10%	6.00%	1.50%	15.40%
穿衣	71.60%	5.90%	1.90%	1.10%
洗澡	68.20%	3.90%	5.50%	2.50%
吃饭	75.80%	2.90%	0.70%	1.10%
下床	70.90%	6.60%	1.30%	1.60%
上厕所	63.40%	12.00%	2.90%	2.10%
做家务	79.10%	5.80%	2.60%	9.50%
做饭	81.40%	3.60%	1.30%	10.50%
买杂物	80.80%	2.90%	1.50%	11.40%
打电话	62.00%	2.50%	5.40%	17.30%
吃药	88.20%	2.90%	2.80%	2.90%

7.2.3 精神慰藉需求分析

随着年龄的增长，老年人的生理功能逐渐衰退，越来越依赖于他人的帮助，心理上也越来越脆弱。与此同时，农村家庭日趋小型化、核心化，青年人承受着工作的压力及孩子的抚养责任，加上代际分居，对老年人关心得不够、交流少，势必造成老年人的心理问题。老年人的心理问题主要有失落感、

第 7 章 农村老年人的养老需求分析

孤独感、自卑感等表现。

从表7-4可以看出,与抑郁倾向类似,农村老年人的负向心理状态较少,尤其是精神紧张、愤怒、悲伤方面,但是正向的心理状态也不多。这些变量中为负向心理状态的是不顺心、悲伤、孤独、忧虑、无聊、愤怒、疲惫无力、精神紧张,正向心理状态是精神振奋、心满意足、愉快。

具体而言,在正向的心理状态方面,62.8%的农村老年人完全没感到精神振奋,仅有1.3%的农村老年人感受到非常多的振奋;38.9%的农村老年人完全没感到心满意足;有33.0%的农村老年人完全没感到愉快,可以看出农村老年人的正向情绪不是很高涨。在负向的心理状态方面,总体上农村老年人负向心理状态比较少。有超过一半的农村老年人在所有的负面情绪中完全没有感觉到自己的这些负面情绪,但值得注意的是,不顺心和疲惫无力在所有负面情绪中,老年人感受到的占比最大,有3.2%和3.3%的农村老年人感到有非常多的不顺心和疲惫无力,疲惫无力感由身体健康状况不佳所导致。

老年人的精神状况受到平日里参与的社交活动、家庭成员支持、健康状况等因素影响。经过数据分析得出,在过去一个月里,有30.8%的农村老年人参与了串门和与朋友交往;14.9%的农村老年人参与了打麻将、下棋、打牌、去社区活动室活动;也有10.1%的农村老年人去公园或其他场所跳舞、健身、练气功;但仍不可忽视的是占37.7%比例的农村老年人是什么社交活动都没有参加的。因此,当老年人长期没有与人交往,与外界沟通,势必会产生封闭感、孤独感,造成对心理状态的不良影响,导致他们负面情绪的增加。经常参加一些社交活动则会给老年人带来一些正向的心理影响,增加他们的满足感、愉快感,让他们的心情得到放松。家庭成员的支持也是影响老年人精神状态的一个重要因素,在身体障碍部分也提到,大部分子女都是居住在老年人的常住地所在县/市/区的其他村/社区,也有一部分居住在老年人的常住地所在村/社区的其他房子里,基本上都不与老年人一起居住,这就说明子女不可能每时每刻前去探望老年人,陪伴老年人。子女看望老年人的次数也与他们的工作性质相关,一部分子女是几乎每天去看望父母,还有一部分是一年看一次父母。那些子女外出务工家庭的老年人没有经常受到子女的陪伴,势必会造成心理上的孤独感,尤其是一些独居老年人。由此可以看出,子女应该多去探望老年人，多陪伴他们，与他们多沟通来了解他们内心的想法，满足他们的精神需求，减轻负面情绪。而老年人也应该尝试参加一些社交活动，尝试与外界多交流多沟通，以达到心情舒畅的目的。

表7—4 农村老年人心理状态情况

程度 心理状态	完全不	有一点	有一些	比较多	非常多	缺失值
不顺心	59.90%	12.50%	4.70%	2.70%	3.20%	17%
悲伤	69.10%	8.50%	2.00%	2.20%	1.40%	16.70%
精神振奋	62.80%	10.40%	4.10%	4.10%	1.30%	17.20%
孤独	67.50%	8.00%	3.30%	2.60%	2.00%	16.70%
心满意足	38.90%	14.10%	9.40%	12.80%	7.20%	17.60%
忧虑	63.20%	11.30%	4.10%	2.10%	2.10%	17.10%
无聊	66.50%	8.30%	3.60%	2.10%	1.40%	18.10%
愉快	33.00%	15.70%	13.90%	11.00%	9.50%	16.90%
愤怒	71.70%	7.50%	1.80%	1.30%	1.10%	16.70%
疲惫无力	53.70%	15.60%	6.40%	4.80%	3.30%	16.30%
精神紧张	71.30%	7.60%	2.30%	0.70%	1.30%	16.70%

7.3 健康维度下的养老需求分析

健康视角的提出是基于老年人普遍存在健康问题，不同健康状况的老年人在养老需求方面是有着比较大的差异的。因此，本节从健康视角分析农村养老需求。农村老年人不仅有普遍的生理健康问题，如慢性病患病率比较高，而且老年人心理状态也普遍堪忧，常有孤独感、衰老感、抑郁感、无能为力感等负性情绪。农村老年人不同性别、年龄，以及与城市老年人相比身体健康状况存在明显的差异。了解不同健康状况老年人的养老服务需求，有利于对农村养老创新模式的建构。

7.3.1 老年健康的界定及相关研究

根据世界卫生组织(WHO)对"健康"的定义,健康不仅仅是身体没有疾病或虚弱状态,而是生理、心理和社会关系各方面都达到良好的状态,学术界以往通常仅用死亡和疾病来评价老年人的健康状况。在国内也有部分学者倡导采用老年寿命、自理能力比例及自评健康率三个相关指标综合评价老年人的群体健康。但是,老年人口的健康不是仅用几个指标就可以标识清楚的,他们的健康是一种相对综合的状态。课题组对农村老年人健康状况的研究是用生活状态、疾病情况以及抑郁倾向来评价的,将生活完全能自理定义为身体健康,将完全不能自理定义为身体不健康,而半自理的要根据具体数值来具体划分。

我国学者对老年人身体健康状况的研究较多,但大多是基于对某一特定地区的研究。如高利平通过调查,分析山东省老年人口的健康状况,以及影响老年人口健康的诸多因素。该学者从身体健康状况、心理健康状况、社会适应状况这三个维度分析山东省老年人口的健康状况,并深入分析了影响山东省老年人口健康长寿的社会、行为、环境等因素及内在机制,由此得出老年人身体健康状况良好,但慢性病患病率较高,大部分老年人都患有某种程度的慢性疾病,心理健康状况也堪忧的结论。[1] 黄琲、谢怀平通过调查长株潭地区老年人健康状况及对养老服务的需求,掌握其健康不佳的主要原因以及养老的现状,分别从身体状况、心理状况以及日常生活能力方面去描述老年人身体健康状况,指出身体健康状况不佳与地域环境、生活方式、自我保健意识等因素有关。[2]

全国性的老年人口健康研究大多从不同性别、年龄,以及城乡等层面探求老年人口的身体健康状况之间存在的差异。如:陈友华、徐愫利用中国2005年1‰人口抽样调查资料对老年人口身体健康状况进行分析,调查发现

---

[1] 高利平. 山东省老年人口健康状况及影响因素研究[D]. 济南:山东大学,2011.
[2] 黄琲,谢怀平. 长株潭地区老年人健康状况及养老需求调查[J]. 教育教学论坛,2011(29):20-21.

不同老年群体的健康状况差异明显。[①] 付双乐对不同年龄段老年人的心理健康评价的研究也证实了这一点[②]，性别、婚姻状况和身体健康自我评价对老年人的心理健康评价有显著性影响，丧偶老年人的心理状态较差。

农村老年健康研究表明，农村老年人由于家庭结构变迁，留守、空巢以及经济支持、医疗保障等条件限制，比城市老年人存在更为严重的健康问题。周俊、王红红等人经过调查表明，由于人体结构和生理功能的老化及不良生活方式和环境因素的影响，使得健康问题在老年人中比较普遍。超过一半的老年人患有一种或几种慢性疾病，常有孤独感、衰老感、抑郁感、无能为力感等负性情绪，并且感到支付医疗费用困难。[③] 朱梅芳等人在北京市朝阳区农村社区居民抑郁状况调查研究中发现，农村社区居民抑郁症状检出率较高，抑郁者和非抑郁者在性别分布上的差异有统计学意义，女性更易患有抑郁症。[④] 对于农村老年人的精神健康的性别差异，郑莉等在基于四川农村留守老年人精神健康影响因素分析的实证研究中发现，女性留守老年人的精神健康比男性老年人更差。[⑤] 陈华峰等人利用 logistic 静态回归及动态回归模型分析丧偶与老年负性情绪之间关系的研究中发现，丧偶老年人的负性情绪出现概率高于有偶老年人，丧偶这一事件会导致男性老年人的负性情绪在三年内上升 8.2%，而女性老年人则会上升 11.3%。[⑥]

根据整理相关研究，可以得出老年人普遍都会存在不同程度的健康问题，慢性病患病率比较高，且老年人心理状态也普遍堪忧，常有孤独感、衰老感、抑郁感、无能为力感等负性情绪。不同性别、年龄与不同地区的老年人口的

[①] 陈友华，徐愫. 中国老年人口的健康状况、福利需求与前景[J]. 人口学刊，2011(2)：34-39.
[②] 付双乐. 不同年龄段老年人心理健康自评及其影响因素探析[J]. 社会工作与管理，2016，16(3)：20-26.
[③] 周俊，王红红，喻俊，等. 农村老年人健康状况及卫生保健需求调查[J]. 护理管理杂志，2008(3)：10-12.
[④] 朱梅芳，张曼华，张婉奇. 北京市朝阳区农村社区居民抑郁状况调查研究[J]. 中国全科医学，2013，16(31)：3009-3011.
[⑤] 郑莉，李鹏辉. 社会资本视角下农村留守老人精神健康的影响因素分析——基于四川的实证研究[J]. 农村经济，2018(7)：114-120.
[⑥] 陈华峰，陈华帅. 婚姻状态对老年负性情绪影响的队列研究[J]. 中国心理卫生杂志，2012，26(2)：104-110.

身体健康状况之间存在明显的差异。但是学者们在分析老年健康状况这一问题时大多都是从身体健康状况受什么因素影响这一角度进行研究的,本项研究从对农村老年人身体健康状况的描述出发,进而分析农村老年人的养老需求,为本项研究的对策建议提出奠定基础。

7.3.2 我国农村老年人健康状况

7.3.2.1 农村老年人患慢性疾病情况

慢性疾病是衡量健康状况的一个重要指标,通过慢性疾病患病情况,我们可以知道农村老年人的健康状况处在什么水平上。数据统计显示:农村老年人患有慢性病的比例高达75%,没有患慢性病的比例为25%。从疾病确诊类型来看,确诊比例最高的是高血压病,达到17.9%,关节炎或风湿病次之,占16.7%,胃部疾病或消化系统疾病位列第三,占10.4%(见表7-5)。由此可见,受经济条件限制和健康意识影响,慢性病在农村老年人群中是很普遍的。甚至有些老年人不进行体检,即使有慢性病也不知道。相较于城市的老年人而言,农村老年人存在着经济保障能力薄弱、医疗保障能力不足、医疗可及性差等方面的问题,因此,健康状况不佳。

表7-5 农村老年人患慢性疾病情况

患病种类	频数	频率(%)
高血压病	186	17.9%
血脂异常	79	7.6%
糖尿病或血糖升高	54	5.2%
癌症等恶性肿瘤	8	0.8%
慢性肺部疾患	94	9%
肝脏疾病	26	2.5%
心脏病	100	9.6%
中风	24	2.3%
肾脏疾病	33	3.2%
胃部疾病或消化系统疾病	108	10.4%

续表

患病种类	频数	频率(%)
情感及精神方面问题	8	0.8%
与记忆相关的疾病	30	2.9%
关节炎或风湿病	174	16.7%
哮喘	37	3.6%
总数	961	92.5%
缺失	78	7.5%

备注：1. 糖尿病或血糖升高包括糖耐量异常和空腹血糖升高；2. 癌症等恶性肿瘤不包括轻度皮肤癌；3. 慢性肺部疾患如慢性支气管炎或肺气肿、肺心病不包括肿瘤或癌；4. 肝脏疾病不包括脂肪肝、肿瘤或癌；5. 心脏病包括心肌梗死、冠心病、心绞痛、充血性心力衰竭和其他心脏疾病；6. 肾脏疾病不包括肿瘤或癌；7. 胃部疾病或消化系统疾病不包括肿瘤或癌；8. 与记忆相关的疾病包括老年痴呆症、脑萎缩、帕金森症等。

被调查老年人(见表7-6)中仅有1%的农村老年人是通过自愿体检等方式了解自己所患疾病，有66.09%和14.8%的农村老年人是在慢性疾病发作后和生病后才进行体检从而得知自己患病，也分别有7.09%和5.79%农村老年人是通过单位和社区组织进行的体检得知自身疾病状况。即使有大部分农村老年人在得知自己患有某种慢性疾病后，通过采取不同措施去治疗，但仍有44.7%的农村老年人在知晓自己的病情后，仍然未采取任何医疗措施来治疗自身疾病。这些数据一定程度上反映了农村老年人对自身的身体健康情况关注度不够。大多数农村老年人都没有自主地去关注自身疾病情况，而且有些农村老年人对慢性病没有采取任何措施治疗，这也在一定程度上说明了为农村老年人口提供定期体检的重要性，相关部门应当给予重视，利用制度化机制去关注老年人身体健康问题。

表 7-6 农村老年人获知生病方式和疾病处理方式

获知疾病方式	比例	处理疾病方式	比例
发作后体检	66.09%	服用中药	20.6%
生病后体检	14.8%	服用西药	56.9%
单位组织的体检	7.09%	吃药以外的疗法	15.3%
社区组织的体检	5.79%	以上都没有	44.7%
自愿体检	1%		
其他	10.4%		

7.3.2.2 农村老年人心理健康状况

老年人的心理健康问题同样也是我们不可忽视的重点。根据世界卫生组织对健康的定义，健康不仅指生理功能正常，还包括正常的心理过程和健康的个性。[①] 本研究中主要通过生活满意度，包括因小事而烦恼、难以集中精力、情绪低落、做什么事都很费劲、对未来充满希望、害怕、睡眠不好、愉快、孤独、觉得无法继续生活这些心理状态指标来衡量农村老年人的抑郁倾向。

通过描述性统计可知（见表 7-7），农村老年人总体上对生活是比较满意的，整体的心理健康状况较好，较少感到抑郁。但也有 17.3% 的农村老年人在大多数时间都睡眠不好，也有 13.1% 的老年人做什么事情都很费劲，这些与老年人自身身体情况是相关的。据数据分析得出（见表 7-8），有 46.5% 的农村老年人觉得自己身体健康状况一般，31.5% 认为自己身体不好。因此老年人整体身体健康情况较严峻，老年人身体健康状况不好则会觉得做事情比较费力，睡眠状况较差。

在孤独、害怕以及觉得无法继续生活三个方面，大部分的农村老年人很少有这三方面的困扰，比例分别为 60%、68.90%、67.9%。但是值得注意的是，虽然农村老年人口的负向情绪较少，但是正向情绪出现的频率并不算多。

---

① 高利平. 山东省老年人口健康状况及影响因素研究[D]. 济南：山东大学，2011.

表 7-7　农村老年人心理状态情况

程度 心理状态	很少或者根本不（<1天）/周	不太多（1~2天）/周	有时或者说有一半的时间（3~4天）/周	大多数时间（5~7天）/周	缺失值
因小事而烦恼	51.00%	11.90%	9.60%	7.90%	19.60%
难以集中精力	49.30%	11.00%	9.10%	9.50%	21.10%
情绪低落	48.60%	11.50%	11.30%	8.20%	20.40%
做什么事都很费劲	45.80%	9.50%	11.70%	13.10%	19.90%
对未来充满希望	34.70%	9.00%	11.70%	22.10%	22.50%
害怕	68.90%	4.30%	3.90%	3.90%	19.00%
睡眠不好	41.10%	11.50%	11.40%	17.30%	18.70%
愉快	25.70%	10.10%	16.20%	28.60%	19.40%
孤独	60.00%	6.80%	7.20%	6.50%	19.50%
觉得无法继续生活	67.90%	4.70%	4.70%	3.40%	19.30%

7.3.2.3　农村老年人健康自我评价

通过表 7-8 可以发现，农村老年人身体健康状况并不乐观，通过二分类描述，评价自己身体状况好的老年人仅占调查人口的 17.6%，评价自己身体健康状况一般及较差的老年人占比 82.4%。老年人评价自己身体健康状况多集中于"一般"和"不好"，平均健康水平较低，农村老年人身体健康较差倾向明显。所以需要加强对农村老年人健康情况的关注，通过相关措施来提升农村老年人医疗利用水平，增强老年人身体健康，提升农村老年人的晚年生活质量。

第7章 农村老年人的养老需求分析

表7-8 农村老年人健康自我评价

健康状况		百分比(%)	百分比(%)
较好	极好	0.4	17.6
	很好	7.9	
	好	9.3	
一般及较差	一般	46.5	82.4
	不好	31.5	
	很不好	4.4	
合计		100	100

7.3.2.4 农村老年人健康状况与养老需求的相关分析

为了更好地分析农村老年人的健康状况与养老需求之间的关系，研究将健康状况自评和自理能力情况作为健康状况指标，养老需求分为经济需求、生活照料需求、精神慰藉需求这三个指标，纯收入作为经济状况指标，身体障碍作为生活照料需求指标，心理状态作为精神慰藉需求指标。如表7-9所示，农村老年人健康状况总体情况为一般，平均收入为2 611元，需要照料情况为没有什么太大困难，基本日常生活项目可以完成。心理状态情况则为正向心理和负向心理均有一些。在生活自理能力上，整体农村老年人是基本能自理的，大部分是可以完全自理的占48.2%，基本能自理的占38.8%，不能自理的占12.9%。

表7-9 农村老年人健康状况与养老需求状况

	均值	标准差
健康状况自评	4.10	0.870
纯收入(元)	2 611	10 432.23
需要照料	1.2410	0.441 25
心理状态	3.264 7	0.616 09
生活自理变量	1.65	0.699

如表7-10所示，农村老年人的健康状况与生活照料需求，精神慰藉需求以及生活自理能力均有显著性相关，与生活照料需求相关性最强。其中因为生活照料需求是逆向选项，所以健康状况应与生活照料需求呈负相关，表明农村老年人健康状况越好，他们的生活照料需求就越少，身体健康状况也与精神需求呈负向相关，农村老年人身体健康状况越好他们的精神需求就越小，反之身体健康状况越差的老年人就需要更多的精神关怀。在自理能力方面，农村老年人身体健康状况越好他们的自理能力就越强。经济状况与其他指标则没有明显相关性。

农村老年人生活自理能力也与生活照料需求和精神慰藉需求呈显著性相关，与生活照料相关性最强，说明农村老年人自理能力越强的，需要的生活照料就越少，精神慰藉需求也越少，自理能力越差的老年人需要的生活照料需求和精神慰藉需求就越多。

表7-10 农村老年人健康状况与养老需求的相关分析

	身体健康状况	经济状况	生活照料需求	精神需求	生活自理变量
身体健康状况	1				
经济状况	0.026 0.741	1			
生活照料需求	0.305** 0.000	0.032 0.573	1		
精神慰藉需求	-0.256** 0.000	0.076 0.180	-0.177** 0.000	1	
生活自理变量	0.178** 0.005	-0.011 0.865	0.593** 0.000	-0.108* 0.026	1

7.3.2.4 不同自理能力老年人的养老需求的分析

以自理能力为因子，养老需求为因变量，通过单因素方差分析，检验不同自理能力的农村老年人养老需求是否有显著性差异。在精神慰藉需求方面，通过方差分析将两两比较可以得出，完全自理的农村老年人与基本自理的农村老年人在心理状态上没有显著性差异,但是与不能自理的老年人在心理状态上具有显著性差异,说明完全能自理的老年人与不能自理的老年人在心理状态上差异很明显,需要不同程度的精神关怀。具体情况如表 7—11,表 7—12 所示。

表 7—11　不同自理能力老年人心理状态的均值与标准差

自理情况	心理状态均值	心理状态标准差
完全自理	3.27	0.58
基本自理	3.22	0.59
不能自理	3.02	0.67
合计	3.23	0.60

表 7—12　自理能力与情感慰藉需求显著性分析

因变量	生活自理变量	生活自理变量	均值差	显著性
情感慰藉需求	完全自理	基本自理	0.053 13	0.658
		不能自理	0.252 62*	0.038
	基本自理	完全自理	−0.053 13	0.658
		不能自理	0.199 49	0.144
	不能自理	完全自理	−0.252 62*	0.038
		基本自理	−0.199 49	0.144

在生活照料需求方面,通过方差分析将两两比较可以得出,不能完全自理的农村老年人与完全能自理的农村老年人和基本能自理的农村老年人在需要照料的程度上是有显著性差异的,不能自理的老年人有着更多的生活需求,更需要生活照料。但是完全能自理的农村老年人和基本能自理的农村老年人在生活需求上就没有什么明显的差异,都是需要一定的生活照料。具体情况如表 7—13,表 7—14 所示。

表7—13　不同自理能力生活照料需求的均值与标准差

自理情况	生活照料需求均值	生活照料需求标准差
完全自理	1.13	0.18
基本自理	1.20	0.26
不能自理	2.22	0.72
合计	1.30	0.49

表7—14　自理能力与生活照料需求的显著性分析

因变量	生活自理变量	生活自理变量	均值差	显著性
照料需求	完全自理	基本自理	-0.071 76	0.060
		不能自理	-1.089 60*	0.000
	基本自理	完全自理	0.071 76	0.060
		不能自理	-1.017 85*	0.000
	不能自理	完全自理	1.089 60*	0.000
		基本自理	1.017 85*	0.000

在经济需求方面，通过方差分析可以看出，完全能自理的农村老年人、基本能自理的农村老年人、不能自理的农村老年人这三者在经济收入方面没有显著性差异。每个特征的农村老年人都有不一样的经济收入水平，有自理能力的老年人大多能够进行生产劳动，可以获得劳动收入，而不能自理的老年人虽然不能通过自己的劳动获得收入，但是可以通过各方面的社会支持来获得一定的经济收入。尽管如此，从农村老年人的经济纯收入来看，数量并不多，而一旦生活发生变故，他们的经济支持需求就会增加得比较明显。农村地区相较城市发展相对落后，且农村人口获取收入来源方式较为单一，收入资金也比较少，因此在有些农村老年人心中，家庭的经济需求还是第一位的。具体情况如表7—15所示。

表 7—15　不同自理能力老年的经济纯收入状况经济显著性

因变量	生活自理变量	生活自理变量	均值差	显著性
纯收入	完全自理	基本自理	1 357.708 53	0.670
		不能自理	−1 553.026 77	0.862
	基本自理	完全自理	−1 357.708 53	0.670
		不能自理	−2 910.735 29	0.609
	不能自理	完全自理	1 553.026 77	0.862
		基本自理	2 910.735 29	0.609

由此可见，农村老年人身体健康状况与养老需求之间的关系比较密切，不同自理能力的老年人他们在经济支持、生活照料和精神慰藉的需求方面有着一定的差异。

总体来看，农村老年人生活照料需求高，相应的支持不足，精神慰藉需求大，心理慰藉支持不足。并且养老需求已经不局限于经济供养、生活照料等物质需求，对医疗康复需求、精神文化生活的需求日益增加。

7.4　年龄分层视角下的养老需求分析[①]

年龄视角是基于老年人的生理年龄和社会年龄两个方面提出的。生理年龄是从护理学方面对不同年龄层老年人的照护角度提出的。学者们对不同年龄层老年人的身心状况进行了总结和比较，认为60～69岁的老年人有精神、心理的追求和向往，有参与社会活动的能力，有许多人退休后还去应聘其他的工作。70～79岁的老年人的神经运动机能变弱，但有的还能胜任工作。

---

① 本部分基于对中国健康与养老追踪调查2015年追访问卷调查数据的分析和对北京市X村老年人个案进行的深度访谈，对农村老年人的养老需求进行研究。本研究选取了居住在农村、60岁以上的个案，共得到有效样本1 135个，年龄的最小值为60岁，最大值为104岁，平均为69.18岁，中值是68岁，标准差为7.315。将年龄进行分组后，60～69岁的"低龄老年人组"共687人，占比60.5%；70～79岁的"中龄老年人组"共331人，占比29.2%；80岁以上的"高龄老年人组"共117人，占比10.3%。

80～89岁的老年人分为两种类型,一种是各生理系统功能正常,身体和精神状态与上一年龄段无明显区别;另一种类型是各器官功能出现障碍,患有不同程度的疾病。而90岁以上的老年人动作迟缓、记忆明显减退、思想保守、难于接受新事物。社会年龄是从社会变迁对不同年龄人群的影响视角提出的。人生活在社会里,都置身于一定的社会制度、社会系统和社会团体之中。社会变迁以及在这些层面的运行机制都会促使社会成员的价值观和行为发生变化。生命周期与社会变迁交织在一起,使每个社会成员归属于不同的社会年龄阶层。[①]

因此,本节结合前人研究中的生理特征要素和社会历史变迁中的大事件,将我国老年人分为:诞生于1948—1957年,60～69岁的"低龄老年人组",诞生于1938—1947年之间,70～79岁的"中龄老年人组"和诞生于1937年及以前的80岁以上高龄老年人组。

分层的依据一是结合了护理学对老年人年龄的划分,即把老年年龄划分为四个年龄段:低龄老年期(60～69岁)、中龄老年期(70～79岁)、高龄老年期(80～89岁)、长寿老年期(90岁以上)。本书把其中的"高龄老年期"和"长寿老年期"合并为"高龄组"。

二是参考了影响老年人生育结构的历史事件,如图7－1所示。

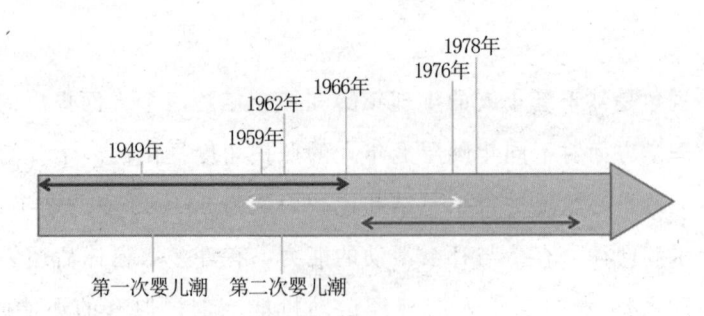

■ 高龄老人组的适孕期（1967年以前）
□ 中龄老人组的适孕期（1958—1977年）
■ 低龄老人组的适孕期（1968—1987年）

图7－1　不同年龄组孕期时间轴

---

① 张世平. 年龄分层理论与青年研究[J]. 青年研究, 1988(3): 6-7.

第7章 农村老年人的养老需求分析

我国建国后不久出现了第一次"婴儿潮",当时实行鼓励生育的政策,赞美"英雄母亲",此时大量人口出生,一个家庭有很多孩子的现象很正常。诞生于1937年及以前,即被本研究定义为"高龄老年人组"的老年人,当时恰好在适育的年龄(这里将人的育龄定为20~30岁),他们是被鼓励生育的一代,生育较多子女的可能性很大。

1959到1962这三年,我国经历了三年困难时期,死亡率大大升高、出生率大大降低。1962年,人们摆脱了饥饿,为了弥补损失掉的人口,开始大量生育,这就是我国的第二次"婴儿潮"。高龄和中龄老年人两组的适孕期都与这个出生率先降低再升高的时期有所重合,造成的家庭结构上的差异可忽略不计。

1966到1976年"文化大革命"造成了生育率和存活率的又一次突然降低,适孕期在1958—1977年的中龄老年人组和适孕期在1968—1987年的低龄老年人组都受此影响,子女数减少。

70年代开始执行计划生育政策,一开始可以生二胎,到1978年之后大多数家庭只能生一个子女。这是对老年人子女数影响最大的因素之一。没有赶上婴儿潮的低龄老年人组,子女数与前两个组的老年人相比必然是较少的。

这些历史事件对应的几代人具有不同的思想观念和生育状况,而当时的青年人现在成为不同年龄层的老年人,他们的子女数量不同,家庭结构也不同。

7.4.1 不同年龄层养老需求现状

7.4.1.1 各年龄层老年人的经济支持需求状况

老年人的经济支持需求是基于老年人的经济收支状况比较而言的,农村老年人经济状况如何关系到老年人的基本生活需求能否得到满足。对此,研究对老年人过去一年的收入、支出等情况进行了分析。其中,老年人过去一年的支出项主要包括:基本生活开销(食品、衣着、日用品、水电燃料费、通信费等)、对子女的经济支援、医疗支出和其他支出等。收入项主要包括:劳动收入、子女支持、政府补助和其他收入(见表7-16)。

表 7-16　分年龄组老年人收支各变量描述统计量

年龄组	支出项	支出(元) 极小值	极大值	均值	标准差	收入项	收入(元) 极小值	极大值	均值	标准差
60~69岁	年支出	0	261 000.0	13 754.96	24 552.26	年收入	0	157 600.0	6 095.30	13 119.08
	基本生活开销	0	253 000.0	7 785.98	16 112.00	劳动收入	0	150 000.0	4 296.43	12 342.00
	对子女的经济支援	0	103 000.0	2 162.42	8 275.51	子女支持	0	65 000.0	1 579.59	4 467.04
	医疗支出	0	200 000.0	2 369.84	10 959.43	政府补助	0	5 500.0	70.42	411.776
	其他支出	0	50 600.0	1 436.72	5 214.00	其他收入	0	20 000.0	148.86	1 141.54
70~79岁	年支出	0	232 400.0	12 505.35	23 239.69	年收入	0	70 000.0	6 066.50	11 985.77
	基本生活开销	0	119 200.0	7 105.44	15 447.65	劳动收入	40.0	70 000.0	4 308.16	11 227.39
	对子女的经济支援	0	100 000.0	2 470.15	10 147.52	子女支持	0	40 000.0	1 683.23	4 607.00
	医疗支出	0	60 000.0	1 586.25	5 415.65	政府补助	0	2 400.0	40.94	229.46
	其他支出	0	70 000.0	1 343.50	5 904.91	其他收入	0	3 200.0	34.17	243.11
80岁以上	年支出	0	625 200.0	14 649.49	35 182.12	年收入	0	78 000.0	6 769.38	12 750.59
	基本生活开销	0	313 200.0	9 045.13	31 266.51	劳动收入	300.0	78 000.0	4 961.54	12 145.96
	对子女的经济支援	0	52 000.0	2 372.65	8 053.56	子女支持	0	31 600.0	1 623.68	4 788.09
	医疗支出	0	70 000.0	2 437.18	8 780.12	政府补助	0	4 318.0	107.25	517.10
	其他支出	0	17 000.0	794.53	2 563.91	其他收入	0	8 800.0	76.92	813.61

由表7-16可以看到，各组老年人过去一年的年总支出平均值都在1万元以上，而总收入平均值都在7 000元以下，总支出高于总收入。说明我国农村老年人在经济方面大多入不敷出，有着比较大的经济支持需求。此外，各变量分析结果的标准差都很大，说明目前我国农村老年人的经济状况存在悬殊的差距。

支出方面，支出各项的最小值均为零，说明部分老年人在过去的一年生活中是不需要自己花钱的，也就是说有别人来为他们提供完整的养老经济支出。支出中最大项目是基本生活开销，即衣、食、住、行等满足最低生活需求的消费项目，其次是对子女的经济支援和医疗支出两项。

收入方面，三个年龄组的老年人去年的平均收入都在6 000~7 000元之间，但差距极大。收入中最主要的一项是劳动收入，年龄组越高，平均劳动收入越高。其次，子女支持也是老年人收入的主要来源。值得注意的是，老年人的政府补助收入相对较低，这一项中包括老年人高龄补贴、老年人独生子女补助和政府其他补助等，各地方政府的标准不统一，收入不同，但总体看来平均值都在150元以下。

通过对各年龄层老年人收支情况的分析可以看到，三组老年人的经济收支情况差异并不大，支出成分当中，基本生活开销占据最大比例；劳动收入是收入来源的主要构成；政府补助力度稍显不足。相比之下，高龄组老年人的基本生活开销、医疗支出和年总支出都是三组中最高的，劳动收入、政府补助和年总收入也最高。

7.4.1.2 各年龄层老年人的生活照料需求情况

探究老年人对于生活照料的需求，首先要了解老年人客观的身体状况。自理能力越高，需要他人提供照料的程度就越低。而照料需求的满足在于是否有人提供服务、由谁来服务、是否满足老年人的期待，以及在老年人生病时能否得到及时有效的治疗等。

从护理学角度，对老年人能够自理的定义是：大脑思维清楚，身体健康，行动方便，能够基本上照顾自己的衣食住行及能参加集体活动的体质状态。[1]因此本研究将穿衣、吃饭、洗澡、如厕和上下床是否有困难这五个变量进行合并，完全没有困难的定义为完全自理；有任一项需要帮助或完全做不到的合并为半自理或不能自理。

根据表7-17，虽然能够完全自理的老年人占大部分，但半自理或不能自理的现象也明显存在。年龄组越高，自理能力越低。

表7-17 分年龄组的能否自理情况　　　　　　　　单位：%

年龄组		完全自理	半自理或不能自理	合计
60～69岁	百分比(%)	82.5	17.5	100.0
70～79岁	百分比(%)	80.7	19.3	100.0
80岁以上	百分比(%)	73.3	26.7	100.0

$x^2=5.474$, df=2, $P=0.020<0.05$

---

[1] 陈芊宇. 西安养老机构设施、环境现状及需求研究[D]. 西安：西安建筑科技大学，2007.

从表 7-18 显示的数据分析结果来看，为老年人提供照料的主要是配偶，其次是子女。年龄层次越高，子女能够提供照料的越多，其他亲属能够提供照料的也越多。同时，仅有 3 位低龄老年人组的老年人享受过社会机构或养老院的照料服务，其他均为 0。可见社区和社会提供的养老服务，至少在生活照料这一部分，对农村老年人的帮助微乎其微。

表 7-18　分年龄组谁来提供照料情况　　　　　　　　单位：%

年龄组	配偶	子女	其他亲属	社会机构或养老院	社区提供的帮助	其他
60~69 岁	13.0	8.2	0.9	0.4	0	1.0
70~79 岁	11.8	8.8	1.2	0	0	1.5
80 岁以上	12.8	10.3	1.7	0	0	2.6

以上分析表明，高龄老年人组自理能力低，生活照料方面需求的满足尤其需要关注。从提供照料的主体来看，低龄和中龄老年人相较高龄老年人来说更需要来自家人的照料。

7.4.1.3　各年龄层老年人的情感慰藉需求

根据社会学家埃里克森的生命周期理论的内容，老年时期是人生的第八个时期，在这个时期的生命主体为整合—绝望。拥有整合意识的老年人，一般在成年期都曾有过一定的成就，对于家庭和社会都有过一些贡献，到老年时就会觉得过去的时光并未虚度。而年轻时蹉跎岁月、一事无成的人，到老年期已经没有机会重新发展，因而会感到灰心丧气。[①]

负面情绪很有可能对老年人的身体健康、生活水平等产生影响，甚至动摇他们活下去的信念，因此非常值得我们关注。

本研究认为，当有人在老年人身边进行有质量的陪伴，给予他们情感和精神上的悉心呵护，从而降低他们的孤独感时，老年人的不良情绪会有所减弱，在精神上得到慰藉的效果。从表 7-19 的分析结果可以看到，虽然有大部分老年人几乎不太能感到孤独，但也有一部分老年人会经常或总是感到

---

① 夏敬哲. 河北省农村居家养老服务需求研究[D]. 石家庄：河北经贸大学，2012.

孤独。

表7-19 分年龄组孤独感情况　　　　　　　　　　单位：%

年龄组	不太能感到孤独	经常或总是感到孤独	总计
60~69岁	72.5	27.5	100.0
70~79岁	79.0	21.0	100.0
80岁以上	83.7	16.3	100.0
$x^2=8.739$, df=2, $P=0.013<0.05$			

根据表7-19中分年龄组的孤独感情况分布，年龄组由低到高，孤独感是减弱的：低龄老年人组孤独感最强，中年组次之，高龄组最弱。

配偶在老年人养老需求满足中的作用在很多研究中受到普遍认可，王来华等认为，健在的老伴在照顾配偶方面发挥着主要作用[1]；郭志刚指出，有配偶且同住的老年人与有配偶不同住、离婚、丧偶的老年人相比更倾向于不与后代同住[2]；丁煜等的研究则表明，有偶老年人比无偶老年人更倾向于赞成非家庭养老方式。[3] 从表7-18中我们已经可以看到配偶对于农村老年人在生活照料上的重要地位，接下来我们再来探讨配偶在精神慰藉方面的作用。

关于目前有无配偶，本研究将婚姻状况中"已婚在一起居住、已婚不在一起居住、同居"归为"有配偶"，"离异、丧偶、未婚"归为无配偶（见表7-20）。

表7-20 分年龄组有无配偶的分布情况　　　　　　　单位：%

年龄组	有配偶	无配偶	总计
60~69岁	90.5	9.5	100.0
70~79岁	71.9	28.1	100.0
80岁以上	44.0	56.0	100.0
$x^2=157.30$, df=2, $P=0.000<0.05$			

---

[1] 王来华，瑟卡·施耐德约.论老年人家庭照顾的类型和照顾中的家庭关系——一项对老年人家庭照顾的"实地调查"[J].社会学研究，2000，15(4)：27-41.
[2] 郭志刚.中国高龄老年人的居住方式及其影响因素[J].人口研究杂志，2002(1)：37-42.
[3] 丁煜，叶文振.城市老人对非家庭养老方式的态度及其影响因素[J].人口学刊，2001(2)：12-17.

从各年龄组的婚姻状况来看，三个年龄组有配偶的比例分别是90.5%、71.9%、44.0%，年龄层越高，无配偶的可能性越大。这是符合我们的社会事实经验的。但是这就形成了一个悖论，配偶对老年人的情感慰藉作用应该是正向的，为什么高龄组老年人比低龄组老年人没有配偶的比例高但是精神抚慰需求却比他们低呢？课题组讨论认为，根据马斯洛的需求层次理论，人的需求满足从低到高依次分为生理需求、安全需求、社交需求、尊重需求和自我实现需求五种，这些需求都是按照先后顺序出现的，当一个人满足了较低层次的需求之后，才能出现较高级的需求。高龄老年人的生理需求和安全需求较之低龄老年人更为迫切，因此他们在精神慰藉方面的需求在前两个层次的需求没能完全得到满足的情况下，精神慰藉的需求就没能表现出来。所以从统计数据上看，尽管他们无配偶的比例高，但是他们感到孤独的比例却比低龄组的比例低，这样前面的悖论就解释得通了。

7.4.2 不同年龄层老年人的养老需求比较分析

根据年龄分层理论，每一个社会成员一生中都经历着两个过程，一个是生命周期过程，另一个是社会变迁过程。生命周期与社会变迁共同作用于人的老化，使社会成员归属于不同的社会年龄阶层。

7.4.2.1 不同生理年龄老年人的照护需求比较

作为生物体，不同年龄层老年人的身体状况、行为能力、精神状态都存在差异，相对应的需求也不同。从前面对于农村老年人需求现状的描述中不难看出，在生理因素的影响下，年龄层越高的老年人，自理能力越差，失去配偶的可能性越大，参与休闲娱乐活动的难度越高。

研究表明：年龄层次的变化对农村老年人在生活照料和精神慰藉方面的影响比较突出。年龄层越高的老年人，越认为自己需要得到照顾，对生活照料方面表现出了非常强烈的需求。高龄组的访谈对象连某对于自己的身体状况比较悲观："我现在身体越来越不好，脑血栓后遗症导致腿脚不利落，胳膊也没有力气，跟个废人一样。要是儿子儿媳不管我了，我也活不了几天。"张某也表示："到了我们这个年纪，身边必须有人，说不好哪天磕了碰了，自己根本应付不了。"

第7章 农村老年人的养老需求分析

由于物质生活条件的限制，农村老年人的患病风险较高，医疗服务成了农村老年人生活照料中非常重要的一部分。本研究将调查问卷中关于对本地医疗服务的质量、成本和方便程度是否满意的问题进行处理，由完全不满意到非常满意分为1分到5分五个等级，结果显示平均得分为3.30，标准差为1.082。结合数据分析结果和访谈结果不难发现，农村老年人对于能够享受到的农村医疗服务并不十分满意。访谈中，有一半的老年人都表示渴望得到医疗卫生方面的服务，且年龄组越高，需求程度越强烈。高龄老年人组大多认为自己的身体状况越来越不好，非常需要定期的医疗和体检服务等，提早发现健康上的隐患，才能进行预防和及时的治疗。

相比之下，低龄组的几位访谈对象认为自己目前虽然体力有所下降，也大多患有常见疾病，但完全可以照顾自己，不需要额外的陪护，对于日常生活照料的需求并不强烈，而对于医疗服务的需求主要在于设施便利程度方面。就X村来讲，村内没有正规的诊所或卫生室，只有一个规模不大的药房，没有专业医生，更没有针对老年人的定期身体检查服务等。对于村民们来说，这个药房几乎起不到什么作用，因为"小病不用治，大病治不了"。一旦身体出现疾病，村里老年人会选择到城区的医院就诊，这样一来，花费在交通和时间上的成本大大增加，对老年人身体上的突发状况非常不利。

心理方面，低龄组和中、高年龄组也表现出了不同的情况。高龄组的连某表示，"年龄越大越容易害怕。以前觉得离死还远，现在总觉得就这几年了，能活一天是一天"。中龄组的王某谈道："我老伴前几年没（去世）的，现在又看着身边的同龄人这几年连着去世，心理确实难受。"高龄老年人目前没有配偶的情况已超过半数，在感情生活方面存在缺失。尤其要注意的是，当一起生活了多年的伴侣去世后，老年人的精神状态非常容易出现突然性变化，在生活习惯改变、精神依赖缺失等方面都承受着极大的挑战。因此对于这部分老年人来说，在精神慰藉方面需要给予更多的关注。

可见，中、高年龄组老年人精神方面的需求主要体现在对恐惧感的消除，以及对失去配偶后的情绪变化的处理上，他们需要专业人士来提供心理疏导和慰藉服务。而低龄组老年人则主要体现在亲情支撑不足和孤独感方面（下一章中详细探讨），老人们心理上虽然也渴望子女的陪伴，但更希望子女好好工作，不愿意影响他们。

总的来说，从生命周期的角度来看，随着年龄层由低到高，老年人对生活照料和医疗服务的需求大大提高，中、高年龄组对医疗服务的需求主要在于希望拥有定期的体检和护理服务，希望能够提早发现健康上的隐患，进行预防和及时的治疗。低龄组则更希望村内建设起完备的医疗设施，为他们的健康提供长久的保障；随着年龄的增加，丧偶及死亡的威胁越来越强烈，精神上也需要更大程度的陪伴和安抚。此外，不同年龄层的老年人对于休闲娱乐的需求有所不同，年龄组越高，由于体力等方面的限制，在休闲娱乐活动方面的积极性和能力越低，但这并不代表他们不需要。访谈中很多老年人提到，参加休闲活动能够让他们的生活变得充实有趣，带来心情上的愉悦感受。因此，为高龄老年人提供适合他们的简单的娱乐活动也是满足其慰藉需求的关键。

7.4.2.2 不同社会年龄老年人的劳动观念与经济收入需求比较

我国传统的农村老年人大多有着较为保守的思想观念。高龄组的老年人出生于1937年以前，他们的成长过程经历了战争、动荡、灾难和贫穷等等，大多延续了节俭、勤劳、保守、谨慎等特点；中龄组的老年人出生于建国以前，他们陪伴着共和国一起从无到有，从落魄到兴盛，思维上经历了一个不断转变和进化的过程；而低龄组的老年人，在年轻力壮的人生阶段适逢我国的改革开放，国家开始重视教育，且国门敞开，西方先进因素逐渐传入，低龄组老年人在自己最好的年纪赶上了最好的年代，受教育程度普遍比另两个年龄组的老人要高，且思想上大多比较现代化。这种主观的差异在一定程度上会影响不同社会年龄老年人的养老需求。

从前面的描述统计中我们能够看到，劳动收入是老年人经济收入的主要来源。对劳动的态度影响着老年人在经济方面的自主性。调查表明：仅有21.85%的被调查老年人有劳动收入。在有劳动收入的老年人中，低龄老年人有144人，占比26.5%，中龄老年人有74人，占比28.8%，高龄老年人有30人，占比34.5%。可见，年龄层越高的老年人，仍在参与劳动的比例越大。根据对X村村民的深入访谈也能够了解到，年龄层越高的老年人越倾向于参与劳动。这主要是由于，高龄老年人一生习惯于劳动，到了老年也不愿意闲下来"荒废生命",但是碍于身体情况的限制,他们大多只能做一些非常简单的劳动,收入也非常微少。中龄老年人的看法与高龄老年人相似。低龄老年人对于劳动的看法大致分成两派:一派是还没能完全完成身份转换,认为自己还不老,不愿意停下劳动,于是继续从事劳动生产;另一派是已经完全接受了自己"老年人"的身份,不愿再进行劳动,希望完全休息下来,由子女或他人来提供经济上的支持。

在访谈中发现,不同年龄层的老年人对经济收入的看法有所不同。中高龄组大多认为达到"温饱"已经足够,不需要太多的收入,而低龄组大多不满足于基本生活的供给,还希望得到更多的经济支持。当问到"对经济方面有什么期待吗",高龄组的张某表示,"穷了一辈子,以前根本吃不饱穿不暖,现在的生活已经比原来强了很多,没有什么更高的期待了"。中龄组79岁的代某也表示,"现在生活已经很好了,家里缺什么儿女们都会给买,大到空调电视,小到水果蔬菜,自己平时也不怎么花钱,大队(村委会)给的补助就够花了"。中龄和高龄老年人在人生中经历过很多苦日子,习惯了艰苦奋斗,他们大多对目前的生活比较满足,对于经济方面没有更高的需求。相比之下,低龄老年人在经济方面的需求就比较高了。低龄组的王某在访谈中提到,"这个村跟周边比还是穷。人家县城里的老头老太太没事就能出去旅旅游啊什么的,我们哪有钱旅游啊。每月就是人家给多少就花多少。还是穷。自己想干的事想买的东西都干不了也买不了"。低龄老年人组的几位访谈对象都对自己的经济生活有更高的期待,认为自己不富裕,但也不愿意跟子女提出来,怕给子女增加压力。但其实很羡慕城市老年人富足的生活,希望能够获得更多的经济来源。在田野调查的访谈中,课题组一共访谈了10位不同年龄层的老年人,其中有三位仍在进行劳动,一位是低龄组的,另外两位都是高龄老年人。两位高龄老年人都是村内的"管护员",工作比较轻松,主要职责是监管进村人员,每月工资为400元。

可见,中、高龄老年人由于深受艰苦奋斗思想的影响,对目前的经济现状比较满意,没有过高的需求,且高龄组老年人更愿意投身于劳动活动,但由于身体条件的限制,年龄越高的老年人工作能力越低,因此他们需要得到简单的、适合他们的再就业或再劳动机会。而低龄组的老年人则大多希望能够得到更多的经济支持,且对劳动的态度分为两派——愿意继续劳动和希望完全放松。希望继续劳动者,同样应该被给予再就业机会。另外对于农村老年人的经济支援幅度也应该有所提升。

7.4.2.3 不同社会年龄老年人对养老方式的需求比较

目前,我国正在健全以居家为基础、社区为依托、机构为支撑的覆盖城乡的多样化养老服务体系,家庭、社区、机构、政府都可以为老年人的养老提供生活上的照料,且这些支持的力度越来越大,范围越来越广,内容越来越完善,渐渐地已经可以部分代替子女的作用。

在我们访谈的 X 村,村内没有养老院等公共养老场所,也没有完备的政府养老服务。最近的一家养老院是在县城里。当向不同年龄组的老年人询问对养老院的看法时,他们再一次出现了较为明显的分歧。

有研究指出,家庭关系越好、有儿子、家庭规模越大的老人,越倾向于接受子女养老。[①] 且受教育程度越高的老年人接受机构养老的可能性越大,受教育程度较低者则更倾向于家庭养老或居家养老。[②] 本研究的访谈结果也验证了这一结论:高龄老年组的访谈对象都有着非常坚定的"养儿防老"观点。他们全部不认可在养老院进行养老。理由大多是认为子女应该对自己的养老负起责任,否则就是不孝,"那么多儿子还养不了两个老的,让人笑话"。年龄大的老年人深受传统的孝道观念影响,且在思想上比较保守。在他们的人生经历中,养老机构算是一种新鲜事物。他们在年轻时尽心尽力地照顾自己的父母、长辈,因此他们在潜意识里固守着自己原来的观念,不能接受外人来为自己养老送终。

中龄组老年人认可机构养老的也不多,而他们最主要的观念是认为养老机构的环境过于陌生。村子里的老年人们在一起生活了大半辈子,都是知根知底的,平日里也是低头不见抬头见,往街边一坐就能聊上一整天。一旦到了城里的养老院,一切都是新的、陌生的,不能适应的恐惧对他们来说是难以克服的。

[①] 于长永. 农民对"养儿防老"观念的态度的影响因素分析:基于全国 10 个省份 1000 余位农民的调查数据[J]. 中国农村观察,2011(3):69-79.

[②] 刘佳,王强. 独生子女家庭父母的养老意愿[J]. 河南科技(上半月),2014(11):210-211.

相比之下，60多岁的低龄老年人在改革开放的影响下，受教育程度比另两组老年人要高，观念也比较开放。有人表示，如果有一天自己没办法独自生活了，愿意去机构养老。这几位老年人认为，子女的压力很大，不仅要照顾他们的孩子，还要照顾两双父母，他们并不指望子女能够为自己养老。64岁的李某说到，"我们这一辈人，伺候孩子伺候了一辈子，现在不伺候他们就很好了，根本不指望孩子能伺候我们"。此外，低龄组的老年人对精神文化方面的需求更加强烈，他们认为养老机构能够提供比较齐全的娱乐设施，能够在精神上得到满足。这一代老年人比较能够接受新鲜的事物，能够适应时代的发展变化。对他们来说，只要入住养老机构够方便，服务够到位，他们就愿意在养老机构度过晚年。

总的来说，三个年龄层次的老年人由于思想观念上的差异，对于养老方式有着不同的选择。高龄老年人有着极强的"养儿防老"的观念，几乎不能接受任何其他的养老方式，更希望接受家庭提供的养老服务；中龄组老年人的态度有所缓和，但也倾向于家庭养老；而低龄老年人思想较为开放，愿意接受其他的养老方式，且更需要精神文化方面需求的满足。因此，针对较高年龄层的老年人的需求，应该着重在家庭养老或居家养老等形式上给予支持，让他们能够在自己适应的环境中进行养老。

由此可见，在社会成员社会化的过程中，社会环境和社会结构塑造着其行为和观念。因此，每个社会个体与其所处的同龄群体之间有着共同的行为规范、规则和认知等。我国作为一个发展中国家，从建国到现在取得了辉煌的成就，整个社会经历着高速的发展变化。不同年龄层的老年人经历的时代不同，在社会大背景下所受到的影响和享受的资源也不同。不同年龄的老年人有着不同的家庭结构和思想观念，养老需求也会存在差异。研究表明：受社会发展的影响，高龄老年人组这一群体拥有较为复杂的家庭结构、艰苦奋斗的生活习惯、保守的思想观念、对"养儿防老"的高度认可等。相比之下，低龄老年人组家庭结构简单、子女大多进城务工、"空巢"现象严重、思想开放、容易接受新鲜事物。中龄老年人组处于两者之间的过渡阶段。

7.4.3 年龄分层视角下农村老年人养老需求分析

本研究运用年龄分层理论来分析农村老年人的养老需求。年龄分层理论传承了社会学学科中传统的动力学分析方法，将生命过程和社会变迁作为两个相互促进的发展动力。不同年龄层由不同时间出生的人组成，他们的生理和心理随时间推移而不断成熟，不断被赋予新的角色，不断完成新的社会化。他们所面临的社会结构存在差异，因此他们社会化的过程不仅仅是自己选择的结果，更深受社会历史条件的制约。即生命周期和社会变迁共同影响着老年人的养老需求。

通过不同年龄层养老需求现状的描述和比较分析，不难看出不同年龄组的老年人在养老需求上存在较大的差异。①年龄组越高，家庭结构越复杂，子女数越多，但与较年轻组老年人相比，子女能提供的经济支持大致相当。②年龄组越高，自理能力越差，对生活照料的需求越高；但与较年轻的老年人相比，高龄老年人能够获得的来自子女和其他亲人的照料较多；且高龄老年人的思想观念比较保守，对机构和社会养老的认可程度低。③年龄组越年轻，孤独感越强；年龄组越年老，无配偶的情况越普遍，死亡的威胁越明显，因此所有老年人在精神慰藉方面都需要得到关注。

在经济支持需求方面，中、高龄老年人对目前的经济现状比较满意，没有过高的需求，且高龄组老年人更愿意投身于劳动活动。而低龄组的老年人则大多希望能够得到更多的经济支持，因此应该在完善和提高对老年人的经济补助政策的同时，对于愿意继续劳动的，给予再就业机会。

在生活照料需求方面，年龄层越高，对生活照料的需求程度较高，越倾向于家庭养老，在医疗卫生方面希望拥有定期的体检和护理服务。低龄组更能接受机构养老，由于家庭结构简单，他们能够获得的照料较少，需要被给予更多的关怀和照料。农村也应加快建设起完备的医疗设施，满足老年人的长期医疗服务需求。

在精神慰藉需求方面，年龄层越高，对死亡的恐惧感越强，且无配偶的现象越严重，需要得到专业的安抚和慰藉服务。且他们在休闲娱乐方面的能力较低，需要拥有简单的适合他们的休闲方式。年龄层越低，家庭结构越简单,导致亲情支撑不足,孤独感强烈,需要得到高质量的日常陪伴和精神文化需求的满足。

年龄分层理论的社会变迁视角也提醒我们注意:某一年龄层的人不再是数十年前相同年龄层的人,他们为另一群完全不同的人所替代,这两类人虽然生理年龄相仿,却有着完全不同的社会经历。今天的 80 岁老年人和十年后的 80 岁老年人在养老需求的很多方面上都可能有所不同,只有综合考虑生命过程和社会变迁的双重动力,才能有针对性地了解我国老年人的养老需求。

第8章 农村老年人养老意识及其社会化养老意愿分析

对于农村老年人的养老意识和养老期待,课题组通过专题调查对此进行数据分析。调查数据表明,老年人最为期待的养老方式仍然是家庭养老。在代际分居情况下更多期待的是自养方式;在社会养老方面期待提高养老金的水平;在经济条件许可情况下,对于商业化养老机构的认同要强于农村社区养老;对自我阶层认同越高和对现有生活满意度越高的农村居民,其社会化养老意愿越低;对当地政府官员信任度越高的居民,其选择社会养老可能性也越高。

前面几章主要是利用北京大学"中国健康与养老的追踪调查"的全国样本数据,对新型城镇化背景下我国农村家庭结构变迁、代际关系、家庭养老以及老年人需求等进行实证研究。研究主要从客观角度对新型城镇化背景下的中国农村家庭结构变迁和养老状况进行分析,没有从老年人主观方面进行养老分析。原因在于受问卷设计的限制,对农村老年人的养老意识方面数据库没能提供支持。但是,要想建构适合中国本土化的农村养老模式,是不能仅从客观的经济条件、家庭结构等出发的,还要以老年群体自身的养老意识为基础。因此,课题组在这种考量下,对北京市农村老年人进行了问卷调查,以弥补数据在这方面的不足。北京作为首都,城市化进程快,城市户籍人口比例高,农村居民非农就业比例高。因此,相对而言,北京农村老年人的养老意识在一定程度上代表了未来中国农村老年人的养老意识。因此,选择了北京农村老年人作为被调查对象。2017年10—12月,课题组在北京市怀柔、密云、延庆、大兴和顺义等农村地区对60岁以上的老年人进行了养老意识和养老状况随机抽样的问卷调查。

8.1 农村老年人养老意识状况

据统计,截至 2016 年底,北京市老龄化比例超过 24%,居全国第二。北京人口老龄化呈现程度高、增长快、高龄化、不均衡、抚养重五个显著特征。从户籍来看,非农户籍老年人口 269 万人,占全市老年人口的 81.7%;农业户籍老年人口 60.2 人万,占全市老年人口的 19.3%。[①] 根据 2017 年北京市统计年鉴中北京市 2016 年底的城乡户籍人口总数计算,北京市的城乡户籍人口老龄化程度分别为 23.76% 和 26.07%。这就意味着北京市农村户籍人口老龄化程度要高于城市户籍人口。加之农村年轻人到城市就业等原因,农村人口的老龄化程度实际上会更高。从养老保障制度和养老服务体系的发展现实来看,尽管近些年北京市农村养老稳步推进,保障水平不断提高,养老服务体系也在不断完善,但是老年人对此感受如何?老年人对自己养老方式的期待以及担忧是什么?老年人主观养老意识是这次调查主要关注的问题。

8.1.1 对经济支持的主观感受

多年以来,享有退休金一直都是城市户籍老年人的福利。对于农村老年人来讲,传统家庭养老一直是主要的养老方式。2003 年,我国实行新农保制度以后,农村老年人开始享有基础养老金。这是中国社会养老保障制度推进的重要一步,也是社会公正得以实现的一个重要保证。目前,农村基础养老金的水平各地不一,但是对于农村老年人,即使最低水平的农村基础养老金也是他们很重要的养老资源。

从北京市农村调查情况来看,有 47.4% 的老年人认为最主要的经济来源是养老保险金(见表 8-1),这说明有近一半的农村老年人最主要的经济支持

[①] 北京市老龄事业和养老服务发展报告(2016—2017 年)[EB/OL]. (2017-11-09) http://www.gov.cn/xinwen/2017-10/31/content_5235685.htm.

是基础养老金和福利养老金。北京市从 2017 年 1 月 1 日起，调整城乡居民基本养老保险、基础养老金和老年保障福利养老金标准，每人每月增加 50 元。城乡居民基本养老保险基础养老金从目前的每人每月 510 元提高到每人每月 560 元；城乡居民老年保障福利养老金从目前的每人每月 425 元提高到 475 元。这表明农村老年人即使享有福利养老金，也能够领到将近 500 元。结合这一调查，我们可以得出有近一半的农村老年人，不论是种地、子女支持还是其他方式的经济收入都达不到每月 500 元。但也有 21.8% 老年人认为最主要经济支持是子女给予的，这说明这些老年人子女每月给予父母的经济支持要超过 500 元。此外，自己种地（16.7%）、打工（2.6%）、工资性、资产性收入（9%）合计有 28.3% 的老年人自我经济收入也超过了每月 500 元。总体来看，在老龄化趋势日趋严重的现实背景下，有近 30% 的农村老年人主要是通过自我经济收入取得最主要的经济支持。如果我们把养老金和国家救济合计为制度保障的经济支持，所占比例为 50%。而把子女支持和自我养老合计为家庭养老经济支持，也占一半。这说明，从养老的经济支持来讲，制度保障已经对一半农村老年人起到核心的经济支持作用，以传统家庭养老为主要养老方式的农村在养老的经济支持上正逐步走向社会化。

表 8-1　农村老年人养老的最主要经济来源

经济来源	百分比(%)	累积百分比(%)
打工收入	2.6	2.6
自己种地	16.7	19.3
工资性、资产性收入	9.0	28.3
子女经济支持	21.8	50.1
养老保险金	47.4	97.5
国家救济	2.6	100
合计	100.0	

老年人对自己经济状况的感受如何，是直接影响他们养老幸福感的一项重要指标。"您认为自己目前的经济状况如何"的调查（见表 8-2）显示：有

53.2%的老年人认为自己的经济状况一般,这与前面主要依靠养老金和救济支持养老的老年人比例接近。作为主要依靠制度养老金支持的群体来讲,他们的经济状况在农村老年人群体中应是最低的。这也就说明以基础养老金为主要经济来源的老年人虽然基本生活能够满足,但相对于老年人养老的经济需求来讲,依然不宽裕。甚至还有1.3%的老年人认为自己的经济状况比较困难。在农村基础养老金普惠制的情况下,依然有人表示经济状况困难。但也有45.5%的老年人对自己的经济状况比较满意,评价为比较宽裕(36.4%)和很宽裕(9.1%)。

表8-2 农村老年人对自己目前经济状况感受

经济状况感受	百分比	有效百分比(%)	累积百分比(%)
很宽裕(%)	9.0	9.1	9.1
比较宽裕	35.9	36.4	45.5
一般	52.6	53.2	98.7
比较困难	1.3	1.3	100.0
合计	98.8	100.0	

老年人养老最为重要的是手里有钱,这样才有安全感。调查结果显示:北京市农村老年人对自己的经济状况较为满意的比例不足一半,这大多是其家庭养老经济支持和自我经济收入较高,并且在享有政府普惠养老保障金等多种因素合力下的效果。而一旦家庭养老经济支持不足,自身没有经济收入,加之身体有些慢性病等,仅仅依靠政府基础养老金就略显养老经济支持不足。2017年,北京市农村居民人均消费支出18 810元[①],每月平均1 567.5元。如果老年人主要经济来源为养老金,也就意味着老年人月平均经济支持不足1 000元。这表明农村老年人群体消费低于社会的平均水平。这一点从调查者中有52.6%的老年人评价自己的经济状况为一般,还有1.3%的老年人认为自己经济状况困难就可以看出来。因此,即使是在北京这类地方财政比较好

---

① 2017年北京市国民经济和社会发展统计公报[EB/OL].(2019-05-31)http://www.beijing.gov.cn/zhengce/zhengcefagui/201905/t20190522_60991.html.

的地区,老年人基础养老金水平相对较高,主要依靠政府的基础养老金也不能满足老年人的养老需求。因此,在提升国家基础养老金水平的同时,还应挖掘农村养老的其他经济支持渠道,以满足老年人养老的经济需求。

8.1.2 对生活照料的期待与评价

在日常生活照料上,农村老年人自我养老意识依然占据主导地位。老年人们只要自己能够自理,基本上不会麻烦子女去帮忙。被调查的70.6%老年人依靠自己(60.3%)和老伴(10.3%)解决日常生活照料问题,有23.1%的老年人依靠儿子和儿媳妇,还有6.4%的老年人依靠女儿和女婿。而一旦自己生病,在生活照料上,只要老伴能够解决,基本上是由老伴来承担生活照料任务。调查显示,生病后,老伴照料的比例急剧提升,达到47.9%;其他家庭成员的比例虽然也有提升,但是都没有老伴的比例提升得高。其中,儿子和儿媳妇的比例达到38%;亲友也出现在照料名单中。这说明,在家庭养老过程中,最为重要的家庭支持力量来源于老年人自身,老年夫妻相互照应是养老过程中的主要方式。其次才是儿子和儿媳妇,女儿和女婿,以及其他亲友(见表8-3)。

表8-3 老年人生活照料情况表

照料主体	日常生活照料	生病时生活照料	比例提升
自己	60.3%	0	-60.3%
老伴	10.3%	47.9%	37.6%
儿子/儿媳妇	23.1%	38.0%	14.9%
女儿/女婿	6.4%	12.7%	6.3%
亲友及其他	0	1.4%	1.4%

面对自己生活不能自理时,"谁应该承担养老责任?(排序多选题)"时,老年人们第一选择比例最高的是儿子,综合得分第二高的是政府,此后排序分别是女儿、配偶、社会组织、村委会、公办养老院和孙辈。如果我们把儿子、女儿、配偶和孙辈等家庭成员视为家庭养老主体;把政府、公办养老院视为政府养老主体;把村委会和社会组织视为社会养老主体,老年人们依然认为家庭是

养老的主要责任主体,总体得分为 338 分。但是政府主体的综合得分为 183.8 分,仅次于家庭养老主体。社会组织的得分最低,为 74.5 分(见表 8-4)。因此,关于养老的社会政策的制定和公共服务体系的建构都应该充分考虑中国文化中家庭养老的传统和老年人们的心理诉求。在制定养老社会政策时,要发展家庭社会政策,而不是通过某种途径把老年人养起来即可。

表 8-4 农村老年人对"谁应该承担养老责任"调查统计表

承担主体	第一选择(%)	第二选择(%)	第三选择(%)	综合得分 (1×3+2×2+3×1)	排序
儿子	48.7	14.8	7.3	183	1
女儿	14.1	27.9	10.9	109	3
配偶	3.8	8.2	18.2	46	4
政府	25.6	32.8	20	162.4	2
村委会	2.6	6.6	10.9	31.9	6
社会组织或机构	5.1	8.2	10.9	42.6	5
公办养老院	0	1.6	18.2	21.4	7
孙辈	0	0	1.8	1.8	8

由此可见,在生活照顾上,农村老年人还秉持着家庭养老的传统观念。因此,作为支撑家庭养老的最为重要纽带——代际关系成为考察的主要对象。为此,调查问卷中设计了老年人对代际关系的自评。总体看,老年人普遍认为与子女的关系不错。其中有近一半的老年人认为与子女关系很好,还有近一半的老年人认为与子女关系较好。也有很少一部分老年人认为与子女关系不太好(见表 8-5)。在多子女的农村老年人中,他们的子女有一部分已在城市买房置业。调查"您是否愿意与城市子女一起生活"这一问题时,有 40.8% 的老年人表示"愿意一起生活"。但当问到"为什么没有一起生活"这一问题时,有 45.5% 的老年人选择了"怕给子女添麻烦"。这从一个侧面也反映出,在代际互动过程中,老年人的家庭责任伦理意识较强,自我养老意识提升。

表 8—5 老年人与子女关系自评表

关系	百分比	有效百分比(%)	累积百分比(%)
很好(%)	48.7	49.4	49.4
较好	47.4	48.1	97.5
一般	1.3	1.3	98.8
不太好	1.3	1.3	100.0
合计	98.7	100.0	

在家庭养老的代际支持上，一些研究表明女儿养老的作用越来越突出。但从北京市老年人的调查来看，老年人们更认同的仍然是儿子和儿媳妇，有73.9%的老年人认为最关心自己的人是儿子和儿媳妇，远超出认为是女儿和女婿的老年人比例(26.15%)。从家里排行来看，家里老大对父母的关心要远远超过其他的弟弟妹妹，有60%的老年人认为最关心自己的孩子是老大。除了老大，相对于家里的其他子女，老小被认为是最关心自己的子女(见表8—6)。在调查"你认为孩子关心您的最主要原因是什么"这一问题时，有63.9%的老年人选择了"孝顺，具有家庭责任感"，其次就是23.6%的老年人选择了"居住最近(或一起生活)"。这与前面的问题相互得到了印证。因为在多子女的家庭中，"老大要多分担父母的责任""老大要多照顾弟弟妹妹"等观念是多子女家庭的教育理念。因此，多子女家庭中的老大责任感更强，关心父母相对要多。而老小能够得到父母的认同，大多是因为父母老年往往与最小儿子居住在一起有关。这从"关心自己的原因"的统计中也得到了证实。

表 8—6 老年人评价最关心自己的子女情况统计

子女	百分比(%)	有效百分比(%)	累积百分比(%)
老大	50.0	60.0	60.0
老二	14.1	16.9	76.9
老三及以下非老小子女	3.8	4.6	81.5
老小	15.4	18.5	100.0
合计	83.3	100.0	

家庭子女养老是我国农村老年人养老最重要的养老方式，尤其是传统观念中的养儿防老，以及家产继承等都使儿子养老的传统传续至今。相对而言，北京农村中儿子养老传统依然是农村家庭的主流，女儿养老现象并不突出（除去只有女儿的家庭），家庭代际关系和谐。这与一些地区农村代际关系紧张、老年人自杀现象突出，以及代际剥削严重等现象有差异。分析其原因，主要有以下几点。第一，老年人养老没有给子女增加经济负担。老年人的社会保障虽然不算高，但维持老年人的日常生活也不是问题。第二，儿子养老在北京农村依然有经济基础。农村老年人即使没有什么财产积累，仅是一套老房子或宅基地也是一笔不小的家产。家产继承在一定程度上支持儿子养老的传承。第三，北京农村人口流动即使是到城市就业，也基本上是在北京市区。相对于中西部跨省流动的农民工来讲，北京农村人口代际间居住距离比较近，在照顾老年人日常生活等方面提供了现实可能性。第四，北京地区传统家庭养老观念受市场化、个体化理念的冲击并不强，有利于传统反哺式家庭养老的传承。

8.1.3 对社区居家养老的期待

居家养老方式是符合我国养老文化和家庭结构变迁背景下的一种创新养老模式，北京市的居家养老在全国是走在前面的地区。目前，北京市政府对农村老年人提供的居家养老服务有养老助残服务，主要是通过政府购买服务的方式为农村老年人提供居家养老服务，但多年来运行效果一般。原因之一是农村老年人经济状况普遍不富裕，加之节俭的消费习惯。养老助残券的使用大多是用来购买生活用品，米面油等，而不是购买养老服务，缺失了政策制定的提供养老服务的目的。其二是农村老年人居住分散，提供养老服务的市场盈利空间小，企业不愿提供这项服务。在农村空巢和独居老年人日益增多的趋势下，老年人养老服务需求大，但供给少。因此，养老公共服务的发展被提上议事日程。目前北京市大力推进农村养老驿站和养老服务队的建设，加大农村老年人养老服务供给。但如何调动社会各方力量，构建有效合作机制还在不断探索中。

除却政府提供的养老公共服务外，老年人口的自组织情况也是提高养老质量的一个重要手段。但从调研情况来看,农村社区老年人自组织比例不高,仅有38.6%的被调查老年人表示村里有老年秧歌队、编织组、健走队、长老会、老年人协会等自组织。当被问及"您觉得在村里组织这类组织的可能性"时,有10.7%的老年人表示"很容易",25.3%的老年人表示"比较容易",26.7%的老年人表示"一般",21.3%的老年人表示"不太容易",16%的老年人直接表示了"不可能"。由此可见,在快速城镇化的进程中,即使是共同经历集体经济组织并处于留守状态的在村老年人,也呈现出原子化趋势。因此,通过自主合作方式抱团养老只适用于组织能力强、身体健康、有兴趣爱好的部分老年人,并不能解决大部分老年人的养老问题。

在农村老年人留守、空巢等社会现象日趋严重的背景下,农村社区公共养老服务建设也被提上议事日程。但从问卷调查来看,老年人们对村委会提供的公共服务给予很高的期望。在多项公共服务中,即生活照料、用餐服务、紧急救援、关怀探访、托老所和提供文体活动条件六项备选项中,有57.7%被调查老年人第一需要选择了生活照料,紧急救援排在了第二位。此后排序分别是用餐服务、关怀探访、文体活动条件、托老所。如此可见,老年人们对政府提供公共服务的期望很高(见表8-7)。

表8-7 农村老年人希望村委会提供服务情况表

服务项目	第一选择(%)	第二选择(%)	第三选择(%)	综合得分 (1×3+2×2+3×1)	排序
用餐服务	26.9	1.5	1.7	85.4	3
生活照料	57.7	22.1	1.7	219	1
托老所	3.8	14.7	15.0	55.8	6
紧急救援	5.1	30.9	18.3	95.4	2
关怀探访	1.3	26.5	16.7	73.6	4
文体活动条件	5.1	4.4	46.7	70.8	5

8.1.4 对养老方式的认知与期待

在社会快速转型过程中,农村养老方式也呈现多元化。但是农村老年人对此到底有着怎样的认知呢？调查结果（表8-8）显示，老年人最为熟悉的养老方式还是家庭养老，有18.4%的老年人很了解这一养老方式，远远超过了对其他养老方式的了解。除了家庭养老，老年人们认识程度较好的就是机构养老方式。尽管对这一养老方式很了解的比例低于家庭养老，但是对这一养老方式表示没听说过的比例也是最低的。对居家养老和社区养老这两种养老方式的认知，老年人们的认识程度差不多。因为这两种方式也是我国在人口老龄化和家庭结构变迁背景下新兴的两种社会养老方式，而且在农村的宣传以及实践都不普及，所以老年人对其认知的程度低。比较令人疑惑的是对家庭养老方式有19.7%的老年人表示"没听说过"。分析其主要原因，可能是调查对象都是60岁以上的老年人，文化程度比较低，一般习惯于说儿子养老，或子女养老，家庭养老这一用语在这一群体中并不常用，因此这一比例较高。这一点从老年人对养老方式的期待中得到验证。（由于这个问题是属于认识程度的调查，调查员不可能和老年人解释这一养老方式）

表8-8 对主要养老方式的认识程度 单位：%

认识偏好 \ 养老方式	家庭养老	社区养老	机构养老	居家养老
很了解	18.4	3.9	4.1	3.9
比较了解	28.9	15.8	32.4	17.1
一般	25.0	35.5	47.3	30.3
听说过但不了解	7.9	15.8	13.5	25.0
根本没听说过	19.7	28.9	2.7	23.7

在对"您最为期待的养老方式"的调查中，选择自己和老伴养老的比例已经和选择子女养老的比例相当，是各种养老方式中比例最高的两种方式，也是老年人们最为认同的养老方式。这从一个侧面反映出了农村老年人养儿防老的观念正在发生着变化，相当一部分的老年人认同自我养老。虽然这两种方式都是家庭养老方式，但是由于家庭结构变迁和代际分居等特点，导致传统的家庭养老观念发生着变迁，由养儿防老向自我养老过渡。在子女养老的

现实可能性逐步下降的情况下，老年人们也把养老期待寄托在村委会的公共服务上，有 19.2％的老年人最为期待的养老方式是社区居家养老服务。而对于机构养老方式，尽管老年人们的认识程度较高，但他们对这种养老方式的期待要远远低于居家养老。与此同时，老年人们对其他养老方式也呈开放和接受的态度，其中有 5.1％的老年人期待与朋友抱团养老，有 1.3％的老年人期待社区养老方式。但如果将题目里的自己和老伴相互照应养老和与兴趣相投的朋友抱团养老归结为个人养老，其比例达到 39.7％，超过了对子女养老的期待。将村里提供养老服务、进养老院、村里全托养老服务归为社会养老，其比例也达到了 25.6％。由此可见，农村老年人的养老观念在发生变化。尽管传统的儿子养老观念依然存在，但是在快速城市化和家庭结构快速变迁的背景下，他们对养老方式的期待也发生了分化，依靠自我的力量进行养老正成为越来越多老年人的一种主观选择。从北京农村老年人对养老期待的变化可以看出传统的中国家庭反哺模式正在向西方的家庭接力模式转型（见表 8-9）。

表 8-9 最期待的养老方式统计表

养老方式	百分比（%）	有效百分比（%）	累积百分比（%）
子女养老	34.6	34.6	34.6
自己和老伴	34.6	34.6	69.2
与朋友抱团养老	5.1	5.1	74.3
在家住、村委会养老服务	19.2	19.2	93.5
机构养老	5.1	5.1	98.6
在村委会全托养老	1.3	1.3	100.0
合计	100.0	100.0	

8.1.5 养老意识与担忧

老年人们一旦生活不能自理，或是在半自理的情况下，生活就需要其他人帮忙和照料。面对自己慢慢老去，老年人们是否担心自己的养老问题？对此，表示不担心的被调查老年人有 24.7％，有点担心的老年人有 52％，表示一般的老年人占23.4%,没有老年人选择"非常担心"选项。这说明在目前多元养老保障体系下,老年人们的基本生活还是有所保障的,老年人们并没有非常担心养老问题。

对于老年人们担心的养老问题,问卷设计了五个选项,其中"怕成为负担"是他们最为担心的问题。得分第二高的选项是"无人照顾"。由此可见,老年人们最为担心的养老问题就是:自己老到不能生活自理了,怎么办?一方面害怕自己成为别人的负担,另一方面又担心自己没有人照顾。这种纠结的原因在于,随着人口结构的老龄化,当老年人生活不能自理之时,不论是家庭养老还是社会养老,其生活照料的问题难度都在增加,所以,农村老年人才会出现如此复杂的心态。值得一提的是在几个备选项中,排在最后的是"害怕养老金没着落",这也说明农村老年人对政府的信任度还是很高的(见表8-10)。

表8-10 农村老年人最为担心的养老问题

担心的问题	第一选择(%)	第二选择(%)	第三选择(%)	综合得分 (1×3+2×2+3×1)	排序
没有经济来源	15.4	0	0	46.2	4
无人照顾	30.8	1.9	0	96.2	2
无事可做,孤独没人陪	23	3.7	0	83.8	3
害怕养老金没着落	3.8	0	2	13.4	5
怕成为负担	26.9	14.8	6.1	116.4	1

对于正处于养老场域中的农村老年人来讲,他们对养老中存在的问题是深有感触的。因此,问卷设计了这方面的多选题。统计结果显示:养老问题主要还集中在社会保障制度与实施方面。养老保障体系不健全排在第一位,此外"制度实施存在问题""财政支持力度小""养老保障水平低"分别排在了第二、第三、第四。此后分别是"存在养老传统意识""医疗保障水平低""养老机构匮乏""生活娱乐设施少""尊老意识淡薄"等方面(见表8-11)。由此可见,尽管21世纪以来,农村养老保障体系有了较快的推进,但是老年人们依然认为农村养老存在问题的主要原因是农村养老保障体系不健全,其次就是制度实施过程中存在问题,这与一些学者研究的中国家庭养老孝道传统的衰败是

主要原因并不一致。

表 8-11 农村老年人对养老问题的认识

养老问题	第一选择(%)	第二选择(%)	第三选择(%)	综合得分 (1×3+2×2+3×1)	排序
存在传统养老意识	20.5	0	4.5	66	5
养老保障体系不健全	29.5	17.8	7.5	131.6	1
制度实施存在问题	24.4	6.8	7.6	94.4	2
财政支持力度小	10.3	21.9	7.6	82.3	3
养老机构匮乏	6.4	12.3	4.5	48.3	7
养老保障水平低	3.8	23.3	12.1	70.1	4
尊老意识淡薄	0	4.1	10.6	18.8	9
生活娱乐设施少	1.3	9.5	16.6	39.5	8
医疗保健水平低	3.8	4.1	31.8	51.4	6

随着人口老龄化的加深以及家庭养老功能的减弱，社会化养老成为一种客观需求。但是通过对老年人养老需求和养老意识的全方位调查，我们发现农村老年人虽然认识到传统依靠子女的家庭养老方式存在一定的困境，但是他们对现有国家、市场与社会的多元养老体系的认同度也并不高，对家庭养老的依赖依然很强。大量的农村调研表明，农村人口的社会化养老方式并不是主要养老方式，很多学者认为目前我国大部分的农村地区，最主要和普遍的养老方式仍然是家庭养老。另外，农村养老机构的空置率远高于城市，有些超过了50%。甚至一些地方基层政府财政支持的养老公共服务的项目使用率也不高。如北京市农村养老驿站、老年餐桌等。在中国社会由传统向现代的转型过程中，尤其是在快速城市化的过程中，年轻人到城市就业，农村家庭的小型化、空巢化都使原有的家庭养老方式的实现变得越来越困难。那么，农村老年人为何不接纳社会化养老方式？是什么因素影响了他们对社会化养老方式的认同呢？农村养老现状与养老客观需求之间形成悖论，原因何在？如何在经济发展水平、基础服务设施建设、社会保障水平、市场服务资源提供等方面都落后于城市的农村，构建适应地区发展、符合社会需求的养老服务体系？为了解决这些问题，下面以北京农村居民的养老意愿调查为基础，

第8章 农村老年人养老意识及其社会化养老意愿分析

对其社会化养老意愿及影响因素进行分析。

8.2 农村居民社会化养老意愿分析[①]

在对农村老年人养老意识和养老意愿基本情况进行统计分析的基础上，我们了解到农村老年人对社会化养老的认知并不充分，社会化养老的意愿也不强烈。农村老年人有着强烈的养老需求，在家庭养老支持不能满足的情况下，老年人应该有参加社会化养老的意愿。那么他们的社会化养老意愿到底如何，哪些因素影响了其社会化养老意愿呢？

8.2.1 农村居民社会化养老意愿现状

总体来看，北京市农村居民的社会化养老意愿较强。调查数据显示，有34.5%被调查者选择了依靠机构来养老，有29%被调查者选择依靠社区来养老，二者相加占比达到63.5%。而选择依靠家庭来养老的比例为31.3%，占比不到1/3，选择依靠"其他"来养老的占5.2%。由此可见，在家庭结构发生巨变的背景下，农村居民对于社会养老的需求是非常强烈的。至于社会化养老方式的机制或模式是通过政府公共服务的方式来提供，还是通过市场的机制来形成，不同群体对此有着不同的选择。

从年龄来看，1960年代及以前出生人口选择依靠家庭养老的比例高，年龄越小，选择家庭养老的比例逐步降低，1990年代出生的人口仅有约1/4的人选择依靠家庭来养老。而与此相反的是，越是年轻人，选择机构养老的比例越高，1990年代以后出生人口选择机构养老的比例高达43.8%。至于依靠

[①] 本研究所使用的数据是北京工业大学2016年组织的"北京市农村居民综合问卷调查"，调查对象是具有北京户口、居住在北京农村的18周岁及以上的当地居民，共取得有效问卷992份。因研究需要剔除52个个案，选取有效个案940个。在调查对象中，其中男性占比49.4%，女性占比50.6%，男女性别比接近1∶1；从年龄上看，40岁以下的人口占比41.6%，40~60岁的人口占比47.3%，60岁及以上的占比为11.1%，调查对象年龄最小为18岁，最大为81岁。从受教育程度来看，小学及以下学历人口占比11.2%，初高中及中专学历人口占比50.9%，大专、本科及以上学历人口占比37.9%。

社区养老，在不同年龄段选择的比例差异不大。总体来看，农村居民选择依靠家庭养老的比例越低，选择社会化养老方式的比例越高，尤其是选择依靠机构养老的比例很高，具体见表8—12。

表8—12　不同年龄阶段农村居民养老意愿　　　　　　　　　　单位：%

养老意愿	1960年代以前出生人口（N=172）	1960年代出生人口（N=282）	1970年代出生人口（N=193）	1980年代出生人口（N=207）	1990年代出生人口（N=137）
依靠家庭养老	34.3	36.2	30.1	27.1	25.5
依靠机构养老	31.4	27.2	35.2	39.6	43.8
依靠社区养老	28.5	31.9	29.5	28.2	24.1
其他养老方式	5.8	4.3	5.2	5.3	6.6

从性别来看，35%女性选择了依靠机构来养老，较之33.7%男性而言比例更高，而男性选择依靠家庭（32.1%）的比例都高于女性（30.4%），选择依靠社区养老的比例二者差异不大，男性为28.8%，女性为29.4%。这与学者普遍认为男性相较于女性而言更倾向于选择社会养老的结论不一致。分析其原因，本研究选择的样本是人口学意义上的全样本，而这些研究中选择的调查群体更多集中在老年群体中。老年群体受传统的"男主外，女主内"家庭观念影响比较大，在经济社会地位上也较之男性要低，因此对家庭的依赖感更强，所以相较于男性，女性更倾向于选择家庭养老的模式。[①]

从婚姻状况来看，未婚群体（43.9%）较之已婚群体（32.6%）更多地选择了依靠机构来养老，已婚群体（32.7%）在依靠家庭养老上的意愿远远超过了未婚群体（24.0%），在选择依靠社区来养老的选项上已婚群体（30.0%）也超过未婚群体（24.6%）。而选择其他方式养老的未婚群体为7.6%，已婚群体为4.7%。未婚群体高比例选择依靠机构养老的原因有两种，未婚群体包括两部分人群，一部分是年轻未到结婚年龄而未婚，另一部分是年纪大了因为各种因素而未婚。年轻的未婚群体选择依靠机构养老更多是受价值观的影响，而

---

① 刘金华，谭静．社会支持对老年人养老意愿的影响分析[J]．社会保障研究，2016(4)：13-18．

大龄未婚群体更多是基于现实的不得已选择。因此,在家庭婚姻这一因素上,两个群体的选择迥异。

从受教育程度来看,文化程度高的群体,他们选择家庭养老的比例较之文化程度低的群体要低。大学本科和研究生学历人群选择依靠家庭养老的比例在1/5多一点,而未上学人群选择依靠家庭养老的比例达38.5%,快达到高学历人群的两倍。选择依靠机构养老比例最高的群体是拥有本科学历的人,达到45%。而选择依靠社区养老比例最高的群体是拥有研究生学历的人群,达到40.9%(见表8-13)。

表8-13 不同文化程度人群养老意愿选择比例

养老意愿	未上学	小学	初中	高中	中专	大专	大学本科	研究生
依靠家庭养老	38.5%	31.6%	34.6%	36.8%	31.2%	30.5%	21.5%	22.7%
依靠机构养老	23.1%	33.7%	31.3%	31.9%	36.6%	33.8%	45.0%	27.3%
依靠社区养老	23.1%	33.7%	29.3%	27.0%	26.9%	30.5%	25.5%	40.9%
其他	15.4%	1.1%	4.9%	4.3%	5.4%	5.2%	8.1%	9.1%
合计	100.0%	100.0%	100.0%	100.0%	100.0%	100.0%	100.0%	100.0%

从工作职业来看,没工作、操持家务的人群选择依靠家庭养老的比例最高,达到42.4%。此外,个体户、村里看山护林员和在家务农的群体选择依靠家庭养老的比例也较高。总体看,选择家庭养老的职业群体大多为职业地位低、收入较少的人群。而选择依靠机构来养老的比例最高的是党政机关干部,这一群体应是农村社会的精英,而且在农村公共资源的配置上有较大的话语权和影响力,但是他们并没有选择依靠社区来养老,足见我国农村地区财政资金在农村养老公共服务上的不足。此外,选择机构养老比例较高的职业群体有外出打工群体、专业技术人员和办事人员,他们的职业地位和收入较之务农和在村居民要高,因此,在经济收入的支持下,选择机构养老的比例较高。在依靠社区养老的选择上,部门经理这一群体选择的比例最高。其他的护林员、务农和个体户群体选择这一项的比例也较高,这在一定程度上

说明这些群体对社区的认同度更高,具体见表8—14。

表8—14 不同职业人群养老意愿选择比例

	没工作	务农	打工	护林员	个体户	办事人员	专业技术人员	部门经理	老板	党政机关干部	其他
依靠家庭	42.4%	33.9%	27.5%	37.7%	40.0%	23.1%	28.8%	16.7%	27.3%	25.0%	15.6%
依靠机构	31.6%	27.3%	44.2%	21.2%	27.7%	41.7%	42.3%	33.3%	36.4%	50.0%	35.6%
依靠社区	21.5%	33.1%	25.0%	37.7%	30.8%	28.9%	25.0%	41.7%	18.2%	20.0%	33.3%
其他	4.4%	5.8%	3.3%	3.4%	1.5%	6.2%	3.8%	8.3%	18.2%	5.0%	15.6%

总体来看,北京市农村地区居民对社会化养老方式的选择比例较其他研究者调查的结果要高。一方面是因为本研究包含了较大部分的中青年群体,另一方面也可能是由于北京市农村地区相对于其他被调查地区来讲,不论是在经济发展水平还是人的现代观念上都要高,所以呈现出这一结果。

8.2.2 影响农村居民社会化养老意愿的因素分析

关于影响养老意愿因素的研究,很多学者从人口社会学意义上进行分析。如年龄对养老意愿选择的影响,有学者研究结果显示,年龄越大的居民家庭养老偏好越明显[1],但也有学者得出截然相反的结论,认为居民年龄越大越倾向于寻求家庭外部的力量来满足自己的养老需求。[2] 关于性别因素的影响,大部分研究认为男性相较于女性而言更倾向于选择社会养老。[3][4]但也有研究表明,性别对养老意愿的选择并未显示出统计学意义上的差异性。[5] 对于其他的

---

[1] 田北海,雷华,钟涨宝.生活境遇与养老意愿——农村老年人家庭养老偏好影响因素的实证分析[J].中国农村观察,2012(2):74-85.
[2] 周翔,张云英.农村老年人社区养老意愿与影响因素分析——基于长株潭地区370份问卷数据[J].社会保障研究,2016(4):19-24.
[3] 王殿玺,胡婧.北京市居民社会化养老意愿及其影响因素研究[J].调研世界,2017(4):25-29.
[4] 刘金华,谭静.社会支持对老年人养老意愿的影响分析[J].社会保障研究,2016(4):13-18.
[5] 周翔,张云英.农村老年人社区养老意愿与影响因素分析——基于长株潭地区370份问卷数据[J].社会保障研究,2016(4):19-24.

第 8 章 农村老年人养老意识及其社会化养老意愿分析

因素如受教育程度[①]、家庭特征[②][③]、工作和经济收入[④]等,学者们也都进行了分析。但由于调查样本的群体不同、地域不同,结论也不尽相同。基于北京农村地区的调查数据,分析哪些因素对农村人口社会化养老意愿选择有影响,可以丰富在这一问题研究上的经验数据。

为了更好地分析各因素对人们社会化养老意愿的影响,研究对部分数据进行了处理。在养老意愿的选择上,将依靠机构养老和依靠社区养老合并视为人们对社会化养老方式的选择。因为不论未来是公共养老服务的完善,还是商业养老服务的大力发展,都反映了养老社会化程度。而对依靠家庭养老和抱团养老等其他养老意愿的选择视为非社会化养老意愿的选择。对于影响因素的变量,也进行了一系列的处理。如年龄,以 45 岁为界,分为 45 岁以下和 45 岁及以上两个群体;受教育程度以是否受过高等教育分为两个变量;其他变量处理如表 8-15 所示。此外,除了考虑人口的个体特征影响因素外,还考虑了社会保险因素、社会态度等因素。如是否有养老保险、幸福感、自我阶层认同以及对新农村建设、对干群关系的认识等。研究的相关性分析结果显示:农村地区居民的年龄、文化程度、婚姻、工作状况、是否有养老保险、幸福感、自我阶层认同以及对与干群关系的认识等因素,都通过了显著性检验。而性别因素、对农村政策的满意状况、对干部是否以权谋私的认识等社会态度对社会化养老意愿影响不显著(见表 8-15)。

数据分析结果显示:在年龄方面,45 岁以下的居民比 45 岁及其以上的居民更倾向于社会化养老。45 岁是个体开始考虑如何养老的生理年龄,因此研究以此进行划分。45 岁以上人口,受传统思想影响较大,多拥有多子女,且随着年龄增加会逐步退出劳动力市场,因此其对家庭养老的依赖性较高。而 45 岁以下人口,大多在职业流动上向上努力,经济收入和职业地位逐步提高,

---

[①] 吴丹洁. 农村中年居民养老观念对养老方式影响因素研究[J]. 科学决策,2017(2):44-60.
[②] 郭秋菊,靳小怡. 婚姻状况对农村男性养老意愿的影响研究——基于安徽乙县的调查分析[J]. 人口与发展,2011(1):38-44.
[③] 熊波,林丛. 农村居民养老意愿的影响因素分析——基于武汉市江夏区的实证研究[J]. 西北人口,2009,30(3):101-105.
[④] 黄俊辉,李放. 生活满意度与养老院需求意愿的影响研究——江苏农村老年人的调查[J]. 南方人口,2013(1):28-38.

因此对社会化养老方式的选择比例会更高些。在学历方面,不同受教育程度的居民社会养老意愿显示出差异性,受过高等教育的人群比没受过高等教育的居民对社会化养老接受度高。非在婚居民比在婚居民更倾向于社会化养老,主要原因可能是在婚居民较之非在婚居民有更多来自家庭的生活照料和精神慰藉。有工作的居民比没有工作的居民更倾向于社会养老,并且工作保障性越好的居民社会化养老的意愿越明显。从职业上看,在党政机关及企事业单位工作的居民选择社会化养老的比例最高,占比74.6%,比各类服务人员及个体商业人员选择社会化养老的比例高出8.3%。

在养老保险方面,没有养老保险的居民反而比有养老保险的居民更愿意选择社会养老的方式。这里可能因为年龄因素产生的影响,没有养老保险的居民多为青年群体,青年群体思想更为开放,更倾向于选择社会养老。在个人生活状态评价方面,幸福度越高、自我社会阶层评价越高的居民越不倾向于社会化养老。感觉幸福的居民有65.5%选择社会养老,而感到不幸福的则有90.3%的居民选择社会养老,显示出很强的差异性。可以进行的解释是幸福度高的居民,其认为能够获得的经济支持、生活照顾以及精神慰藉等资源已经能够从现有生活中得到满足,不需要以后再通过外部途径进行寻找,所以对社会化的养老方式倾向性较低。在对政府工作评价方面,在"政府官员是否重视我们对政府的态度或看法"这一因素上,不同倾向的居民在社会养老意愿方面显示出较大的差异性。对"政府官员重视我们看法"这一论述选择"不同意"的居民社会养老倾向的比例最低,占比58.5%,选择"一般"和"同意"的居民则社会化养老意愿较高,分别占比70%和69.9%。这说明当地政府对居民态度的重视程度影响了当地居民对社会化养老方式的选择。

第8章 农村老年人养老意识及其社会化养老意愿分析

表8-15 社会养老意愿交互分析

变量		是否依靠社会养老(%)		x^2
		是	否	
性别	女	67.9	32.1	0.359
	男	66.1	33.9	
年龄	45岁以下	71.0	29.0	7.052***
	45岁及以上	62.8	37.2	
是否受过高等教育	否	64.2	35.8	5.59**
	是	71.6	28.4	
婚姻	否	74.1	25.9	4.176**
	是	65.6	34.4	
工作状况	没有工作	55.6	44.4	17.375***
	农业生产	64.0	36.0	
	各类服务人员和个体商业人员	66.3	33.7	
	党政机关及企事业单位人员	74.6	25.4	
是否有养老保险	否	70.3	29.7	2.796*
	是	65.0	35.0	
幸福感	不幸福倾向	90.3	9.7	8.451**
	一般	68.3	31.7	
	幸福倾向	65.5	34.5	
所在阶层	中等偏下	70.8	29.2	5.11*
	中等	65.9	34.1	
	中等偏上	59.4	40.6	
农村政策满意情况	不满意倾向	76.0	24.0	2.825
	一般	68.5	31.5	
	满意倾向	65.4	34.6	

续表

变量		是否依靠社会养老(%)		x^2
		是	否	
以权谋私的干部在少数	不同意	61.8	38.2	3.357
	一般	65.4	34.6	
	同意	69.4	30.6	
政府官员重视我们对政府的看法	不同意	58.5	41.5	10.644***
	一般	70.0	30.0	
	同意	69.9	30.4	

* $p<0.1$, ** $p<0.05$, *** $p<0.01$

8.2.3 影响社会化养老因素分析的思考

各国现代化发展的历史表明：由家庭养老向社会养老转变是工业化、城市化等社会结构变迁的一种历史必然。但是在这一转变过程中，由于各国的制度变迁、社会结构、风俗习惯等因素不同，所以养老社会化的转变也不同。

在我国养老方式的转变过程中，尽管各级政府都认识到社会化养老是一种必然，也在养老的社会化模式和规划上不断创新，但是"如何养老"作为个体的一种自主选择，政府在建构养老服务体系时一定要考虑到民众的实际需求和社会心态，否则就会出现养老服务的供需错位。一方面大量老年人的养老需求得不到满足，另一方面存在大量养老设施空置和养老机构的入住率不高等现象。从调查数据来看，目前农村居民只要在自身经济能力能够承受的范围内，大家更愿意接受商业养老服务，而较少选择依靠社区养老。这在一定程度上反映了农村居民对于商业养老机构的认同，而对于养老公共服务薄弱的社区养老没有信心。

对农村居民养老意愿影响因素的分析发现：对自我阶层认同和对现有生活满意度越高的农村居民，其社会化养老意愿越低。原因主要在于这部分人倾向于认为现有资源能够为其养老提供足够的保障，不再倾向于寻求来自社区、机构等外部的养老支持，所以其社会化养老意愿较低。同时，农村居民对当地政府官员信任度越高,其选择社会养老可能性也越高。这说明地方政府只有以民生为重,为百姓服务,居民才会相信在选择社会化养老方式时,自己的养老权益和养老质量够受到保障,其选择社会化养老的可能性才会增加。

为了能够更好地认识什么因素影响了农村居民对基层政府官员或者说是村干部的信任,研究进一步分析了农民社会化养老意愿与居民社会态度之间的关系。

8.3 农村居民社会态度对社会化养老意愿影响分析

关于农村居民养老意愿的研究,很大一部分学者是集中在对其影响因素的分析上,且成果十分丰富。不同学者因为研究目的和研究对象的不同,对影响因素的分析重点也有所不同。

总体来说,很多学者基本从客观因素出发来探究其对养老意愿的影响。除基本的人口特征之外,还关注居民自身的收入[1]、职业状况[2]、身体健康状况[3][4]、精神状况、晚年生活满意度[5]等因素对农村居民养老意愿的影响。或者从家庭特征角度来研究农村居民的养老选择问题,如婚姻状况[6]、家庭人口数、子女数量、家庭生活水平、家庭关系[7]、家庭结构、代际交换[8]等。也有

---

[1] 艾小青,陈连磊,林芳. 经济状况、社会保障对居民养老意愿的影响及城乡差异[J]. 西北人口, 2017, 38(3):100-106.

[2] 宋宝安. 老年人口养老意愿的社会学分析[J]. 吉林大学社会科学学报, 2006, 46(4):90-97.

[3] 周翔,张云英. 农村老年人社区养老意愿与影响因素分析——基于长株潭地区370份问卷数据[J]. 社会保障研究, 2016, 46(4):19-24.

[4] 姚兆余,王诗露. 农村老年人对机构养老的意愿及影响因素分析——基于东部地区749位农村老年人的调查[J]. 湖南农业大学学报(社会科学版), 2012(6):39-44.

[5] 熊波,林丛. 农村居民养老意愿的影响因素分析——基于武汉市江夏区的实证研究[J]. 西北人口, 2009, 30(3):101-105.

[6] 李建新,于学军,王广州,等. 中国农村养老意愿和养老方式的研究[J]. 人口与经济, 2004 (5):7-12, 39.

[7] 田北海,雷华,钟涨宝. 生活境遇与养老意愿——农村老年人家庭养老偏好影响因素的实证分析[J]. 中国农村观察, 2012(2):74-85.

[8] 杨帆,杨成钢. 家庭结构和代际交换对养老意愿的影响[J]. 人口学刊, 2016(1):68-76.

学者重视农村居民的养老保险参与状况对其养老意愿的影响。其他因素如家族网络组织、村庄内部组织资源[①]、宗族结构和功能[②]、社会支持[③]等也被不同的学者纳入考察范围。虽然也有学者研究主观态度因素对养老意愿的影响，但是这类关注行为主体主观态度的研究则较少。养老意愿作为主观的选择变量，居民对其进行具有倾向性的选择，往往与其在某些方面的认知存在一定的关系。市场化改革，个体性增强，熟人社会的信任下降。尤其是在部分村干部贿选、以权谋私；老年人被骗财、养老院虐待老年人的新闻不时出现时，社会化养老信任度就会降低。从一般的社会经验分析，社会化养老服务如何，是否会选择这样的养老方式，与老年人对基层政府社会治理认知有一定的关系。有学者研究表明家庭年收入对养老意愿作用不明显，但是对家庭经济状况的主观感受对养老意愿作用显著[④]；农村居民养老的风险意识[⑤]、对养老保险的认知程度[⑥]、养老观念[⑦]等主观因素也对养老意愿产生影响。这些都说明居民的养老意愿受他们的社会认知和社会态度影响。尤其对于农村居民而言，对于社会化养老方式的选择，更多地与他们对自我、家庭、地方政府等方面的社会态度密切相关。因此，本书从主观因素的角度对农村居民养老意愿进行研究，分析社会态度对其养老意愿的影响。

8.3.1 研究设计与变量赋值

本书选择的各变量的具体含义和编码赋值详见表 8-16。

[①] 吴海盛，邓明. 基于村庄内部差异视角的农村居民养老模式选择意愿及其影响因素分析[J]. 中国农村经济，2010(11)：75-83，90.

[②] 狄金华，季子力，钟涨宝. 村落视野下的农民机构养老意愿研究——基于鄂、川、赣三省抽样调查的实证分析[J]. 南方人口，2014，29(1)：69-80.

[③] 刘金华，谭静. 社会支持对老年人养老意愿的影响分析[J]. 社会保障研究，2016(4)：13-18.

[④] 程亮. 老由谁养：养老意愿及其影响因素——基于 2010 年中国综合社会调查的实证研究[J]. 兰州学刊，2014(07)：131-138.

[⑤] 顾永红. 农村老年人养老模式选择意愿的影响因素分析[J]. 华中师范大学学报(人文社会科学版)，2014(3)：9-15.

[⑥] 吴海盛，江巍. 中青年农民养老模式选择意愿的实证分析——以江苏省为例[J]. 中国农村经济，2008(11)：54-66.

[⑦] 吴丹洁. 农村中年居民养老观念对养老方式影响因素研究[J]. 科学决策，2017(02)：44-60.

第8章 农村老年人养老意识及其社会化养老意愿分析

表 8—16 变量的定义与描述

变量	变量的含义与赋值	均值	标准差
控制变量			
个人特征变量			
性别	女性=0；男性=1	0.49	0.50
年龄	45岁以下=0；45岁及以上=1	1.49	0.50
是否接受高等教育	否=0；是=1	0.38	0.49
工作状况	没有工作=1；农业生产=2 各类服务人员和个体商业人员=3 党政机关及企事业单位人员=4	2.88	1.04
个人年收入	万元	4.53	16.91
家庭特征变量			
是否处于婚姻状态	否=0；是=1	0.83	0.38
家庭人口数	个	3.83	1.32
家庭年支出	万元	4.68	5.17
社会保障特征			
是否参加社会养老保险	否=0；是=1	0.60	0.40
解释变量			
自身生活评价			
生活幸福感	不幸福倾向=1；一般=2；幸福倾向=3	2.69	0.53
过去五年生活变化评价	差了很多=1；差了一些=2；几乎一样=3；好了一些=4；好了很多=5	4.09	0.73
自我等级地位划分	中等偏下=1；中等=2；中等偏上=3	1.74	0.63
政府治理评价			
新农村建设效果评价	效果很差=1；效果较差=2；一般=3；效果较好=4；效果很好=5	3.79	0.88
农村政策满意度	不满意倾向=1；一般=2；满意倾向=3	2.58	0.59
以权谋私的干部是少数	不同意倾向=1；一般=2；同意倾向=3	2.40	0.73
政府官员重视我们的对政府的态度	不同意倾向=1；一般=2；同意倾向=3	2.00	0.74
因变量			
是否依靠社会养老	否=0；是=1	0.67	0.47

为了更好地体现各类变量对农村居民社会化养老意愿带来的影响，研究共分析了四个 logistic 回归模型，具体见表 8—17。通过回归分析结果我们可以看到，农村居民的社会态度，不论是对自我生活评价，还是对基层政府社会治理评价都为他们的社会化养老意愿选择带来了影响。从调整后的 R^2 来看，农村居民对基层政府社会治理评价对社会化养老意愿的影响作用要大于他们的自我生活评价。具体分析结果如下。

表 8—17 农村居民社会化养老意愿影响因素二元 logistic 回归分析

变量	模型一 B(S.E.)	模型二 B(S.E.)	模型三 B(S.E.)	模型四 B(S.E.)
控制变量				
个人特征				
性别（男）	−0.142(0.153)	−0.134(0.155)	−0.107(0.158)	−0.111(0.16)
年龄（45 岁及以上）	−0.307*(0.173)	−0.274(0.177)	−0.264(0.179)	−0.25(0.183)
是否接受过高等教育	−0.022(0.206)	0.025(0.209)	0.02(0.211)	0.037(0.214)
工作状况（党政机关、企事业单位）				
没有工作	−0.915***(0.241)	−1.044***(0.247)	−0.862***(0.248)	−0.991***(0.254)
农业生产	−0.336(0.275)	−0.418(0.278)	−0.363(0.284)	−0.417(0.287)
各类服务人员和个体商业人员	−0.31*(0.196)	−0.38*(0.199)	−0.324(0.201)	−0.381*(0.203)
个人年收入	0.003(0.006)	0.003(0.005)	0.002(0.006)	0.002(0.006)
家庭特征				
是否处于婚姻状态	0.022(0.242)	0.106(0.247)	−0.047(0.25)	0.004(0.255)
家里几口人	−0.31(0.056)	0.004(0.058)	−0.017(0.058)	0.014(0.059)
家庭年支出	−0.062***(0.023)	−0.062***(0.024)	−0.059**(0.024)	−0.058**(0.025)
社会保障特征				
是否有养老保险	−0.207(0.155)	−0.197(0.158)	−0.201(0.16)	−0.213(0.163)
解释变量				

续表

自我生活评价				
幸福感(不幸福)				
一般		−1.105*(0.646)		−1.396**(0.67)
幸福倾向		−0.937(0.649)		−1.181*(0.672)
所在等级(中等偏下)				
一般		−0.306*(0.166)		−0.337*(0.174)
中等偏上		−0.461*(0.263)		−0.512*(0.271)
过去五年生活变化		−0.314**(0.126)		−0.244*(0.134)
对政治治理评价				
新农村建设效果评价			−0.361***(0.099)	−0.294***(0.104)
农村政策满意度(不满意)				
一般			−0.394(0.384)	−0.284(0.393)
满意倾向			−0.485(0.385)	−0.337(0.399)
政府重视我们对政府的看法(不同意)				
一般			0.519***(0.181)	0.609***(0.185)
同意倾向			0.531**(0.211)	0.603***(0.214)
以权谋私的干部是少数(不同意)				
一般			0.171(0.242)	0.218(0.244)
同意倾向			0.524**(0.227)	0.593***(0.23)
常量	1.776***(0.355)	4.054***(0.793)	3.076***(0.625)	4.897***(0.921)
−2LL	1 101.648	1 082.183	1 052.574	1 035.933
伪决定系数	0.055	0.084	0.105	0.129

注：***、**、*分别表示1%、5%和10%的显著性水平。

8.3.2 自我生活状态评价的影响分析

从模型二可以看出,在控制变量的基础上,引入了农村居民对自我生活状态评价的解释变量,模型对养老社会化意愿影响的解释力上升,说明农村居民自我生活状态评价对他们社会化养老意愿有影响。具体来看,自我生活状态评价引入的"幸福感""自我等级评价"和"与五年前比自己生活的变化"这三个的解释变量都有影响。从模型统计结果来看,"与五年前比自己生活的变化"对社会化养老意愿影响最为显著。结果显示:与五年前比感觉自己生活变好的居民比感觉变坏的居民社会化养老意愿弱。因为将五年前生活状态作为参照,居民对现有生活的评价就包含了更多的客观性,认为过去五年生活在变好的居民不仅对现有生活满意度更高,对未来生活变好的趋势预期也会较高,所以对自己以后的养老问题也会更加乐观,倾向于认为自己所处的环境能够为自己提供一定的养老保障,不需要再去通过社区或机构来解决自己的养老问题。其次,影响较为明显的是"自我社会等级划分"。结果显示:与认为自己社会等级中等偏下的居民相比,认为自己社会等级地位一般和中等偏上的居民社会养老倾向较低。农村居民对自己社会等级评价较高,则表达出自己较好的生活境遇和生活状态,对现有生活的满意度较高,不倾向于以后通过社会外部环境来获取养老资源的满足。在自我生活幸福感评价上,相较于感到不幸福的居民,感到生活一般的居民社会化养老意愿较低,在感到较幸福的居民中也显示了这一关系,但缺乏显著性。这与黄俊辉等学者的研究结果部分一致,即农村老年人的生活满意度与养老院需求意愿呈负相关关系。[1] 由此可见,农村居民对自己生活状态评价越高,其社会养老意愿越低。

8.3.3 政府治理评价的影响分析

从模型三可以看出,在控制变量的基础上,引入了农村居民对政府治理评价的解释变量,模型三较模型一解释力上升,说明农村居民的政府治理评

---

[1] 黄俊辉,李放.生活满意度与养老院需求意愿的影响研究——江苏农村老年人的调查[J].南方人口,2103(1):28-38.

价对社会化养老意愿有影响。具体来看，模型中引入"农村政策满意度""新农村建设效果"和对政府官员两种评价是否同意的解释变量，一个是"政府官员重视我们对政府的态度和看法"，另一个是"以权谋私、损害老百姓利益的干部只是少数"。统计结果显示：居民对于政府官员的评价与他们社会化养老意愿呈现正相关关系，对这两个论述评价越积极的农村居民其社会化养老意愿越高。对于"政府官员重视我们对政府的态度和看法"这一论述，一般倾向和同意倾向居民选择社会化养老的可能性分别是不同意倾向的居民的1.68倍和1.701倍。而对"以权谋私、损害老百姓利益的干部只是少数"这一论述，同意倾向的居民选择社会化养老的可能性是不同意倾向的居民的1.688倍。农民对新农村建设效果的评价对他们社会化养老意愿选择有影响，但统计系数表明二者是负相关关系。即居民对新农村建设效果评价越高，其社会化养老意愿越低。可以进行的解释是，居民对农村政策和新农村建设效果评价较好，是因为其有效地提升了居民生活水平，改善了居民居住环境，拓宽了居民发展道路，促进农村居民的生活向好的方向发展，提高了居民生活满意度。在政治治理评价方面，农村政策满意度这一变量与社会化养老意愿之间的关系没有通过显著性检验，不具有统计意义。由此可以看出，在控制其他影响因素的条件下，当地政府治理过程中民主性越高，农村居民对政府官员的信任程度越高，居民越倾向于社会化养老方式。

8.3.4 社会态度对社会化养老意愿的影响分析

模型四是将控制变量和社会态度的所有解释变量同时放入分析模型之中进行分析，从统计结果可以看出，其较之前三个模型的解释力都有提升，说明农村居民的自我生活状态评价和政府治理效果评价同时对他们的社会化养老意愿产生影响。具体来看，在模型四中，居民生活幸福感评价、对"政府重视我们对政府的态度和看法"的评价、对"以权谋私损害百姓利益的干部在少数"的评价，这三个变量与农村居民社会化养老意愿的相关关系显著性出现一定程度的增强，其余变量则基本保持不变。这些说明农村居民的社会态度对他们的社会化养老意愿有着重要影响。

本部分研究主要从农村居民对自我生活评价和对政府治理评价两个方面

来探讨农村居民社会态度对其社会化养老意愿的影响。研究结果显示，在对自我生活状态的评价方面，对自己生活状态评价越高的农村居民，更加倾向于认为现有资源能够为其养老提供足够的保障，不再倾向于寻求来自社区、机构等外部的养老支持，所以其社会化养老意愿较低。在政府治理评价方面，农村居民对当地政府官员信任度越高，其社会养老可能性越高。在对农村进行治理的过程中，政府官员廉洁奉公，保障百姓利益，重视居民的态度及看法，居民则会对政府及官员产生信任感，面对养老问题时才会倾向于寻求政府和社会的帮助。

第9章 农村养老模式创新研究

在前面几章的研究基础上，课题组认为，我国农村应该建立以家庭养老为主导，以社区互助养老为辅助，以社会养老保障制度为底线的多元养老保障模式。为此，应重塑家庭养老为主导的养老模式，建立健全家庭福利政策体系，增强家庭的养老功能。建立村落互助养老为辅助的养老模式，在家庭养老与社区互助中的养老间建立有效的关联对接机制；强化基层政府与村委会在村域互助中的养老功能；建立养老公共服务平台，实现养老福利最大化；改善社会信任环境。整合农村多重养老社会保障体系，提升基础养老金水平、提高老年医疗报销比例、加快农村土地制度改革等，增强制度化的养老保障能力。

通过对城镇化背景下我国农村家庭结构变迁和养老状况的调查，能够清晰看到我国农村近亿老年人在经济社会转型过程中是处于多重社会结构叠加下的一个弱势群体。在城乡结构、区域结构和家庭结构等多重结构发展不平衡的现实中，农村老年人是最弱势的一个群体。他们的社会养老保障是所有老年人中的最低水平，大多数老年人终身从事农业劳动。在城镇化快速推进过程中，空巢和孤老的比例越来越多。代际城乡异居给传统的家庭养老带来了巨大的挑战。如何创新农村养老模式成为新时期的一个重大社会问题。

鉴于对农村老年人养老意愿的调查，我们发现，尽管家庭结构发生了一系列的转变，家庭规模和代际关系对家庭养老提供的结构性支持衰弱，家庭养老功能必须要通过家庭社会政策支持得以增强，或是通过社会养老替代家庭养老功能来解决农村养老问题。世界各国在由传统农业社会向现代工业社会转型过程中，尤其是城市化发展过程中，都经历了由传统家庭养老向现代社会养老的过渡。但是我国一方面城乡二元社会保障体系使农村老年人社会养老保障水平较低，而且农村社会化养老服务的提供很少，加之受传统家族文化熏陶的农村老年人依然对家庭子女养老有着非常强烈的偏好，他们在子女那里获得的精神寄托和情感慰藉是通过其他途径所不能获取的。因此，我国农村养老在城市化的过程中尽管也经历了从家庭养老向社会养老的过渡，但是在农村，老年人的社会化养老程度并不高，主要还是家庭养老为主体（见图9-1）。因此，在农村完善现代社会养老保障制度和养老服务体系的同时，我们还应充分考虑我国传统家庭养老优势和老年人对家庭养老的偏爱的现实，利用好家庭这个社会基础细胞，为其提供社会政策支持，使其能够增强和发挥养老的功能。

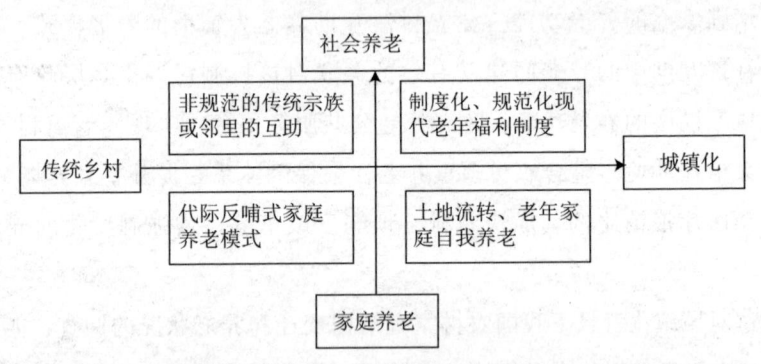

图9-1 城镇化进程中的家庭养老向社会养老过渡示意图

我国由家庭养老向社会养老转型的过程中，也逐步建构起全国范围内的农村居民基础养老金制度，以及各地自主推进的形式各样的农村互助养老模式等，这些老年福利的推进都是鉴于我国家庭结构的转变以及家庭养老功能弱化背景下的一种社会应对。但是从目前调查和研究的情况来看，现有社会化养老水平和模式还没有获得农村老年人的认同。农村老年人对提高基础养老金水平具有普遍的需求，而从现实来看，居家养老的社区公共服务需求又十分强烈。因此，从国家养老保障制度的建构上来讲，应该大力提升农村社会养老保障水平，盘活农村老年人的土地承包权资源，增强其养老经济功能。

构建适合新型城镇化背景下的农村养老新模式，应从各地农村的具体实际出发，在健全家庭养老福利政策，完善乡村社区养老互助公共服务，提高国家基础养老金保障水平等多方面共同努力，才能从根本上解决农民养老问题。世界各发达国家在养老福利制度建构上先后呈现了去家庭化到再家庭化的过程，而我国在向城镇化、现代化发展的进程中，强调家庭养老功能再生，是在国家和社会养老条件不具备的情况下的权宜之举，从根本上来说，这种养老方式与城市化和现代化的发展趋势并不相吻合。但从目前中国的现状来看，家庭、国家和社会都不可能单独承担起养老的重任，因此，要三方共同努力，应对农村养老问题。

由于任何单一的养老模式都不能够满足农村老年人的养老需求，所以要建立以多元主体合作协同的养老模式才能符合农村社会的实际情况以满足农村老年人的实际需求。中国自古以来在养老过程中的孝道伦理以及人们对于家庭的重视和依赖都要求我们在思考建立养老模式时不能忽视家庭养老方式的重要性。特别是在农村社会，建立农村养老模式仅仅考虑理性和效率因素是不够的，还应该将更多的人文关怀纳入其中，结合农村养老所面临的实际情况来建立符合农村老年人养老需求的养老模式。所以在这一过程中，不仅需要考虑城乡发展的差异性以及农村地区的经济发展水平，还要关注农村老年人的养老需求和养老体验来建立符合农村社会的养老模式。由于以上现实情况，既不能放弃在农村养老过程中家庭养老模式的主导地位，又需要其他的养老主体进行补充，所以要构建以家庭为主导的多元主体的农村养老模式来满足农村地区日益增长的养老需求。但是无论是政府、市场还是社会某一方或者几方参与到农村的养老保障实施的过程中来，都需要实现各方利益的协调和均衡，充分考虑到老年人群体、家庭成员、集体、国家和社会各方面的利益，使农村养老保障能够有序推行。

9.1 构建以家庭为主位的中国特色养老模式

长期以来，家庭养老是我国农村家庭最为习惯的养老模式，而和谐、稳定的家庭代际关系一直是家庭养老功能充分发挥的基础性保障。家庭养老最为重要的资源是老年夫妻和子女。在农村劳动人口非正规就业为主流的劳动力市场环境下，试图通过劳动法律法规的修订来为家庭养老提供政策空间的可能似乎极为有限。因此，如何实现产业转型升级，促进农村就业人口的正规就业，是开发农村家庭养老资源的第一步。此后，通过工作福利制度改革，促进家庭养老功能提升，从而增加农村就业人口履行家庭养老责任的制度空间。

9.1.1 重塑传统养老文化

从全国田野调查实践来看，目前农村家庭代际间养老不论是哪种模式，公开悖弃家庭养老责任的家庭还是个案和少数。因此，在国家财政不能支持快速提高农村养老金水平和完善农村养老公共服务背景下，有效利用和合理开发家庭养老资源增进家庭养老功能是目前创新农村养老模式的首要之举。家庭养老是我国农村养老最主要的方式，家庭亲人的精神慰藉也是农村老年人精神需求中最为重要的资源。在农村老年人独居和空巢、家庭结构小型化的时代背景下，老年人对家庭养老的心理需求非常强烈，但是，子女在发展不平衡的现实社会结构的束缚下，家庭养老意识减弱，养老敬老行动减少是不争的现实。因此，建构养老敬老的社会氛围，发展积极的家庭福利政策，通过政策体系增强家庭养老功能，对于促进子女履行家庭养老责任有积极意义。

9.1.1.1 加强养老文化教育宣传，强化赡养老年人的责任伦理

赡养老年人不仅是我国传统文化的核心内容，同时也是构建和谐、稳定代际关系的基础思想。然而随着家庭个体化发展的趋势，村域传统文化对个体的束缚减弱，以及子代城市常住，都使传统的农村代际关系变得逐渐松弛，传统尊老敬老意识随之逐渐淡薄。子代开始更加关注自己"小家庭"的利益，而往往忽略了亲代的养老感受和养老生活质量。因此，国家应加大对赡养老年人文化的传承教育，弘扬正确的家庭养老观念，在现代化家庭中重塑我国传统养老文化思想。

具体而言，国家可以将家庭赡养文化纳入义务教育阶段课程中，从小培

养学生尊老敬老的观念，树立正确的赡养老年人责任意识。同时，可以利用网络、电视、自媒体等被年轻人普遍接受的媒体渠道，加强对赡养老年人的文化教育宣传工作。对赡养老年人的模范典型进行全村、全市、全国性的评比和表彰，尤其是在村域内树立正确的养老观念，让老年人有话语权，成立维护老年人权益的组织机构，如老年人协会等，对不孝敬老年人的家庭形成舆论压力，树立正确的价值观导向，也可以引导子代更加积极、主动地关怀亲代、赡养亲代，为和谐代际关系的构建打下坚实的思想基础，形成村域范围内以及全国范围内的敬老养老的舆论大环境。

9.1.1.2 增强代际沟通，加强情感连接，树立正确的养老观念

虽然我国农村家庭呈现出现代化发展趋势，代际关系也由最初的黏着型"抚养—赡养"代际关系逐渐向松弛、独立型代际关系转变，但子代对亲代仍负有不可推卸的养老赡养责任。在当前农村家庭中，代际间却呈现出亲代对子代付出多，子代对亲代回馈少的失衡状态。因此，提高并强化子代赡养亲代的责任意识，不仅关系到代际关系能否继续和谐稳定的发展，也关乎农村老年人的老年生活质量。

一方面，作为亲代，要转变自己的思想观念，将传统社会中"养儿防老"的思想逐渐向家庭亲情、情感方向转变，加强与子代间的平等交流，减少代际间的隔阂，让子代"发自内心"有赡养亲代的欲望。同时，也应适当改变自己的传统生活习惯和思维模式，减少与子女间的沟通障碍，对子代工作抱有理解的态度。减少对子女的单一供养依赖，尽可能减轻子女的养老负担，避免代际矛盾的发生，提高与子代同住的概率。

另一方面，作为子代，一定要对亲代怀有一颗感恩之心，感恩父母对自己的抚育、培养，坚持"百善孝为先"的原则。由于独生子女的个体意识更强，他们常因自己与父母观点不一致而争吵，但很多时候这种代际间的争吵往往是由于子代与亲代间缺乏沟通所导致的。因此，子代应多花时间陪伴亲代，多倾听亲代的想法，耐心对待他们的需求。同时，还要兼顾自己"小家庭"与父母"大家庭"之间的关系，不能总认为父母尚有照顾自己的能力，就忽略了对他们提供生活照料和精神慰藉，亲代对子代的理解并不意味着子代就可以不承担养老责任。因此，子代要强化自己的赡养责任意识，理性看待其他养

老模式，它们只是家庭养老模式的"互补品"而非"替代品"。只有当家庭养老实施确实有困难时，且在征得亲代同意的情况下，才可以选择用其他养老模式替代家庭养老，不应强迫老年人接受新兴养老模式。

9.1.1.3 完善相关法律规定，加大对虐老弃老的惩罚力度

与此同时，完善养老法律制度建设，提高对家庭虐老、弃老现象的惩罚力度。虽然我国已出台了如《老年人权益保障法》等多部涵盖老年人权益保障的法律法规，并在2012年将子女"常回家看看"正式写入法律，督促子代定期回家探望老年人，但在实施惩罚时仍有很多模糊不清的灰色地带，法规之间也没有良好的协调衔接机制。且有些老年人碍于面子或对法律的认知度不高，利用法律维权的尚在少数。有些子女因工作忙、回家距离远等原因，很难保障定期回家探望父母。针对这一情况，相关部门可直接以法律条文的形式，明文规定子女探亲假的时间，并保证在此期间内，子女的工作、经济收入不会因休假而受到影响。相关部门在修订完善相关法律法规的同时，农村要有专门为老年人维权的法律援助团队，对于那些未尽到抚养义务的子女，要以法律手段严惩，也可以借助网络的力量加以宣传，营造舆论监督环境，营造良好的社会风气。

早在2008年，刘燕舞在湖北京山的农村进行调查，发现一些老年人因生病无人照顾或不满于代际关系等自杀现象。2019年，云南富宁县一八旬老太遭儿媳虐待，最后病死。2020年5月陕西靖边一男子直接将瘫痪老母亲活埋。如此种种都表明一个现象，在"家庭"成为单一的养老主体后，一些子女因各种原因不承担赡养老年人的责任，甚至做出有悖伦理、违反法律、天理难容的恶劣行为。对此，一方面要加大法律的打击力度，让不孝子女不敢也不能遗弃或虐待老年人。另一方面，我们也要注意到，家庭作为唯一养老主体时，其面临的压力和冲突，应加强养老家庭的社会支持，如对养老家庭的社工支持，社区对家庭养老的喘息服务等，打破家庭养老的困境。村委会还应对村民加强法治宣传，提高老年人维权意识，形成一个良好的养老氛围。

9.1.2 增强老年家庭的自养能力

9.1.2.1 增强老年人的自立意识，提升自我养老能力

老年人的自立意识不仅限于经济上的独立，同时也包括生活上的自立。老年人保持经济上的独立、自立，不仅能够减少因赡养经济纠纷引发的代际矛盾，也有助于长期维系家庭养老的运行。目前，很多地区的老年人已经养成自己积累养老钱的意识，他们在力所能及的范围内，通过打零工、农业种植，甚至经营一些小生意等方式，积累自己的养老经济资源，这种做法无疑提高了亲代自身未来的养老保障。随着"四二一"和"四二二"少子化家庭比例上升，每个子代身上肩负的供养负担加重，他们所能为每个亲代提供的经济支持力度不断减小。因此，对于受计划生育影响的亲代而言，当他们卸下抚育子代的负担后，就应考虑为自己未来的养老制订一个长期的经济规划，考虑自身可能遇到的养老风险，并为此做好充足的经济准备，而不应完全依赖子代。

9.1.2.2 树立正确的健康观，增强老年人的健康意识

很多农村老年人在年轻的时候拼命赚钱，并以牺牲自己的身体健康为代价，加之他们健康意识不强，所以农村老年人健康情况较差，如患慢性疾病、生病不及时诊治、不按规定吃药、不参加文化娱乐活动等的老年人都还占有一定比例，所以应该重视对农村老年人的健康教育。因为农村老年人文化水平相对城市老年人而言偏低，接收信息渠道较少，可以采取村镇召开讲座、画板报等形式，提高老年人的保健意识，倡导健康的生活方式，如：戒烟限酒、规律睡眠。还因为农村老年人对疾病预防的意识较薄弱，没有主动定期进行身体检查的习惯，都等到疾病发作后才知晓，因此应增进老年人对防病治病知识的了解、对常见疾病的自我判断、对自我保健的了解等。

9.1.2.3 丰富自身的文化生活，避免出现心理问题

长久以来，对农村老年人养老过程中出现的问题，主要偏向于物质层面的保障。然而近些年来，农村老年人的精神健康问题逐渐进入了社会公众视野。与老年人的身体健康相比较而言，农村老年人对心理健康更为忽视。随着老龄化问题的日益严重，心理健康问题已成为影响老年人健康和生活质量

的主要疾病之一。老年人空巢家庭和独居家庭比例提升，有孤独感、情绪低落、觉得无法继续生活等情绪都会导致老年人的心理产生问题。近年来农村老年人自杀比例提升，在一定程度上反映了老年人的心理健康存在问题。中国农村老年人由于本身在生活水平和社会地位上长期处于不利地位，心理问题更需要情感关怀与社会支持。一方面，应鼓励发挥农村老年人的自组织能力，开展老年人乐于参与的丰富多样的文化生活，如打麻将、扭秧歌、跳广场舞，以及各种传统手工艺学习等，或是建立互帮互助小组，提升农村老年人的社会参与度和生活获得感。另一方面，针对这一情况，农村基层服务组织可定期举办健康知识讲座，以案例的方式让农村老年人更直观、简单地了解心理健康问题出现的征兆、表现，对比自身情况发现潜在或已经出现的问题，并及时接受专业人员的医治。

9.1.3 建立健全家庭福利政策体系

新型城镇化给农村子代带来新机遇的同时，也增加了新生代农民工的城市生计压力。工作稳定性、职场竞争压力、城镇购房贷款、子女教育支出等都构成他们城市定居的压力。因此，对于生活能够自理，甚至不能自理的老年人，往往他们也是心有余而力不足。在这种情况下，应该通过完善家庭福利政策制度、构建家庭养老与社会养老之间的关联机制，增强子女履行家庭养老责任的能力。在中国传统家庭观念影响下，通过建构对家庭养老功能进行扶持的社会政策，既可以维持中国家庭养老的传统文化，也可以解决我国农村日益突出的养老问题。

9.1.3.1 完善工作福利的家庭养老支持政策

随着全球化发展，西方福利国家向福利社会过渡，多元福利体制建立，工作福利成为其中非常重要的一元。工作福利的发展是适应全球人才流动、企业人才竞争的需要而不断发展扩张的，其发展伴随着国家福利水平的下降，与国家福利间存在一定的替代关系。就我国福利体制而言，目前也是多层次的社会福利与保障体制，工作福利也在社会保障中占有重要的地位，但更多也是与人才吸引、个人业绩等密切相关，其中的部分相关措施也与家庭发展密切相关，如住房公积金制度。但是它也只是与小核心家庭的发展密切相关，很少关系到核心家庭的亲代，尤其是在家庭养老功能的提升上。因此，从工作福利制度的设计上着手，把工作福利关联到亲代养老问题上，是目前工作福利制度改进的重点内容。从现有工作福利内容来看，促进家庭养老功能的工作福利制度改进空间依然存在。如带薪探亲假期制度应该在农民工就业群体中推广，不应把"常回家看看"停留在法律规定的条文中，要有实施的社会制度基础。此外，可以通过建立子代业绩与亲代保障的关联制度，提高亲代的社会保障水平。如企业可以自主设立业绩与亲代保障关联的制度，如子女在单位业绩突出，不仅自己可以享有二次报销的福利，也可以关联亲代，报销亲代合作医疗不能报销的部分医疗费用，从而减少农村老年人不舍得看病的现象。此外，家庭赡养老年人的个人所得税扣除额度等，也是有效促进工作福利与家庭养老之间的重要因素。上述工作福利制度的改进，都在一定程度上把子代工作与亲代保障关联起来，既对重塑传统的家庭养老观念有很大的推动作用，也对农村老年人的保障水平有着直接的提高，可以增进老年人的社会福利。

9.1.3.2 制定购房优惠政策，鼓励子女携父母共同流动

随着独生子女一代城市化进程的加快，农村代际居住距离扩大现象普遍存在。虽然子代与亲代分开居住有利于减少代际间的摩擦，但过远的居住距离也有碍于子代为亲代提供养老生活照料。随着亲代年龄的增加，他们对于子代的依赖程度也越来越强，与子女同住的意愿也愈发强烈。且由于子女数量的减少，亲代对于同住子女的可选择空间也越来越小。即使两代人都有共同居住的意愿，但城市高额的房价却令他们望尘莫及。若政府可给予与亲代共同居住、临近居住购房的子代一定的优惠补贴政策，例如，当亲代与购房者共同居住或邻近居住时，采取分批、分期给予他们一定的补偿金或降低房贷利息等方式，这样做不仅可以鼓励更多子代将亲代接到身边共同居住、赡养，而且也可以随时对老年人的养老状态和满意度进行观察。

9.1.3.3 将家庭照顾纳入制度化老年照护体系

家庭照顾一直以来都是以传统家庭制度和子女养老等习俗为依托，老年人在家庭中的绝对权威和传统孝文化约束，使家庭养老具有非常强的生命力。但是当老年人在家庭中的地位下降，代际关系平等，家庭个体化倾向增强的

背景下，文化与制度等对子女养老约束力趋弱，加之代际分居等物理社会空间加大，家庭养老照顾越来越得不到有效保证。为了增加老年人的家庭照顾，可以通过制度化、规范化手段使家庭养老照顾得到保证。目前社会化养老照护制度化体系主要有长期照护保险制度、志愿者时间银行等制度试点实践，而这些都是以社会化方式进行制度建构来保证家庭少子化、个体化背景下的养老照护。如何把非正式的家庭照护纳入现有的照护制度体系中，使家庭养老得到制度化、规范化的社会认同，激励家庭养老照护的社会行为？如志愿服务养老照护时间银行模式，可以把家庭内部的养老照护记入志愿服务时间，或是把家庭照护纳入长期照护保险体系，使家庭养老照护能够得到社会认同，也避免家庭结构多元化、个体化背景下等社会养老照护代际不平等问题。

由此可见，建构家庭为主位的中国特色家庭养老保障模式，应从弘扬传统孝道文化、重塑家庭养老责任伦理、构建和谐平衡的代际关系出发，既强调老年家庭自养能力提升，也从家庭福利制度建构上提升子代养老的能力，从而建构起适合各种家庭代际关系和乡村发展特点的家庭养老模式。尽管模式的表现形式不同，但是家庭养老功能都能够得到发挥，最大限度地提升家庭养老能力。

就目前经济发展形势来讲，世界各国受疫情影响，经济很难快速复苏，我国经济虽较之其他国家恢复较早，但由于我国外向型经济受全球贸易影响较大，所以经济增长速度也大大放缓。就中央财政对农村养老保障的支持来讲，很难在短时间内全面提高农村地区的养老保障水平。因此，在未来的一段时间内，以家庭养老为主导的养老模式依然会是我国农村地区最主要的养老模式。为了能够更好地发挥我国传统家庭文化在养老方面的优势，我国可以在家庭福利政策等方面做出回应，支持家庭在结构变迁的背景下依然能够发挥养老功能。

9.2 建立以村落互助养老为辅助的养老模式

9.2.1 建构家庭与社区的养老关联对接机制

在新型城镇化的背景下，农村家庭也处于现代化转型过程中，代际关系松弛，城乡代际分居，老年空巢家庭和独居家庭占有的比例逐步提升，在这种情况下，可以整合熟人村落社会网络资源，创新村域互助养老服务体系。在农村人口老龄化、养老经济能力有限的情况下，市场购买养老服务的空间有限。因此，应该通过对农村老年人生活自理情况分类，有效利用村域范围内的社会网络和人力资本，创新社区互助的老年自我照顾体系（见图9-2）。由于全国范围村落社区文化习俗和经济社会发展差异较大，在推进社区互助养老服务时，应有效利用社区内部的权力结构，整合社区资源，推动建设可持续、村民广泛参与的互助养老体系。农村互助养老方式能够很好利用农村邻里之间熟人关系的社会资源，有效地将农村老年人聚合起来，身体好的老年人照顾身体相对弱的老年人，彼此互助服务，提升社区社会资本。

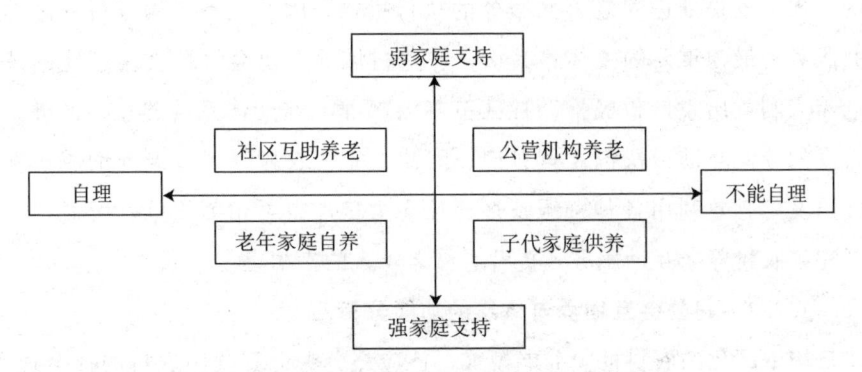

图9-2 家庭养老与社区养老服务关联示意图

9.2.2 加强村域互助养老功能

9.2.2.1 基层政府村域互助养老的功能分析

建构村域养老互助体系，地方基层政府机构在农村互助养老方式的推广和发展中起着至关重要的作用。地方政府可以通过推行相关政策的方式，不断明确互助养老的具体方式、执行机构以及监管机构，明确责任机制，不断推进老龄服务体建设，使农村养老问题得到落实与解决。农村互助养老需要政府的政策支持和财政投入，基层政府应针对农村互助养老中需要的基础设施建设进行投资，例如村域互助养老设施及其附近交通建设、日常生活购物场所建设、医疗保健设施建设。政府在倡导家庭养老的同时，要鼓励在村域内建设老年人养老服务中心，对农村互助养老政策实施推广。政府要不断完善相关社会工作者的服务队伍建设。在引进专业化养老服务志愿者的同时，也对农村志愿者进行相关培训，形成比较稳定的养老服务专门队伍，形成完善的农村互助养老保障体系，提高农村互助服务的品质，增强老年人接受互助服务的意愿。

地方政府作为基层政权机构在推进农村互助养老服务的政策倡导和规划的同时，村域范围内基层村民自治的村委会是各地有效整合社会养老服务资源的主体，也是推进养老公共服务的执行机构，因此，是建构农村社区养老公共服务的最为重要的主体；其次，一些村域养老协会等社会组织能够从维护老年人利益出发，积极推动社区范围内部养老互助体系的建立；此外，村民自发的养老互助帮扶也比较普遍。因此，完善农村社区养老互助应从本地实际出发，有效利用各种资源，整合社会力量，完善相关规范，增强社会信任，完善农村养老互助服务，提升农村老年人的幸福感。

9.2.2.2 村委会互助养老体系的功能分析

建构中国化的农村社会养老模式，还应充分考虑到我国农村的社会现实。在全国范围内，农村经济社会发展的不平衡不充分体现得更为明显。如东部已然出现非常现代化的乡村。这些村域基层社会治理现代化水平高，村民自治的行政组织、社会组织以及经济组织完善，经济社会发展平衡，农村养老不论是养老保障水平还是养老服务体系都非常完善，甚至老年大学和精神娱乐活动也搞得有声有色，老年人有组织、有归属、有参与、有社会角色，很好地实现了乡村养老的多主体合作协同的养老模式。但与此同时，我们也要看到在偏远落后的地区依然存在着大量的被城市化抽空了各种资源的所谓"空心村"，这些村域社会组织化程度低，传统的行政组织或是宗族组织、社会组织涣散，经济资源缺乏，年轻人外出打工，村里只剩下年老体弱的人，成了留守老年人村。如何建构这些村域的老年人养老模式是我们更应关注的主题。根据乡村发展和主导权力结构的不同，课题组据此提出建构乡村互助养老的四种模式（见图9-3）。

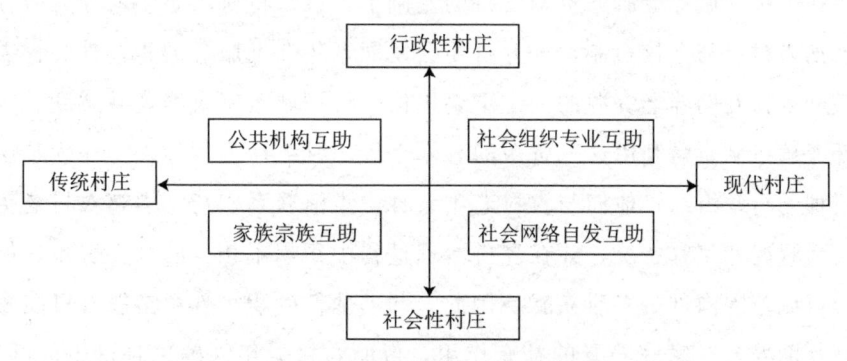

图9-3 农村互助养老四种模式

对于西部偏远落后的村庄，发展乡村养老公共服务应该先从发展乡村经济着手，进而提升基层村委会的组织能力和社会资源的整合能力，提升社会治理能力，完善养老公共服务。总体来看，偏远落后地区的农村，经济社会发展都较为落后，人口老龄化比较严重，乡村空心化程度高，养老公共服务需求强烈。目前，在人口老龄化背景下，全国各地努力建立村域社会养老互助服务体系，但大部分地区囿于经济条件限制，很难提供无偿或低收费的养老公共服务。因此，要发展农村社会养老保障事业，必须在市场经济机制下大力发展乡村经济，创造更多的物质财富资源，奠定发展农村老年服务的经济基础。因此，其地方政府的首要任务依然是因地制宜地发展本地支柱产业，让分散农户通过合作社、土地转租等组织方式发展具有地方特色的生态农业，统一进行农业产业规划和经营管理，利用互联网、电商渠道帮助农民进行销售。发展农产品深加工，解决返乡农民和在地农民的就业问题。根据乡村农产品生产，相应开办一些农产品加工工厂，既能增加农产品的附加值，也能解决农村空心化和老龄化现象。尤其是在国家大力振兴乡村和扩大"内循环"消费的背景下，是否会再一次掀起全国范围内的乡镇企业振兴？利用本地地区优势，发展养殖业，促进养殖业和种植业相结合，充分利用各种资源，通过发展经济增加农民收入和集体经济收入，进而提升社区养老公共服务的水平。推动农村经济发展不仅仅能对养老公共服务提供经济支撑，在一定程度上也能解决农村空心化、老年人力资源匮乏的问题。

9.2.2.3 提升村委会建构养老服务体系积极性

在解决村域养老服务资金支持的基础上，可以将村域老年人养老服务满意度纳入村干部考核机制，提升村委会发展老年互助服务的积极性。村委会是整合乡村互助养老资源的一个重要机构，将村域老年人养老满意度纳入村干部考核机制，是利用这一资源的有效手段。村级社会领导班子作为基层社会治理的行政组织，他们与农村老年人日常生活联系密切，了解农村老年人的生活状况和家庭状况，并在乡村治理过程中积累了相当的社会资本，能够整合村域范围内部的各种资源。因此，调动他们的积极性，是最有可能发挥村域互助养老对家庭养老的补充作用，帮助农村老年人解决日常生活问题，减轻外出务工子女负担的手段。为了提高村干部的养老服务责任意识，还可制定相应的考核措施，将农村老年人特别是农村独居老年人的养老满意度纳入对村干部的工作考核中，调动他们的养老工作积极性，完善农村社会互助养老服务体系。

把农村老年人养老满意度纳入村干部考核机制，一方面在某种程度上是倒逼村干部发展乡村集体经济。养老无疑是需要资金投入的，村干部整合村域范围内的各种资源，但是没有经济支撑是不能够使养老公共服务运转起来的。另一方面，村域养老公共服务体系建设也是呈现农村基层社会治理成效的一个标识。村干部在整合农村老年人现有政策性养老补贴的基础上，引入社会力量，融入社区内部的熟人社会资本，以农村社区为依托，建构适应村域实际情况的养老互助服务体系。如建构自主养老服务的社会机制，如志愿者时间银行等方式，调动社会力量参与到村域养老互助服务中。志愿者机制既可以调动村域内的农村剩余劳动力资源，也可以调动村域外部的社会志愿者资源,这对于空心村的互助养老服务体系建构具有很强的推动作用。整合村域内外的志愿者资源,需要地方基层干部创新养老服务机制,整合志愿者时间银行管理机制。除了志愿者机制外,经济条件好的社区可以建立低偿或无偿社区小型化养老公共服务,包括老年餐厅、文化活动室、老年照料中心等。结合当地实际情况,形式可以多样,既可以集中居住,也可以提供日间服务,或者是提供老年人进行文化娱乐活动的空间。完善农村居家养老机制,提供老年人公共活动场所,提供适合农村居民的各种老年文化培训,如公益健康知识讲座、庭院园艺种植、传统手工艺培训等,可以缓解农村老年人精神上的孤独,减少子女长期不在身边的亲情缺失感。

作为乡村互助养老的直接管理者与监督者,在互助养老需要的场地和设施方面,村委会需要协调整合养老服务场所,如提供相应的土地房屋,也可以根据实际情况利用现有闲置房屋采取改建、扩建、租赁等形式,建构互助养老场所,将有需要的老年人集中在一起。在互助养老的服务对象方面,根据实际情况做出具体规定,针对生活基本自理、半自理和不能自理的老年人推出不同等级的养老服务,针对生活半自理和不能自理的老年人收取一定的养老服务费用,这样既可以用于养老服务机构的可持续运营,也可根据当地经济发展水平,通过集体经济或和财政转移支付等渠道筹集部分相应费用,建立互助养老的资金储备,具体专款专用,避免道德风险。村民居委会需要大力进行农村互助养老方式的构建与发展,不断宣传并普及互助养老方式。农村互助养老要以"自我保障、自治自愿、互助服务"为原则。在管理责任归属方面,既可以由村委会全权直接负责,也可以由村委会安排专门机构(如老年协会等社会组织)或负责人进行管理,并保证定期对村里的互助养老情况进行调查与监督,保障互助养老方式有效进行。在互助养老资金方面,村委会要提供日常运营所需资金,资金主要来源于政府补贴资金、村集体积累资金以及社会捐赠的资金等,做到专款专用。

9.2.3 建立养老公共服务平台

建构镇级或村级公共服务的平台,如何将政府、市场、农村社区、社会组织等多方力量整合起来、调动各方积极性,是目前完善农村养老服务的重要政策创新。对于一些盈利空间小、老年人急需或是无力市场化购买的服务，政府要承担起相应的服务。如农民独居状态下生活照料、紧急救援等服务。对于日常的帮扶、娱乐和公共生活应该利用农村熟人社会资源，充分发挥社区、社会组织以及自组织的力量，提高村民养老的自组织能力。由于老年人对市场提供服务的甄别能力有限，防止老年人钱财被骗，村集体养老公共服务平台可以提供权威的市场化服务信息。因此，应明确养老各方主体权责边界，建构合理有效的合作机制。

在财政资金对养老支持有限情况下，如何实现养老福利效益的最大化？目前在养老保障体系中，除去新农保的基础养老金以外，各地还有一定比例的财政用于支持养老服务的供给，如养老公共设施和机构建设等。但从实际运行来看，很多养老服务资金支持的效果并不佳。有些老年服务场所空置或是挪作他用的情况都有发生，一些以提供直接养老服务形式的老年福利也出现了福利倒置现象。如北京农村地区的养老驿站就餐服务。如果老年人到驿站就餐，一顿饭个人需交3元钱，政府补贴2元钱，驿站经营实收5元钱。但是，也有些老年人为了省钱，认为3元钱也贵，不如自己在家做饭，所以不去消费。结果是经济条件好的老年人，享受到了政府的补贴。反而经济条件不好的老年人，却享受不到政府的补贴。因此，即使提供养老服务，接受服务的目标群体应是需求强烈、自己无法通过市场购买或是社会支持获得服务的群体，而不是对于富裕老年人或是强社会支持老年人的锦上添花。因此，如何让有限的养老资源福利最大化，是综合考量后的一种政策选择。养老公共服务体系构建，要注意到农村老年人在经济社会分化现实背景下的多元需求，如何实现公共服务社会福利的社会效益最大化，是构建多元主体福利体系和加强多元主体福利治理的重中之重。哪些需求应该归于市场化提供？如何在需求量偏低、盈利空间小的现实背景下，引导养老企业积极参与市场，更多的是应加强企业社会责任的引导，而不是进行单一的免税和经济补贴。财政资金福利最大化更应该从弱势老年人群体的最迫切需求着手，提供养老公共服务。由于资金有限，如何发动基层社会力量，激励农村富余劳动力有效参与养老服务，利用熟人社会的有效社会资本，动员社会力量，才是真正解决农村养老服务的根本。

9.2.4 建构社会信任环境

建构多元养老方式的整合机制，在传统家庭养老方式向社会养老方式过渡的过程中，不仅需要相关制度文化建构和养老设施建设，还需要安全、稳定、和谐互信的社会环境。吉登斯认为，现代社会风险和信任是交织在一起的。现代性由于表现为现代与传统的断裂，进而使一种人们在其生活的具体场景中的思维、习惯与知识已无法在现代社会中发挥作用。因此世界的变化与突发事件使得人们无论行动与否都处在一种风险之中，而人们应对变化与实践的知识也是"不完全的归纳性知识"，风险是不可回避的，人们化解或预防之道就是使用信任。老年是一种确定性风险，"养儿防老"是以传统社会孝文化、家庭财产继承、宗族制度等一系列制度文化为保障的。现代社会打破了传统的社会结构和制度文化，"养儿防老"面临挑战，但老年风险依然存在，而且随着人均寿命的延长，风险还在加大。目前，我国农村虽然建立起养老保险制度，从经济上规避老年人失去收入的风险，但生活照料和精神慰藉等方面的需求是养老保险不能解决的。在老年空巢、独居比例越来越高的现实背景下，建构起让老年人放心、安心、又舒心的生活环境，是提升老年人生活质量、安度晚年的保证。如果村民对社会化养老不能建立起社会信任，对村里提供的养老公共服务不买账，农村中养老机构的空置率依然会居高不下。

因此，各级政府在大力推进民生建设时，不能简单地依据经济理性，进行盲目规划、建设，而要重视在这一过程中的民众参与。政府官员不仅要尊重民众的参与权，还要大力动员群众积极参与。这是增强政府官员，尤其是地方基层政府官员社会信任的重要途径。与此同时，在反腐败过程中，肃清小官巨贪，重建地方政府官员在人民心中的信任也有着重要意义。十九大报告提出了实施乡村振兴战略，指出加强农村基层基础工作要健全自治、法治、德治相结合的乡村治理体系，充分尊重农民的主体地位。因此，各级政府在大力完善农村地区社会养老机构设施建设，完善市场养老服务的供给，提升社会养老服务质量，满足农村居民的社会化养老需求的同时，也要增强官民互动、提升社会信任，这样，社会化养老才能更好地实现。

9.3 整合制度化养老保障，提高养老金保障水平

9.3.1 完善农村社会养老保障制度

为了保障农村居民年老时的基本生活，我国政府于 2009 年起开展新型农村社会养老保险(以下简称"新农保")的试点工作。它以个人缴费、集体补助、政府补贴相结合的筹资模式，旨与家庭养老、土地保障、社会救助等其他社会保障政策措施相配套，缩小城乡差距，缓解农村家庭养老压力，为农村老年人的养老生活提供更多保障。目前，我国一些地区已经实现了城乡居民养老保险制度的一体化。从制度本身来看，城乡居民享有的养老保险制度是平等的，但是由于我国养老保险制度实行的是权利义务对等原则，个体享有的养老保障水平与自己缴纳的养老金密切相关。而农民由于收入水平低，加上社会保险意识差，在养老保险缴费档次上都选择了最低档。这样，即使是到了退休年龄的农民，领取养老金，也是水平最低的。从国家财政支持来看，养老金水平越高，相应从国家财政获得的补贴也会越多。因此，仅从养老保险的公平性原则来看，农村居民的养老保险与其他社会群体的养老保险存在福利倒置现象。因此，在养老保险制度的改革方面，建议加大国家财政农村居民养老保险补贴力度，提升农民社会养老保险缴费档次，使农村养老金能够达到保障老年人基本生活的水平。目前，全国大部分农村基础养老金为 100~200 元。虽然田野调查老年人对此表示满意，但这是相对于以前农村居民没有养老金而言的，而这相对于老年人基本生活的经济支持来讲却微不足道。目前从城乡老年人的养老金水平和政府财政支持来看，农村居民的养老保险水平依然低于城市居民。但从养老市场消费来看，由于市场有限、交通成本高等原因，农村养老消费并不低于城市。因此，提高养老保障水平对于完善农村养老保障政策是至关重要的。提升农村国家养老金水平，可以减少父母对子女的经济依赖。老年人对子女的经济支持需求越小，越容易避免家庭代际间的矛盾发生，进而促进子女对父母提供家庭照料和精神慰藉。

9.3.2 创新土地养老新机制

新中国成立后,农村居民社会保障权益获得与农村集体经济密切相关,而集体经济主要是通过土地收益来获取的。家庭联产承包责任制实施后,由于土地承包经营权归个体家庭,对于农村居民的社会保障也自然回归到家庭这个社会组织。因此,在新型社会保险制度在农村确立之前,农村的社会保障基本上是属于空白阶段,只有少数社会弱势群体的社会救助和社会福利,而大部分居民的现代社会保险处于缺失状态。因此,农村居民大部分时间是通过土地来进行生活保障的,这也是目前农村土地改革掣肘之处。但是,随着经济社会的发展,农业在国民经济中所占比例越来越小,而其所承载保障农村户籍人口却没有相应减少,因此,土地的保障功能越来越弱。尤其是对于农村老年人来讲,他们不论是在现代耕种技术、农业结构调整,甚至是农业耕种本身方面都随着年龄的增长越来越不适应。与此同时,代际间的农业耕作支持因家庭结构调整以及城乡结构的调整也存在缺失。所以,通过土地进行社会保障的基础结构已无,土地的所谓保障只剩下承包土地转租费或是传统粮食种植的微弱保障。因此,整合土地养老功能、增强农民自我养老能力是农村传统社会保障向现代转型的必需。研究在土地生产功能提升、流转加快的趋势下,如何维护老年农民土地权益是创新土地养老功能新机制的关键。

目前农村土地改革主要有两种声音,都是以维护农民权益为自己观点的依据。一种是维持现状,给进城打工失败的农民留一条归乡路,也就是维持土地基本社会保障的功能。另一种声音是对现有土地制度进行改革,增强土地的生产功能,对土地承包权益进行确权,促进土地流转,增进土地的经济价值。实际上充分尊重土地承包者的权益,给他们充分的个人选择自由,是流转还是自耕由农民自己来决定,是最大限度地维护了农民的权益。就全国范围来讲,是流转土地还是作为退路,每个经济理性的小农都会有自己的策略选择。就全国范围来讲,农村发展差距巨大,土地承包者的境况也不尽相同,他们会根据自己的情况在政策允许的范围内进行选择,而不应该一刀切,也不能一刀切。总体来看,两种声音可以并行不悖。打开土地改革的路径,允许土地自由流转,实现土地收益最大化,是适应多重分化农民选择的现实需要，这样对于老年农民实现土地收益最大化也是有好处的。在土地承包权益流转时，可以建立其与养老保险制度转接的制度关联改革，如对于大农业公司长期流转而言，可以通过土地换保障的形式实现。对于短期灵活土地流转而言，可以通过实现土地经济收益弥补养老金的不足。最大限度实现老年农民承包土地的经济权益，是解决目前农村养老经济支持不足的一个有效手段。从调查数据来看，农村老年人表现出积极的自我养老意识。创新土地养老功能是提升农村老年人自我养老能力的有效途径。因此，政府在整合养老保险制度时，应考虑农村土地制度改革如何建构与现代社会保障制度的关联，而不是进行简单的经济补偿。

9.3.3 完善老年医疗保障制度

在调研中课题组发现，农村老年人在没有生病之前对自己的养老生活都有较高的满意度，生病之后由于多种因素影响，如经济支持不足、生活照料缺失等使得老年生活幸福感降低。目前农村医疗保险制度主要是新型农业合作医疗保险，但是由于受报销比例限制，以及一些自费药等多种原因影响，农民真正享受合作医疗福利的大多是经济条件较好的家庭，而经济条件差的农村老年人大多通过村医或基层医院简单就医。因此，进行新型合作医疗保险制度改革，提升报销比例，尤其是提升基础病、慢性病等常见病的医疗保险报销比例，避免农村老年人不敢看病、久病不医的现象发生，这也是符合现代医养结合的养老理念的。改革新型农村合作医疗，强化政府在其中的责任，并且地方财政应对新型农村合作医疗给予充分的资金支持，使农村老年人不至于在生病后陷入贫困。因此，合作医疗保险制度改革应覆盖慢性病早期干预、体检等大健康理念下的医疗保障，以降低农村老年人得病的风险。要加强农村的社区卫生服务，逐步完善分级诊疗政策体系，使得农村老年人能够享受到优质医疗资源。在条件允许的情况下，成立农村社区卫生服务中心，改善农村医疗卫生设施，为农村老年人提供质优价廉的医疗卫生服务。

此外，整合农村执行计划生育政策补贴制度、"五保"制度等，使农村养老保障制度间的衔接和转接顺畅，建构多层次、多机制的社会养老保障体系，增强其规范性和可持续性。

参考文献

[1] 费孝通. 乡土中国[M]. 北京：北京出版社，2004.

[2] 宋健. 中国农村人口的收入与养老[M]. 北京：中国人民大学出版社，2006.

[3] 唐灿，张建. 家庭问题与政府责任[M]. 北京：社会科学文献出版社，2013.

[4] 王跃生. 中国当代家庭结构变动分析[M]. 北京：中国社会科学出版社，2009.

[5] 阎云翔. 私人生活的变革——一个中国村庄里的爱情、家庭与亲密关系(1949－1999)[M]. 上海：上海书店出版社，2006.

[6] 阎云翔. 中国社会的个体化[M]. 上海：上海译文出版社，2012.

[7] 费孝通. 家庭结构变动中的老年赡养问题——再论中国家庭结构的变动[J]. 北京大学学报(哲学社会科学版)，1983(3).

[8] 王跃生. 中国家庭代际关系的理论分析[J]. 人口研究，2008(7).

[9] 贺雪峰. 农村家庭代际关系的变动及其影响[J]. 江海学刊，2008(7).

[10] 王跃生. 中国家庭代际关系的维系、变动和趋向[J]. 江淮论坛，2011(3).

[11] 郑功成. 中国农村社会养老保障政策研究——将农村居民社会保障与计划生育有机结合的政策选择[J]. 人口与计划生育，2008(3).

[12] 戴卫东，孔庆洋. 农村劳动力转移就业对农村养老保障的双重效应分析——基于安徽省农村劳动力转移就业状况的调查[J]. 中国农村经济，2005(1).

[13] 田凯. 当前中国农村社会养老保险的制度分析[J]. 社会科学辑刊，2000(6).

[14] 李迎生. 农村养老保障改革的"过渡模式"设计[J]. 中国社会保障，2006(3).

[15] 吴玉锋. 新型农村社会养老保险参与实证研究：一个信任分析视角[J]. 人口研究，2011(4).

[16] 田北海，丁镇. 农民参与新型农村社会养老保险的意愿研究[J]. 甘肃行政学院学报，

2011(3).

[17] 青连斌. 建立新型农村养老保险制度的有益尝试——对陕西省宝鸡市"新农保"试点的调查[J]. 理论视野, 2009(6).

[18] Rose. R. Common Goals but Different Roles: the State's Contribution to the Welfare Mix. In Rose, R. And Shiratori, R. (Ed.) The Welfare State East and West. New Youk: Oxford University Press, 1986.

[19] G. Esping Anderson. Social Foundations of Postindustrial Economics[M]. New York, Oxford University Press, 1999.

[20] 吉登斯. 第三条道路——社会民主主义的复兴[M]. 郑戈, 译. 北京: 北京大学出版社, 2003.

[21] 韩央迪. 家庭主义、去家庭化和再家庭化: 福利国家家庭政策的发展脉络与政策意涵[J]. 南京师大学报(社会科学版), 2014(6).

[22] 段世江, 张岭泉. 农村独生子女家庭养老风险分析[J]. 西北人口, 2007(03).

[23] 周德禄. 农村独生子女家庭养老保障的弱势地位与对策研究——来自山东农村的调查[J]. 人口学刊, 2011(05).

[24] 中国标准出版社第一编辑室. 中国城乡老年人口状况一次性抽样调查数据分析[M]. 北京: 中国标准出版社, 2003.

[25] 朱冠楠, 吴磊. 农村家庭养老模式的历史困境——论家庭结构变迁对农村家庭养老模式的影响[J]. 甘肃联合大学学报(社会科学版), 2007(05).

[26] 肖倩. 农村家庭养老问题与代际权力关系变迁——基于赣中南农村的调查[J]. 人口与发展, 2010, 16(06).

[27] 王萍, 李树茁. 农村家庭养老的变迁和老年人的健康[M]. 北京社会科学文献出版社, 2011.

[28] 杨善华. 中国农村现代化进程中的家庭生产功能的变迁——对中国农村的一个跨(亚)文化此较研究[J]. 北京大学学报(哲学社会科学版), 1991(03).

[29] 杨菊华, 何烖华. 社会转型过程中家庭的变迁与延续[J]. 人口研究, 2014, 38(02).

[30] 黄振华. 中国农户: 功能变迁与政府介入——以农村8户调查为基点[D]. 武汉: 华中师范大学, 2013.

[31] 柴定红, 程启军. 解读农村家庭变迁及其对农村家庭养老的影响[J]. 理论月刊, 2002(12).

[32] 朱明宝, 杨云彦. 农村家庭养老模式变迁与低生育水平强化——来自湖北省宜昌市的

经验证据[J]. 中国人口科学, 2016(03).

[33] 郭于华. 代际关系中的公平逻辑及其变迁——对河北农村养老事件的分析[J]. 中国学术, 2001(4).

[34] 王春光. 新生代农村流动人口的社会认同与城乡融合的关系[J]. 社会学研究, 2001(03).

[35] 杨善华, 贺常梅. 责任伦理与城市居民的家庭养老——以"北京市老年人需求调查"为例[J]. 北京大学学报(哲学社会科学版), 2004(1).

[36] 陈皆明. 中国养老模式：传统文化、家庭边界和代际关系[J]. 西安交通大学学报(社会科学版), 2010, 30(06).

[37] 范成杰. 代际关系的下位运行及其对农村家庭养老影响[J]. 华中农业大学学报(社会科学版), 2013(01).

[38] 穆光宗, 姚远. 探索中国特色的综合解决老龄问题的未来之路——"全国家庭养老与社会化养老服务研讨会"纪要[J]. 人口与经济, 1999(02).

[39] 刘勇. 中西方养老文化的初步比较研究[D]. 成都：西南财经大学, 2006.

[40] 吴海盛. 农村老人生活质量现状及影响因素分析——基于江苏省农户微观数据的分析[J]. 农业经济问题, 2009, 30(10).

[41] 于学军. 中国的家庭养老[J]. 百科知识, 1995(07).

[42] 成海军. 中国农村老年人经济供养方式的现状与前瞻[J]. 北京科技大学学报(社会科学版), 2000(02).

[43] 韩梅, 侯云霞. 农村老年人的生活状况与农村养老模式探析[J]. 特区经济, 2009(08).

[44] 胡洋, 丁士军. 新时期农村家庭养老的出路选择——湖北省江陵县沙岗镇农村家庭养老的调查与思考[J]. 农村经济, 2003(04).

[45] 张洪芹. 农村家庭养老与子女支持愿望——基于对山东部分农村地区的调查[J]. 东岳论丛, 2009, 30(09).

[46] 谢勇才, 杨哲, 涂铭. 依赖抑或独立：我国城乡老年人主要生活来源的变化研究[J]. 华中农业大学学报(社会科学版), 2015(05).

[47] 杨宗传. 中国老年人生活服务保障体系探讨[J]. 经济评论, 1996, 17(03).

[48] 张友琴. 城市化与农村老年人的家庭支持——厦门市个案的再研究[J]. 社会学研究, 2002(05).

[49] 田北海, 雷华, 钟涨宝. 生活境遇与养老意愿——农村老年人家庭养老偏好影响因素的实证分析[J]. 中国农村观察, 2012(02).

[50]穆光宗.老龄人口的精神赡养问题[J].中国人民大学学报,2004(04).

[51]邵南.浅谈当代老年人的精神需求与精神赡养[J].南平师专学报,2006(01).

[52]崔燕改.农村养老状况与方式选择的实证分析——以河北省藁城市为例[J].南京人口管理干部学院学报,2006(03).

[53]王晶.找回家庭:农村代际合作与老年精神健康[M].北京:社会科学文献出版社,2016.

[54]宁雯雯,慈勤英.老年人精神慰藉过程中的子女作用[J].重庆社会科学,2015(01).

[55]唐灿.家庭现代化理论及其发展的回顾与评述[J].社会学研究,2010,25(03).

[56]唐灿.从家庭结构到家庭关系的转变[N].中国社会科学报,2010-08-24.

[57]杨菊华,李路路.代际互动与家庭凝聚力——东亚国家和地区比较研究[J].社会学研究,2009,24(03).

[58]唐灿,陈午晴.中国城市家庭的亲属关系——基于五城市家庭结构与家庭关系调查[J].江苏社会科学,2012(02).

[59]张秀兰,徐月宾.建构中国的发展型家庭政策[J].中国社会科学,2003(06).

[60]刘继同.中国现代家庭福利政策的基础性、战略性地位[J].社会政策研究,2016(01).

[61]彭希哲,胡湛.当代中国家庭变迁与家庭政策重构[J].中国社会科学,2015(12).

[62]吴蓓.中国农村家庭养老问题研究——以冀东南DLZ村为例[D].济南:山东大学,2012.

[63]张丽彤.代际关系视角下的农村空巢老年人养老问题[D].成都:西南交通大学,2014.

[64]黄茜.代际关系变迁背景下农村家庭养老问题研究[D].上海:上海工程技术大学,2016.

[65]考克汉姆.医学社会学(第11版)[M].高永平,样渤彦,译.北京:中国人民大学出版社,2012.

[66]阎萍.我国老年人的求医行为分析[J].人口与发展,2008,14(6).

[67]李晓敏,丁士军,陈玉萍,等.贫困地区农户医疗服务需求影响因素分析——来自湖北省红安县的农户调查数据[J].农业技术经济,2009(2).

[68]杨清红,刘俊霞.医疗保障与老年人医疗服务需求的实证分析[J].上海经济研究,2013,25(10).

[69]柴化敏.中国城乡居民医疗服务需求与医疗保障的实证分析[J].世界经济文汇,2013(5).

参考文献

[70]曹阳,宋亚红. 我国农村中老年居民门诊服务利用及其影响因素研究——基于CHARLS数据的实证分析[J]. 中国卫生事业管理,2016,33(7).

[71]仲亚琴,高月霞,王健. 中国农村老年人住院服务利用及费用影响因素[J]. 中国公共卫生,2013,29(11).

[72]张丽,童星. 农村老年居民住院服务利用及其影响因素研究——基于CHARLS数据的实证分析[J]. 南京社会科学,2014(4).

[73]刘国恩,蔡春光,李林. 中国老人医疗保障与医疗服务需求的实证分析[J]. 经济研究,2011,46(3).

[74]龚秀全. 居住安排与社会支持对老年人医疗服务利用的影响研究——以上海为例[J]. 南方经济,2016(1).

[75]Andersen R. A behavioral model of families' use of health services[R]. Chicago: Center for Health Administration Studies, University of Chicago, 1968.

[76]Grossman, M. On the concept of health capital and the demand for health[J]. Journal of Political Economy, 1972, 80(2).

[77]J. Newhouse. and Phelps, C. Coinsurance, the Price of Time, and the Demand for Medical Services[J]. Review of Economics and Statistics, 1974, 56(3).

[78]Heller, P. A model of the Demand for Medical and Health Services in Peninsular Malaysia[J]. Social Science and Medicine, 1982, 16(3).

[79]Srivastava, D. and McGuire, A. Patient access to health care and medicines across low-income countries[J]. Social Science and Medicine, 2015(133).

[80]Michael, D. Hard and Kathleen Mcgarry. Medical insurance and the use of health care services by the elderly[J]. Journal of Health Economics, 1997(16).

[81]Dzator, J. and Asafu-Adjaye, J. A study of malaria care provider choice in Ghana[J]. Health Policy, 2004, 69(3).

[82]Nguyen KT, Khuat OT, Ma S, et al. Impact of health insurance on health care treatment and cost in Vietnam: a health capability approach to financial protection[J]. Am J Public Health, 2012; 102(8).

[83]Finkelstein A, Mc Knight R. What did Medicare do? The initial impact of Medicare on mortality and out of pocket medical spending[J]. J Public Economy, 2008, 92(7).

[84]李晨阳,孙维帅,章湖洋,等. 我国三种基本医疗保险中老年人医疗服务利用比较及变化趋势研究[J]. 中国卫生经济,2016,35(7).

[85] 秦俊兴,胡宏伟.医疗保险与老年人卫生服务利用的政策评估[J].广东财经大学学报,2016,31(1).

[86] 赖国毅.医疗保障与老年医疗消费的实证分析[J].社会保障研究,2012(6).

[87] 王新军,郑超.医疗保险对老年人医疗支出与健康的影响[J].财经研究,2014,40(12).

[88] 吕美晔,王翌秋.基于四部模型法的中国农村居民医疗服务需求分析[J].中国农村经济,2012(6).

[89] 胡思洋.农村老年人就医行为的影响因素研究——来自谷城、南阳两地数据的实证[J].人口与发展,2016,22(5).

[90] 姚兆余,陈雪玲,王翌秋.农村老年人医疗服务利用及影响因素分析——基于江苏地区的调查[J].中国农业大学学报(社会科学版),2014,31(2).

[91] 宋健.农村养老问题研究综述[J].人口研究,2001(6).

[92] 赵杨,冯宇彤,陈琳,等.老年人群医疗服务利用公平性影响因素研究[J].中国卫生政策研究,2017,10(2).

[93] 陈丽强,宁满秀.非正式照料对老年人医疗费用支出的影响及政策建议[J].中国卫生政策研究,2016,9(6).

[94] 朱斌,毛瑛.代际支持、社会资本与医疗服务利用[J].社会保障研究,2017(3).

[95] 薄赢.代际支持对农村老年人医疗消费的影响——基于2011年CHARLS数据的分析[J].消费经济,2016,32(5).

[96] 周律,孙茜,孙韩钧,等.代际货币转移对中国农村老年人卫生服务利用的影响研究[J].人口与发展,2013,19(1).

[97] 廖小利,罗军飞,罗阳.代际支持对农村老年人医疗服务利用的影响研究——来自湖南的实证[J].人口与发展,2017,23(6).

[98] 李俏,宋娜.农村养老中的性别差异:需求、功效与变动逻辑[J].社会保障研究,2017(6).

[99] 许琪.儿子养老还是女儿养老?基于家庭内部的比较分析[J].社会,2015,35(4).

[100] 石智雷.多子未必多福——生育决策、家庭养老与农村老年人生活质量[J].社会学研究,2015,30(5).

[101] Andersen R, Bozzette S, et al. Access of vulnerable groups to antiretroviral therapy among persons in care for HIV disease in the United States. HCSUS Consortium. HIV Cost and Services Utilization Study[J]. Health Services Research, 2000, 35(2).

[102]李月娥,卢珊.安德森模型的理论构建及分析路径演变评析[J].中国卫生事业管理,2017,34(5).

[103]方黎明,张秀兰.城镇低保户医疗服务利用和医疗保障制度设计对就医行为的影响——基于兰州、西宁和白银城镇家庭调查数据的分析[J].财经研究.2011,37(6).

[104]刘元凤,荆丽梅,许靖,等.基于 logistic 模型的自我医疗行为分析[J].中国卫生事业管理,2015,32(1).

[105]Becker, G. S. "An Economic Analysis of Fertility." In Universities－National Bureau (ed), Demographic and Economic Change in Developed Countries. New York：Columbia University Press.

[106]宋璐,左冬梅.农村老年人医疗支出及其影响因素的性别差异：以巢湖地区为例[J].中国农村经济,2010(5).

[107]胡宏伟,张小燕,郭牧琦.老年人医疗保健支出水平及其影响因素分析——慢性病高发背景下的老年人医疗保健制度改革[J].人口与经济,2012(1).

[108]黄文静.社会学视角下老年人的医疗和照顾需要研究[J].中国全科医学,2017,20(7).

[109]陈在余,李薇,江玉.农村老年人灾难性医疗支出影响因素分析[J].华南农业大学学报(社会科学版),2017,16(1).

[110]唐灿,马春华,石金群.女儿赡养的伦理与公平——浙东农村家庭代际关系的性别考察[J].社会学研究,2009,24(6).

附　录

附录一：农村社区居民养老保障状况与需求调查

尊敬的先生/女士：

　　您好，我是北京工业大学的学生，在课程学习的过程中，我们学习了有关社会养老的相关理论知识，现在为了更好地了解社区居民养老需求及其现状，以便理论联系现实，进行社会实践调查。

　　本次调查的目的是了解社区居民养老保障状况与需求，希望能够得到您的支持和帮助。您的回答将采取匿名的方式，您只需在最符合您想法的答案的序号前打"√"或者在"＿＿＿＿"上填写适当的内容。所有资料将会严格保密，请不要有任何顾虑。

　　衷心感谢您的支持和配合！

　　祝您生活美满，全家幸福！

　　　　调查人：＿＿＿＿＿＿＿＿＿
　　　　时　间：＿＿＿＿＿＿＿＿＿
　　　　地　点：＿＿＿＿＿＿＿＿＿

1. 您的性别：(1)男　(2)女
2. 您是_____年生人
3. 您居住在_____省_____区(县)_____(街道)镇_____村
4. 您居住的村庄是何种类型？(　　　)

    (1)传统村庄

    (2)统一规划新民居

    (3)回迁房

    (4)小城镇

    (5)合并型村庄

5. 您的受教育程度：

    (1)小学及以下

    (2)初中

    (3)高中或中专

    (4)大专及大学

    (5)研究生以上

6. 您的婚姻状况：

    (1)未婚　　　(2)有配偶　　　(3)丧偶　　　(4)离异

7. 您最近一年主要做什么？(　　　)

    (1)种地　　　(2)打零工　　　(3)颐养天年　　　(4)带孙子

    (5)其他_____

8. 您是否有子女？(　　　)

    (1)有　　　(2)没有

9. 您有几个(　　　)女儿(　　　)儿子？

    (1)1　　　(2)2　　　(3)3　　　(4)4个及以上

11. 在您这几个子女中，最关心您的是(　　　)(　　　)

    (1)老大　　　(2)老二　　　(3)老三　　　(4)老小

12. 比较而言，下面谁更关心您？(　　　)

    (1)女儿/女婿　　　(2)儿子/媳妇

13. 您觉得他最关心您的原因？(限选三项)(　　)(　　)(　　)

    (1)家庭责任感强，最孝顺

    (2)他家经济条件最好

    (3)主要是媳妇/女婿好

    (4)他住得最近(或是一起生活)

    (5)在家的时候，我对他付出最多

    (6)和我感情最深

    (7)工作不忙，有空闲时间

    (8)其他＿＿＿＿＿＿

14. 您与子女们的关系如何？(　　)

    (1)很好　　(2)比较好　　(3)一般　　(4)不太好　　(5)很不好

15. 您现在的居住方式：(可多选)(　　)

    (1)与子女同住

    (2)与配偶同住

    (3)独居

    (4)在养老机构住

    (5)与孙代居住

    (6)在村委会的养老中心居住

    (7)其他：＿＿＿＿＿＿

16. 如果您的子女在外地定居，您是否愿意与他们一起生活？(　　)

    (1)愿意　　(2)不愿意

17. 您不愿与他们一起生活的原因是什么？(　　)

    (1)子女不愿意

    (2)不喜欢城市生活

    (3)舍不得家里的财产

    (4)怕给子女增加负担

    (5)与子女一起生活不习惯

    (6)其他：＿＿＿＿＿＿

18. 您现在最主要的经济来源是：(　　)

(1)退休金或养老保险金

(2)工资性或资产性收入(如房租、股票债券等投资性收入)

(3)子女经济支持

(4)国家救济(低保金、老年津贴等)

(5)社会帮扶、邻里救助

(6)自己种地

(7)打工收入

(8)其他:_____

19. 您认为自己目前的经济状况如何?(　　)

　　(1)很宽裕　　(2)比较宽裕　　(3)一般　　(4)比较困难　　(5)很困难

20. 您平时最主要的空闲时间是做什么?(限选三项,排序)(　　)(　　)(　　)

(1)看电视、听收音机

(2)宗教信仰活动

(3)旅游

(4)参加自组织的兴趣爱好活动(如秧歌队等)

(5)打牌、麻将或下棋

(6)串门聊天

(7)上网、读书看报等

(8)照顾孙辈

(10)跳广场舞等健身活动

(11)参加村委会组织的自愿服务活动

(12)其他:_____

21. 您目前的身体状况如何?(　　)

(1)无病身体好

(2)无大病体质较差

(3)有病但不影响行动

(4)病重行动不便

(5)病重不能自理

(6)残疾不能自理

(7)高龄不能自理

(8)其他：_____

22. 您日常生活主要依靠_____提供生活照料，生病时主要依靠_____提供生活照料

  (1)自己 (2)儿子/媳妇 (3)女儿/女婿 (4)老伴

  (5)亲友 (6)邻居 (7)雇人 (8)养老院

  (9)其他：_____

23. 您对下列养老方式的了解程度？

养老方式	很了解	比较了解	一般	听说过，但不了解	根本没听说过
家庭养老					
社区养老					
养老院养老					
居家养老					

24. 在下列养老方式中，您最期望的养老方式是哪种？(　　)

  (1)子女养老

  (2)自己和老伴相互照应养老

  (3)和兴趣相投的朋友抱团养老

  (4)在家住，村委会提供养老服务

  (5)进养老院

  (6)村委会里有日托和全托养老服务

  (7)其他_____

25. 你们村的老年人组织有(　　　)。

  (1)老年人协会等维护老年人权益的组织

  (2)长老会等村务议事性组织

  (3)秧歌队、花鼓队等娱乐性组织

  (4)由老年人组织的合作社等

  (5)其他_____

(6)没有老年人组织(跳答 27)

26. 您对老年人组织在服务老年人方面的评价(　　　)。

    (1)满意　(2)比较满意　(3)一般　(4)比较不满意　(5)不满意

27. 您觉得目前在村里组织这类组织的可能性(　　　)。

    (1)很容易　(2)比较容易　(3)一般　(4)不太容易　(5)不可能

28. 如有可能,您希望村委会提供的养老服务有(限选三项):(　　　)
    (　　　)(　　　)

    (1)用餐服务

    (2)生活照料服务

    (3)托老所

    (4)紧急救援

    (5)关怀探访

    (6)文体活动场所和器材

    (7)其他_____

29. 村委会如果想给村民提供养老服务,有三种方式。

    第一,政府组织人力,直接提供养老服务;

    第二,政府出钱从市场购买服务的方式给民众提供养老服务;

    第二,直接把相应的经济补贴发给村民,让村民自己到市场上购买养老服务。

    您认为哪一种方式好?(　　　)

    (1)第一种　(2)第二种　(3)第三种　(4)不清楚

30. 您认为下面谁应该承担养老的主要责任?(限选三项,排序)(　　　)
    (　　　)(　　　)

    (1)儿子

    (2)女儿

    (3)配偶

    (4)政府(国家)

    (5)居委会

    (6)社会组织或机构

(7)公办养老院

(8)孙辈

(9)其他：_____

31. 您认为现在的养老还存在哪些问题？(限选三项，排序)(　　)(　　)
 (　　)

 (1)传统的养儿防老意识还很强

 (2)社会保障制度不健全

 (3)制度实施不彻底

 (4)国家财政支持力度不够

 (5)养老服务机构缺乏

 (6)保障水平低

 (7)人们的尊老敬老意识淡薄

 (8)生活娱乐设施不足

 (9)医疗保健水平低

 (10)老年人精神生活空虚

 (11)空巢/独居老年人生活难自理

 (12)其他：_____

32. 您对自己以后的养老问题是否担心？(　　)

 (1)不担心

 (2)有点担心

 (3)一般

 (4)比较担心

 (5)非常担心

33. 您最担心的养老问题是？(　　)

 (1)没有生活上的经济来源

 (2)年老多病时没人照顾

 (3)孤独、没人陪

 (4)无事可做

 (5)害怕养老金没着落

(6)怕成为子女(家庭)上的负担

(7)不存在困难

(8)其他：_____

34. 您认为影响老年人幸福感的最主要因素有哪些？(限选三项)(　　)(　　)(　　)

(1)身体健康

(2)儿女孝顺

(3)有稳定的经济来源

(4)受到社会和家庭的尊重

(5)丰富的娱乐文化活动

(6)能够继续发挥余热

(7)家庭关系和谐

(8)其他：_____

35. 您觉得如果未来生活不能自理的时候，最有可能的解决办法是(　　)。

(1)子女照顾

(2)住养老院

(3)请保姆照顾

(4)老伴照顾

(5)亲友邻里帮助

(6)想不出来有什么办法

(7)其他_____

36. 假如将来您与老伴只剩下一个人了，会与孩子们一起生活吗？

(1)肯定会的　(2)有可能会　(2)一般不会　(4)不会　(5)说不好

37. 您觉得自己养老最有可能依靠的是(　　)。

(1)子女

(2)自己和老伴

(3)参加商业养老保险

(4)参加社会养老保险

(5)进养老院

(6)靠政府救济

(7)没有想法

(8)其他：_____

38. 您对自己现在的养老现状满意吗？(　　　)

(1)满意　(2)比较满意　(3)一般　(4)比较不满意　(5)不满意

39. 在您的老年生活中，您觉得最幸福的事情是什么？(限选三项)(　　　)

(1)照看孙辈

(2)做志愿者，为他人公益服务，实现奉献精神

(3)做点事儿(有收入)，实现自我价值

(4)有爱好，自娱自乐

(5)出去旅游

(6)不用上班，没人管了

(7)有退休金，不用为生计发愁

(8)周末，子女带孙辈回来团聚，享天伦之乐

(9)其他：_____

附录二：农村村委会养老模式与需求访谈提纲

您好，我是北京工业大学的学生，在课程学习的过程中，我们学习了有关社会养老的相关理论知识，现在为了更好地了解社区居民养老需求及其现状，以便理论联系现实，进行社会实践调查，今天和您做一个简单的访谈，访谈内容我们会严格保密，仅供此课程实践使用。谢谢您的配合！

调查地点：＿＿＿省＿＿＿市＿＿＿县＿＿＿乡（镇）＿＿＿村
调查时间：＿＿＿＿＿＿＿＿＿＿
访谈时长：＿＿＿＿＿＿＿＿＿＿
调 查 人：＿＿＿＿＿＿＿＿＿＿

1. 请您简单介绍一下您所负责地区的基本养老情况。[包括管辖地区有多少老年人、他们的普遍健康状况如何（主要说明一下能否自理、有无需要接受长期照顾的疾病）、收入水平、养老模式等]
2. 村里的老年人子女外出打工的情况多吗？子女返乡的频率如何？老年人与其子女一般采用何种方式联络？
3. 辖区内跟随子女到城市养老的老人比例有多少？子女都外出打工，空巢老年人的比例有多少？
4. 你认为目前农村家庭养老的现状怎样？一般子女每年会给老年人大约多少钱？大多数是儿子养老还是女儿养老？子女不赡养老年人的比例有多少？
5. 您觉得在农民的观念中，大约多大年龄或是身体状况如何才能开始养老？子女怎样待老年人就叫作"给父母养老了"？什么样的子女才算作孝顺？
6. 农村老年人是否依然有"养儿防老"的观念？农村老年人在子女生育方面是否还存在重男轻女的观念？存在的原因是什么？依然是传宗接代？
7. 辖区内老年人若遇到家庭养老纠纷，村委会是否会参与解决？效果如何？

对于这种家庭内部的矛盾，村民主要的解决办法是什么？

8. 辖区内参加农村养老保险、五保户补贴或其他政府养老补贴的老年人大概占多少？这些钱是否能解决老年人的经济需求？如不能，其他的经济支持主要是什么？

9. 辖区内是否存在养老困难的老年人？养老困难的原因是什么？村委会对于这些老年人是否提供养老帮助？具体是如何做的？

10. 对于辖区内的老年人，村委会有没有提供老年福利或是集体抚养方式？具体实施措施请简述一下。（重点介绍）

11. 您认为现在的农村养老还存在哪些问题？作为村委会能为老年人提供哪些养老协助？对于农村养老，村委会有什么困难？

12. 您认为现代社会中，谁（政府、家庭、村委会、村民自己互助）应该承担主要的养老责任？为什么？

13. 您认为国家层面针对农村老年人的养老政策是否需要调整？您有什么建议？

14. 您认为现阶段，农村养老最欠缺什么？是养老服务？还是资金？还是养老公共服务设施？需要从哪些方面弥补以给农村老年人更好的养老保障？

15. 你认为目前农村老年人如需要养老服务，村委会怎样才能调动社区内的资源（包括人力，物力）来增强农村社区养老作用的发挥？

16. 目前是否有村民自发的养老互助组织？如秧歌队、老年人协会、健走队等，这些组织在农民养老过程中发挥的作用如何？

17. 您认为如果由村委会组织，通过时间银行的方式（有劳动能力的人为老年人提供养老服务，以村委会的威信担保，把他们提供服务记录存上，等到自家老年人需要服务或是自己需要服务的时候，可以使用由他人提供的养老服务。在这过程中，可以对服务提供等级划分，也可换取合理的现金）是否能解决农村养老问题？

附录三：山西省忻州市 B 村田野调查的访谈提纲

针对第一类访谈对象：

1. 个人基本情况：
    姓氏、年龄、文化程度、在村中的职务、担任本职务的时间。
2. B 村基本情况：
    (1) B 村受计划生育政策影响的家庭（1956 年至 1971 年出生，且子女数量在两个及两个以下的亲代）所占比例大概是多少？这些家庭亲代和子代的主要居住方式有哪些（他们是否常住 B 村）？
    (2) 这部分家庭的亲代主要从事的职业有哪些？外出务工的亲代与子代比例分别占多少？
    (3) 村里有哪些休闲娱乐场所供老年人使用？B 村老年人休闲娱乐的方式有哪些？距离 B 村最近的养老院在哪儿？
3. B 村养老基本情况：
    (1) 村里老年人的主要养老模式是什么？采用家庭养老、机构养老的家庭所占比例分别是多少？其中，选择去养老院养老的老年人多出于哪些原因？
    (2) 村里受计划生育政策影响的亲代参加养老保险和医疗保险的比例大概是多少？是否有退休金？
    (3) 受计划生育政策影响的家庭较其他家庭而言，在养老方式上是否有区别（具体说明）？据您了解，这些家庭是否存在养老困难的现象，老年人无人养老的情况是否存在？
    (4) B 村采用家庭养老的家庭，赡养老年人的责任一般由儿子承担还是女儿承担？子代多久回家探望一次老年人？平时会给老年人养老金吗？

(5)受计划生育政策影响的亲代和子代的关系如何？较其他家庭而言有什么变化吗？

针对第二类访谈对象：

1. 个人基本情况：

    年龄、文化程度、职业(是否务农)、婚姻状况、居住形式(与子代的居住距离)和经常居住地(若在 B 村之外的地方，距离 B 村多远)、医疗保险和养老保险参保情况、主要经济收入来源、身体状况等。

2. 代际关系：

    (1)子代数量及其基本情况(具体参考"个人基本情况"部分)。

    (2)兄弟姐妹数量及其基本情况(具体参考"个人基本情况"部分)。

    (3)经济是否与亲代、子代相互独立？子代是否会为您定期提供经济支持(赡养费)？平均每个月儿子和女儿分别给您多少钱？您平时是否会给予子代经济支持？频率和金额大概是多少？

    (4)您是否会定期给亲代提供经济支持(赡养费)？平均每个月大概多少钱？其他兄弟姐妹是否会给亲代赡养费，金额是多少？亲代是否会定期给您经济支持？

    (5)日常生活和生病时主要依靠谁提供生活照料？在过去的半年中，女儿和儿子(儿媳)对您提供的照顾分别有哪些？您对他们的照顾分别有哪些(照顾孙代、做家务等)？

    (6)平时您的亲代主要由谁照顾？是否与其子女同住？您在过去半年中对亲代提供了哪些照顾？

    (7)与亲代、子代的主要联系方式、途径分别是什么？多久联系一次？谁联系对方更主动？平时主要的休闲娱乐活动有哪些？

3. 家庭养老基本情况

    (1)目前的养老方式；为什么(不)采用家庭养老方式？

    (2)是否满意目前的养老现状？是否担心未来的养老问题？最担心的养老问题是什么？

    (3)如果可以选择，您更倾向于哪种养老方式？谁应该承担主要养老责任？

(4)您认为传统的家庭养老模式,对于像您这种计划生育家庭而言,在实施上有哪些困难?可以通过哪些方式缓解这些问题?

针对第三类访谈对象:

1. 个人基本情况:

   年龄、文化程度、子代数量、职业(是否务农)、婚姻状况、居住形式(与亲代的居住距离)和经常居住地(若在 B 村之外的地方,距离 B 村多远)、主要经济收入来源等。

2. 代际关系:

   (1)亲代基本情况(具体参考"个人基本情况"部分)。

   (2)兄弟姐妹数量及其基本情况(具体参考"个人基本情况"部分)。

   (3)经济是否与亲代相互独立?是否会定期为亲代提供赡养费?金额大概是多少?

   (4)亲代一般会在什么情况下给予您经济支持?

   (5)是否为亲代提供生活照料?亲代是否会为您提供生活照料?方式有哪些?

   (6)与亲代的主要联系方式、途径分别是什么?多久联系一次?谁联系对方更主动?

   (7)亲代平时的休闲娱乐活动有哪些?

3. 家庭养老基本情况:

   (1)目前亲代是否进入养老阶段?主要的养老方式是什么?(未来)是否会选择家庭养老?

   (2)是否担心亲代(未来)的养老问题?最担心的养老问题是什么?

   (3)如果可以选择,您更倾向于为亲代选择哪种养老方式?谁应该承担主要养老责任?

   (4)您认为传统的家庭养老模式,对于像您这种计划生育家庭而言,在实施上有哪些困难?可以通过哪些方式缓解这些问题?

针对第四类访谈对象：

1. 个人基本情况：

   年龄、文化程度、职业(是否务农)、婚姻状况、居住形式(与子代的居住距离)和经常居住地(若在 B 村之外的地方，距离 B 村多远)、医疗保险和养老保险参保情况、主要经济收入来源、身体状况等。

2. 代际关系：

   (1)子代数量及其基本情况(具体参考"个人基本情况"部分)。

   (2)经济是否与子代相互独立？子代是否会为您定期提供经济支持(赡养费)？平均每个月儿子和女儿分别给您多少钱？您平时是否会给予子代经济支持？频率和金额大概是多少？

   (3)日常生活和生病时主要依靠谁提供生活照料？在过去的半年中，女儿和儿子(儿媳)对您提供的照顾分别有哪些？是否需要帮助子代照顾孙代？

   (4)与子代的主要联系方式、途径分别是什么？多久联系一次？谁联系对方更主动？平时主要的休闲娱乐活动有哪些？

3. 家庭养老基本情况：

   (1)目前的养老方式；为什么(不)采用家庭养老方式？

   (2)是否满意目前的养老现状？是否担心未来的养老问题？最担心的养老问题是什么？

   (3)如果可以选择，您更倾向于哪种养老方式？谁应该承担主要养老责任？

附录四：

2016 年北京市农村居民综合调查问卷

尊敬的北京市农村居民：

  为了解北京农村居民生活就业状况，更好地制定相关政策，推进北京市农村经济社会发展，我们特组织本次问卷调查。现抽中您的家庭为调查对象，希望能得到您的支持！本次调查为匿名，不做个人分析，只做整体统计，您不必有任何顾虑。感谢您的支持与参与！

  请您注意：1. 本调查问卷所有给出选项的问题都为单选，限选 1 项最符合您的选项。

      2. 选项没有对错之分，您只需要选择最符合您实际情况与想法的选项即可。

第一部分：您的个人情况

1. 您的性别（请在下面符合您真实情况选项上画圈）：

  A. 男   B. 女

2. 您的出生年：19 _____ 年（请在横线上填写）

3. 您的婚姻状况：

  A. 未婚   B. 已婚   C. 其他

4. 您的户口属于下面哪一种：

  A. 非农户口   B. 农业户口   C. 其他

5. 您的户口所在地是：

  A. 本镇/街道/乡村

  B. 本区其他镇/街道/乡村

  C. 本市的其他县/市/区

D. 外省/自治区/直辖市

E. 其他

6. 您的最高学历/学位是：_____

  A. 无学历   B. 小学   C. 初中

  D. 高中/职高   E. 大专   F. 大学本科

  G. 研究生

7. 您的政治面貌是：_____

  A. 群众   B. 共青团员   C. 共产党员

  D. 其他

第二部分：您的工作

8. 最近一年，您的工作状况是：

  A. 没做任何工作，主要在家做家务

  B. 主要从事农业生产

  C. 主要是外出打工或就近打工（如工人、服务员工、司机、销售人员等）

  D. 在村里上岗，做保洁员、护林工等

  E. 自己做点生意，当个体户

  F. 在企业公司、党政机关当办事人员（如文秘、行政人员）

  G. 专业技术人员（教师、医生等）

  H. 管理人员（部门经理）

  I. 自己创业开公司当老板

  J. 党政机关干部（科级及以上）

  K. 其他

9. 如果您已就业，您就业的单位属于下面哪一类？

  A. 党政机关   B. 国有企业   C. 事业单位

  D. 集体企业   E. 军队   F. 私营企业

  G. 社会团体（社会组织）   H. 外资企业

  I. 个体经营，单独做事   J. 其他

10. 最近一年，您平均每周在这项工作或经营活动上投入时间_____小时。

11. 最近一年，您平均每月有多少收入（包括工资、奖金、补助，经营收入）？
　　　_____元

12. 工作的单位是否向您提供下列福利待遇？

公费医疗或医疗保险	1. 提供	2. 不提供
退休金或养老保险	1. 提供	2. 不提供
工伤保险	1. 提供	2. 不提供
失业保险	1. 提供	2. 不提供
生育保险	1. 提供	2. 不提供
住房公积金	1. 提供	2. 不提供

13. 您工作的单位里，您的身份是：

　　A. 雇主　　　　　　　B. 高层管理人员　　　C. 中层管理人员

　　D. 基层管理人员　　　E. 普通员工

14. 开始务农或工作时有多少岁？_____岁

15. 请问您到现在一共换过几次工作？_____次（"换工作"指工作单位的变动）

16. 第一份工作开始于哪一年？_____年

17. 工作第一年收入大约是多少？_____元

18. 第一份工作的单位性质是：

　　A. 党政机关　　　　　　　B. 国有企业　　　　　C. 事业单位

　　D. 集体企业　　　　　　　E. 军队　　　　　　　F. 私营企业

　　G. 社会团体（社会组织）　H. 外资企业

　　I. 个体经营，单独做事　　J. 其他

19. 第一份工作的职业是：

　　A. 没做任何工作，主要在家做家务

　　B. 主要从事农业生产

　　C. 主要是外出打工或就近打工（如工人、服务员工、司机、销售人员等）

　　D. 在村里上岗，做保洁员、护林工等

　　E. 自己做点生意，当个体户

　　F. 在企业公司、党政机关当办事人员（如文秘、行政人员）

G. 专业技术人员(教师、医生等)

H. 管理人员(部门经理)

I. 自己创业开公司当老板

J. 党政机关干部(科级及以上)

K. 其他

第三部分：您的家庭生活情况

20. 目前您家有多少亩承包地？(包括滩涂、池塘、山地、林地、草原等)
＿＿＿＿亩＿＿＿＿分(没有填写0)

21. 现在是否转包给他人？

    A. 是   B. 否

22. 您家有(几口)＿＿＿＿人；其中，从事农业(农、林、牧、渔)生产有(几口人)＿＿＿＿人

23. 您对新农村建设的效果有什么样的评价？

    A. 效果很好   B. 效果较好   C. 一般

    D. 效果较差   E. 效果很差

24. 您是否参加了新的养老保险？

    A. 是   B. 否

25. 如果您参加了居民养老保险，去年你缴纳了多少钱？＿＿＿＿元

26. 您希望的养老方式是下面哪种？

    A. 依靠家庭   B. 依靠机构

    C. 依靠社区   D. 其他

27. 最近一年里，您的家庭(或个人)支出情况

    a. 吃的方面：＿＿＿＿元

    b. 子女教育方面(平均)：＿＿＿＿元

    c. 房租/物业：＿＿＿＿元

    d. 水电/煤气/燃料费：＿＿＿＿元

    e. 电话费：＿＿＿＿元

    f. 交通费：＿＿＿＿元

g. 人情往来费：_____元

h. 文化/体育/休闲娱乐费：_____元

i. 医疗卫生支出：_____元

j. 购买衣服开销：_____元

k. 其他开销：_____元

l. 合计：_____元

28. 最近一年您个人的总收入是(包括所有收入来源)：_____元

30. 您家庭现居住房屋的产权情况是：

    A. 没有产权　　　　B. 部分产权　　　　C. 完全产权

    D. 小产权　　　　　E. 农宅

31. 您家庭现居住房屋的来源是

    A. 自建房屋　　　　B. 单位福利房　　　C. 单位公寓

    D. 廉租房地产　　　E. 经济适用房　　　F. 两限房

    G. 商品房　　　　　H. 租赁公房　　　　I. 租赁私房

    J. 其他

32. 您家庭现有几套有产权的住房？_____套

33. 您使用互联网的情况

    A. 经常上　　　　　B. 不经常上　　　　C. 不上

34. 您目前获取的主要社会信息的途径是？

    A. 电视　　　　　　B. 报刊　　　　　　C. 互联网

    D. 社会上传播　　　E. 好朋友　　　　　F. 广播电台

    J. 其他

35. 请问您家是否有下列物品？

    液晶电视 _____台　　冰箱 _____台　　洗衣机 _____台

    小轿车 _____辆　　　组合音响 _____台　电脑 _____台

    货车 _____辆　　　　摄像机 _____架　　钢琴 _____架

    空调 _____台　　　　微波炉 _____台

第四部分：社会意识与态度

36. 最近一年，您觉得自己生活总体是幸福的吗？

    A. 十分幸福

    B. 比较幸福

    C. 一般

    D. 不太幸福

    E. 很不幸福

37. 与五年前相比，您现在的生活是变好了还是变坏了？

    A. 好了许多

    B. 几乎一样

    C. 差了很多

    D. 好了一些

    E. 差了一些

38. 您认为五年后的生活和现在比会怎么样？

    A. 比现在好许多

    B. 比现在好一点

    C. 几乎一样

    D. 比现在差一点

    E. 现在差许多

39. 您认为一个社会是否应该存在收入差距？

    A. 完全应该　　　B. 应该　　　C. 不太应该　　　D. 完全不应该

40. 在您看来，您所在的区(县)里，人们之间的收入差距如何？

    A. 差距很小　　　B. 差距较小　　C. 适中　　　D. 距较大

    E. 差距很大

41. 您对政府政策及国家法律法规有了解吗？

    A. 很了解　　　B. 一点了解　　　C. 一点也不了解　　D. 不关心

42. 您一般是通过什么渠道了解政府政策及国家法律法规呢？

    A. 村或社区广播或广告栏

B. 电视

C. 报纸

D. 到村或社区办公室读有关文件

E. 互联网

F. 其他人转告

G. 没有任何渠道

43. 您认为目前社会和谐程度如何？

    A. 很不和谐　　　　　　B. 不太和谐

    C. 一般　　　　　　　　D. 比较和谐

    E. 相当和谐

44. 您认为目前影响社会和谐的最突出问题是？

    A. 失业　　　B. 高房价　　　C. 公共安全　　　D. 群体性事件

    E. 上访　　　F. 征地拆迁　　G. 社会保障不完善　H. 劳资矛盾

    I. 干群关系紧张　J. 官员腐败　　K. 贫富分化　　　L. 其他

45. 如果在工作生活中与工作单位或政府部门发生纠纷时，您维护自己权益的最途径是什么？

    A. 找亲朋好友帮助

    B. 找当事单位与部门协商

    C. 寻求媒体帮助

    D. 打官司

    E. 托人找关系

    F. 上访

    G. 网上发帖

    H. 无可奈何，算了

填答结束，谢谢您的支持！